U0875814

**图书在版编目（CIP）数据**

发现灰犀牛 / 董汉勇，华文龙著. —北京：现代出版社，2017.10
ISBN 978-7-5143-5732-5

Ⅰ. ①发… Ⅱ. ①董… ②华… Ⅲ. ①信贷管理—教材 Ⅳ. ①F830.51

中国版本图书馆CIP数据核字（2017）第236743号

---

**著　　者**　董汉勇　华文龙
**责任编辑**　杨学庆
**出版发行**　现代出版社
**地　　址**　北京市安定门外安华里504号
**邮政编码**　100011
**电　　话**　010-64267325　64245264（传真）
**网　　址**　www.1980xd.com
**电子邮箱**　xiandai@cnpitc.com.cn
**印　　刷**　三河市京兰印务有限公司
**开　　本**　710mm×1000mm　1/16
**印　　张**　19.5
**字　　数**　297千字
**版次印次**　2017年11月第1版　2017年11月第1次印刷
**标准书号**　ISBN 978-7-5143-5732-5
**定　　价**　59.80元

---


**版权所有，翻印必究；未经许可，不得转载**

# 发现灰犀牛

## 信贷审查的逻辑

董汉勇　华文龙　[著]

中国出版集团　现代出版社

*现在是过去的总结*  *将来是现在的延续*

# 目录

CONTENTS



## 总论篇

# 基础篇

# 实践篇

# 逻辑篇

# 自序一

我从事银行市场营销和信贷审查工作二十年，经验不敢说，得到的教训不少。每当有年轻同事加入信贷审查团队，就会想起自己刚从事信贷工作时无处下手、无所适从的样子，于是经常主动和他们交流。

十年来，新入职的同事大多为名校毕业的研究生，他们起点高、学习能力强，经过名师指点，基础理论知识扎实丰富。我深知自己起点低，唯有年龄比他们大、信贷方面的经历和教训多点而已。

六年前，我和几个年轻人租住在一起，餐前饭后交流一些书本上没有的东西，特别是企业和银行的“鱼水”关系我说得少、“猫鼠”关系说得多，看他们不讨厌，便更有了交流的动力。

五年前，一个年轻同事就建议我把讲给他的东西梳理成册，给新进入这一行业的同事参考。当时我动了心思，但想到自己的经验不足和理论缺失，当然也有“丑媳妇怕见公婆”心理作祟，迟迟未敢贸然动笔。

去年，我来到北京工作。金融街的快节奏和周边人的工作激情让人振奋；新岗位要求自己对很多问题进行重新学习和梳理，与领导和周边人的交流，感觉获益良多，便有把自己在信贷审查方面的看法整理出来的想法。这是我写此书的动机和原因。

关于银行信贷方面的书汗牛充栋，要写出自己的新意，难度很大。首先，我们将该书读者定为新入职的年轻人，希望他们看到这本书，能够按图索骥，知道怎么干信贷审查工作；其次，我们将该书一直放在管理部门、很少给基层现场的信贷审查人员看，尤其是在总行从事信贷审查工作的年轻同志，希望他们了解，在企业与银行交往中可能使用的“套路”；同时，我们将该书给银行从事一线市场营销的人员看，希望营销人员和信贷审查员都能站在更高的角度上看问题——信贷审查人员不是市场营销人员的“对手”和“天敌”，而是共同为银行创造效益、防范风险的搭档。

三十年来，我国经济蓬勃向上，金融发展更是一日千里，这既得益于政经大环境的利好，也得益于一群热心于金融的人的参与。幸运的是，我作为金融从业者，赶上了金融迅猛发展的时代大潮。二十多年来，我们既看到了勇立潮头的时代弄潮儿，也看到了被“灰犀牛”冲击的不幸者。近十年来，我们看到机制灵活的股份制银行迅速发展，各种新产品层出不穷，对经济发展起到巨大的推动作用。当下，互联网金融日益壮大，在经济转型期间，银行面临的困难也日益明显。在这个时代背景下，银行信贷审查人员干什么？怎么干？如何发现影响信贷资产安全的“灰犀牛”？信贷审查的逻辑是什么？这些问题都成了值得大家深度思考的问题。

写作，如同用针线把一片片碎布缝成衣服的过程，也是不断从记忆深处寻找过往经验和教训的过程；书的架构布局和文字描述，有时让自己难以安睡；书的题目几经变化，最后确定时终于舒了一口气。在此，要感谢《再见，移动》的帖子，我从中第一次看到“灰犀牛”这个词；感谢美国作家米歇尔·渥克，从她写的《灰犀牛：如何应对大概率危机》这本书中，我受到了很大的启发；感谢本书的合作者华文龙——他勤快、聪明、一点就透，如果没有他，还真不知道要拖多久才能写完；还要感谢我的妻子李海燕，作为同行，她给我们提供了很多建议，特别是最近三个月，周末都是她从济南赶到北京，做后勤工作，并给予我莫大的鼓励；感谢共事过的领导和同事，他们教给我很多有用的知识和经验。不过，也有遗憾：一是以前提议合作写书的同事已不在一起工作，没能合作成功；二是因怕写得水平不够，给别人造成负面影响，未经他们许可，无法对应该感谢的人一一道谢。

写作的过程虽辛苦劳累，但敌不过内心的惴惴不安：不安于自身水平的不足，是否会给别人形成误导；不安于文字表达水平的局限，是否会引起读者的歧义；不安于对各种实际例子的引用，是否会引发别人的不满。

因为水平有限，写作中难免挂一漏万。本书如有不足和不适的地方，属个人观点，与所供职单位无关。

董汉勇

北京 金融街

2017 年 5 月 15 日

# 自序二

我毕业后就进入银行工作，目前在某股份制银行总行评审部门任职。都说评审是银行工作的核心，可对于我和许多新入职的应届毕业生来说，从事评审工作却要面临众多问题：

第一，培训体系不完善。刚从事评审工作的时候，领导对我的工作很上心，实行学徒制，安排经验丰富的前辈指导我。可是日常工作中，每个人都是满负荷工作的，师傅很难抽出整块时间专门给自己讲解。于是，我本着“师傅领进门，修行在个人”的态度，从专业知识和实践工作入手学习。专业知识方面，我每天看大量的行内管理办法，监管部门的管理制度，以及一些会计、法律相关的东西。实践工作中，我看前辈审批过的项目，旁听贷款审查委员会，并开始看一些相对简单的授信项目，不会的东西积极向前辈咨询，积极和大家探讨自己不懂的问题，就这样一点点蹒跚前进。后来，随着审批经验的增加，我开始独立审查项目，但经常有硬着头皮往前冲的感觉。可能是学生时代留下的印记，没有经过系统完善的实践培训，内心始终觉得工作起来有点不踏实。尤其是针对银行业的财务、法律、授信产品等实操性较强的书籍较为缺乏，进而缺少系统性自学的途径，也让自己心里犯嘀咕。

第二，评审工作难以体系化。正如莎士比亚所说：“一千个读者眼中就会有一千个哈姆雷特。”具体某一个项目，可能一个审查人员觉得风险很大，换一个人就觉得项目风险完全可控，这在实践中是客观存在的。其实，对于同一笔项目，项目过与不过，主观性成分却不小。信贷审查工作更多的是实践操作，而在这种实践操作中想要建立起一个信贷逻辑体系比较难。因为在这个过程中，有大量的问题需要自己去面对、去思考，然后反复琢磨，最后才能形成自己的实践与理论相结合的信贷体系。而每一个人的信贷体系又是不同的，甚至有的人知道工作怎么做，却说不出个所以然来。我一直在思考如何建立起自己的信贷体系，如何流程化、标准化、体系化审查工作，而这个问题一直困扰着我。我问了一些审查人员，每个人可以说个一二三来，但系统性的东西，却说不出来。缺乏审批体系，使自己审批项目时总觉得少点什么，患得患失，生怕有所疏忽。

第三，理论与实践的脱节。项目审批，其实是各种信息的综合处理。企业的外部公开信息、行业信息、区域情况、财务信息、管理能力等都需要逐一细致分析。项目审批不再是简单的“1+1=2”，而是一个复杂的决策过程。而实际工作中，自己在学校学的那些财经知识已经难以满足实践的需要，需要重新学习。刚开始做评审工作的时候，感觉自己就像熟读兵书的理论家，一下子进入战场，瞬间无从下手，有点惊慌失措。自己唯有不断学习、不断实践，来恶补这段理论与实践的差距。

培训体系不完善、评审工作难以体系化、理论与实践的脱节就像三座大山，有时会压得自己喘不过气来。自己也在琢磨着，每年有大量新入职的信贷审查人员和客户经理，他们是相对缺乏这种审查逻辑思维的，都亟待修补这方面的知识。恰好董汉勇老师和自己提出写一本关于信贷审查方面的书，我们两个一拍即合，开始行动。我们把自身在实践中的想法、逻辑、知识整理成册，不求能让每一个新入行的人成为评审专家，但希望能够让看到本书的人有所受益，尤其是对读者信贷审查思维的建立有所帮助。本书理论与实践相结合，但更加突出实践性。希望本书能够让读者建立起信贷审批的整体思维，让读者看完以后有所思考，知道怎么动手去做审查工作。

本书能够顺利出版，我要感谢董汉勇老师，是他以自己二十多年的信贷经验为基础，搭建起本书的整体框架；我要感谢我的妻子，是她把家里照顾得妥妥当当，是她在我深夜写作的时候给我鼓励；我要感谢我的领导与同事，是他们不断鞭策着、引导着我，将我引进信贷审查之门，和他们一起共事是一件很幸运的事。最后，我要感谢自己，感谢每一个凌晨才回去休息的自己，感谢与每一个周末说离别的自己，感谢经常在成都与北京两地奔波的自己。

本书成稿以后，我诚惶诚恐，怕自己的才识不足、怕自己写得不够好。有时候，我们也会遇到瓶颈，感觉有些地方欠妥，有些东西需要完善，但我们都咬紧牙关坚持了下来，有时也会有“吟安一个字，捻断数茎须”的感慨。但是，硬骨头是啃下来的。想起奥地利诗人里尔克的一句话：“没有成败可言，坚持就是一切！”与君共勉。

希望《发现灰犀牛——信贷审查的逻辑》这本书能够对您有所帮助。

最后，本书如有不足和不合适的地方，属个人观点，与所供职单位无关。

华文龙

北京 金融街

2017 年 5 月 15 日

# 前言　信贷审查是一场与未来的对话

后之视今，亦犹今之视昔，悲夫！

——［东晋］王羲之《兰亭集序》

## 一、为什么说信贷审查是一场与未来的对话

信贷的本质是指银行将资金的使用权在一定期限内有偿让渡给其他人，并在贷款到期时收回资金本息以取得收益的行为，是资金使用权的一种有偿让渡。信贷审查是为信贷服务的，而信贷的本质要求银行先发放贷款，后收回贷款本息。也就是说，银行的资金要先行投放，而投放的资金是否有风险，要等回收资金以后才能知道，即存在风险的滞后性。这种风险的滞后性，要求信贷审查工作对未来进行预判。因此，信贷审查是一场站在现在的时点上对未来进行预测的工作，是一场与未来的对话。

## 二、信贷审查与未来对话的方式

信贷审查是信贷活动的一个重要环节，要做好与未来的对话，需要我们跳出信贷审查的具体工作内容，站在一个更宏观的视角来审视信贷审查工作。信贷审查与未来对话的方式多样：

### 1. 信贷审查是连接现在与未来的桥梁

企业的现在和未来跨越时空。随着环境的变化和企业自身的运行，将来某

个时间点上的企业状态和现在肯定存在一定的差异，而信贷审查工作就如同一座桥梁，连接起了企业的现在与未来。企业当下的情况是客观存在的，但银行信贷资金的风险主要来自未来。我们根据已知的信息，通过严谨的信贷审查工作，分析出企业未来的经营情况，尤其是还款能力。企业的未来状态虽然是未知的，但是信贷审查工作这座桥梁，给了我们由现在预知未来的可能。

**2. 信贷审查可以与未来进行专业对话**

信贷审查工作，通过对行业政策的研究、行业周期、企业经营等全方位的深入分析，从而对未来进行预判，进而更加接近真实的未来。因为未来虽然是变动的，但并不是随机的，它有自己的一套运行体系。这种分析框架其实就是一场与未来在专业领域的对话。比如“两高一剩”行业中钢铁、电解铝等产业，市场处在供大于求的状态不是一天两天，市场竞争激烈广为熟知，国家限制产能已执行多年，企业运营困难是大概率事件，未来很可能会出现大量倒闭以及普遍的违约情况。信贷审查人员可以根据具体的企业、项目、行业、财务情况进行专业系统性的分析，与未来进行对话、对未来加以预判。

**3. 信贷审查可以与未来进行跨期对话**

巴菲特在 2010 年致股东的信中说：巨大的不确定性只是短期的，而长期来看确定无疑地存在一种确定性，就是经济将会长期持续增长。2008 年，美国遭受的危机如此严重，巴菲特还如此长期看好股市，正是因为这种对长期确定性的信心，让他在短期的和巨大不确定性中寻找到长期确定性，从而取得长期投资的巨大成功——其 48 年投资收益率超过 5800 倍。在金融危机中，美国股市“标普 500”指数从 2007 年 10 月的 1500 点以上开始暴跌，1 年就跌到 1000 点以下，并在 2009 年 3 月一度跌到 666.79 点。2008 年 10 月巴菲特在《纽约时报》上公开发文称自己正在买入股票，看好股市长期前景。2017 年 5 月 26 日，“标普 500”已经上升到 2415.82 点，从 2009 年 3 月算起，平均年回报率高达 32.78%，回报率惊人，而实际生活中这样的投资回报机会不多。这就是与未来跨期对话，这种对话模式就好比是预测某一地区的降雨量：第二天的降雨量是难以预测的，但是全年的降雨量一般是稳定的。跨期对话，其实是通过相对较长的时间去抵消利于或不利于项目的各种因素。

信贷审查工作，看的是整个经济的大走势，分析的是客户所在行业的发展趋势、客户在行业中的位置，了解客户管理层的管理是否稳健、专业、和谐，贷款到期后能否顺利归还。这是一个长期的、跨期的过程，而不是纠结于昨天、今天如何。

**4. 信贷审查可以和未来进行逻辑对话**

信贷审查建立在严密的逻辑基础上。授信风险与项目所在区域、行业、政策、产品、企业管理、国际关系等方面是紧密相连、不可分割的；客户的发展和成败有着严密的逻辑；能否对客户进行授信，需要进行严密的逻辑分析。这种逻辑，是建立在经济规律之上的，是信贷审查人员在审查实践中不断摸索、不断总结，并最终发现的规律，不是主观臆断、不顾客观条件生搬硬套的东西。信贷审查工作是遵循一定规律的，新入行的同事，需要仔细体会，尽快掌握这种逻辑规则，并在实践中加以利用。如果没有一套分析判断事物的正确逻辑，那么授信审查结论的判断必然会毫无准头、失误频频。

**5. 信贷审查可以与未来进行常识对话**

经济现象是由千千万万个不同的个体决策组成的，但个体是理性的，其行为遵从一定的常识，因此经济的运行有一定的规律。信贷审查工作只有遵循常识性，才能跟随经济规律的波动起舞，而不是逆潮流而动。经济运行中遇到困难和波动，如同 Gary Allan 在歌曲里唱的"每一次暴风都会过去，每一次暴雨也会停止"。信贷审查也是一样，大道至简，能够将纷繁芜杂的信息简单化、回归常识。要准确判断发放的贷款能否按时归还，审查人员必然要跨越阻碍和迷茫，对每个环节和链条进行理顺，对未来有个清晰的判断，善于排除干扰，对授信没有实质性风险的因素要屏蔽掉；无论何种情况，都不能陶醉于客户提供的完美报表而冲动，更不能沉醉于高额的收益而对项目的风险视而不见。信贷审查时要相信常识、理解常识，更要尊重常识、敬畏常识，不能做违反常识性的事情，只有这样，才有可能不犯低级错误。

## 三、信贷审查是发现"灰犀牛"并做好预防措施的过程

米歇尔·渥克的新作《灰犀牛：如何应对大概率危机》首次提出"灰犀

牛”的概念。灰犀牛——生长于非洲草原，体型笨重、反应迟缓，你能看见它在远处，却毫不在意，一旦它向你狂奔而来，不懂变通的路线、爆发性的攻击力定会让你猝不及防，直接被扑倒在地！所以，危险并不都来源于突如其来的灾难，或者太过微小的问题，更多只是因为我们长久地视而不见。重大危机发生之前的种种端倪，其实都是一次次规避风险的机遇。意识到危机的存在并且能处理得当，这种与众不同的能力会给那些善于思考的人顺利到达理想的彼岸。

多年来，“黑天鹅”的说法非常流行，它是指发生概率极低的事件，且具有高度的不可预见性。对这类事件的唯一处理办法还是建立一个通用的机制或者架构：强大的基础、充足的储备、灵活的结构。目前，银行的信贷审查组织架构和业务流程是按照预防“黑天鹅”来设置的，但随着“黑天鹅”事件的满天飞，引起人们的反思。通过对一系列“黑天鹅”事件的深入分析，发现很多信贷方面所谓的突发事件是有苗头和预兆的，其实是不折不扣的“灰犀牛”事件，很多情况下是能够早发现、早做准备和有预防措施的。

任何情况下，不确定性总是存在的。因为制度的不完善、组织架构的缺陷，甚至人为的干扰、利益的冲动，不确定性总会或多或少存在于事情的各个环节。这些不确定性就会成为爆发“灰犀牛”的主要因素，成为潜在的风险点。灰犀牛越多、个头越大，不确定性也越大。好比我们从起点去终点，起点即现在，终点即未来。在我们从起点到终点的路上，灰犀牛就一直在我们身边：有的灰犀牛抬头即见，有的灰犀牛藏在灌木丛中难以发现；有的灰犀牛个头很大，有的灰犀牛个头很小；有的灰犀牛离我们很远，有的灰犀牛离我们很近；有的地方灰犀牛很多，有的地方灰犀牛很少见。只有正确认识灰犀牛，分析灰犀牛可能造成的危害，我们才能更好地对话未来，预防授信风险。

可以说，“灰犀牛”式危机一直存在，我们站在现在的时点，在预测未来的时候，就要分析灰犀牛的栖息地，对某些灰犀牛密度大的区域要加大关注力度；更进一步，对灰犀牛的位置、运行轨迹进行及早预判。

本书就带领读者进行一场信贷之旅，我们会学习信贷审查的逻辑与方法，会学习发现“灰犀牛”的方法，会把未来当作智者，席地而坐、诚心对话。

FOUND GREY RHINO

发 现 灰 犀 牛

# 总论篇

信贷审查概论 / 信贷审查的逻辑 / 信贷思维的建立

# 第一章　信贷审查概论

自古不谋万世者，不足谋一时；
不谋全局者，不足谋一域。
——［清］陈澹然《寤言二迁都建藩议》

## 第一节　本书的框架

为了更加清晰地明晰本书的框架，将本书分了四部分。

第一部分是总论篇，包括第一章《信贷审查概论》、第二章《信贷审查的逻辑》以及第三章《信贷思维的建立》。其中第一章即为本章，第二章为做出信贷审查结论的逻辑，第三章介绍信贷思维的整体性建立情况。

第二部分是基础篇，包括第四章《信贷审查基础知识》、第五章《信贷审查基础资料及审查要点》。其中第四章给出信贷的基础知识，以及财务、法律、产品的基础知识。第五章是项目审批时涉及的基础资料，以及审核基础资料时需要注意的地方。

第三部分是实践篇，包括第六章《信贷审查实务》、第七章《项目实地考察》。其中第六章是本书的一大重点，教会读者如何进行项目审查。第七章介绍有关项目实地考察的要点。

第四部分是逻辑篇，包括第八章《信贷审查的逻辑》、第九章《重新认识“黑天鹅”事件》、第十章《发现“灰犀牛”》、第十一章《发现“灰犀牛”密度大的区域性金融风险》、第十二章《识得套路，见招拆招》、第十三章《信贷审查人员的管理》。第四部分是本书的重点部分。其中第八章是读者针对不同的信贷情况总结出的实践性较强的思想。第九章、第十章讲述了“黑天鹅”与“灰犀牛”事件在信贷审查环节的注意事项。第十一章介绍区域风险，而第十二章则是告诉读者银行企业融资的时候常见的一些套路，第十三章是信贷员对自己的要求、信贷审查人员的管理，以及时代对信贷审查人员的要求。

## 第二节　信贷的本质

信贷是体现一定经济关系的不同所有者之间的货币借贷行为。信贷有广义和狭义之分。广义的信贷是指以银行为中介、以存贷为主体的信用活动的总称，包括存款、贷款和结算业务。狭义的信贷通常指银行的贷款，即以银行为主体的货币资金发放行为。信贷不是指信用贷款。这里重点讲的是狭义的公司信贷，零售客户不在本书讨论范围内。

要了解信贷审查，就需要对信贷有更深层次的理解。信贷的本质，就是将资金的使用权在一定期限内有偿让渡给其他人，是资金使用权的一种有偿让渡，并在贷款到期时收回资金本息以取得收益的行为。对信贷的通俗解释：用别人的钱办自己的事，用赚到的钱去还别人的钱；银行把从社会上吸储的钱借给企业，企业拿着银行的钱放大了杠杆去做生意，最后企业用赚到的钱去还银行的本金和利息，而银行再将收到的本息去归还社会资金的本息。如此，信贷形成了一个闭环。

## 第三节　信贷审查的本质

信贷审查的本质就是银行决策要不要把钱放给企业。这就涉及三个问题：一是借款给谁？二是客户拿钱去干什么？三是客户怎么还钱？信贷审查工作就是致力于解决这三个问题。

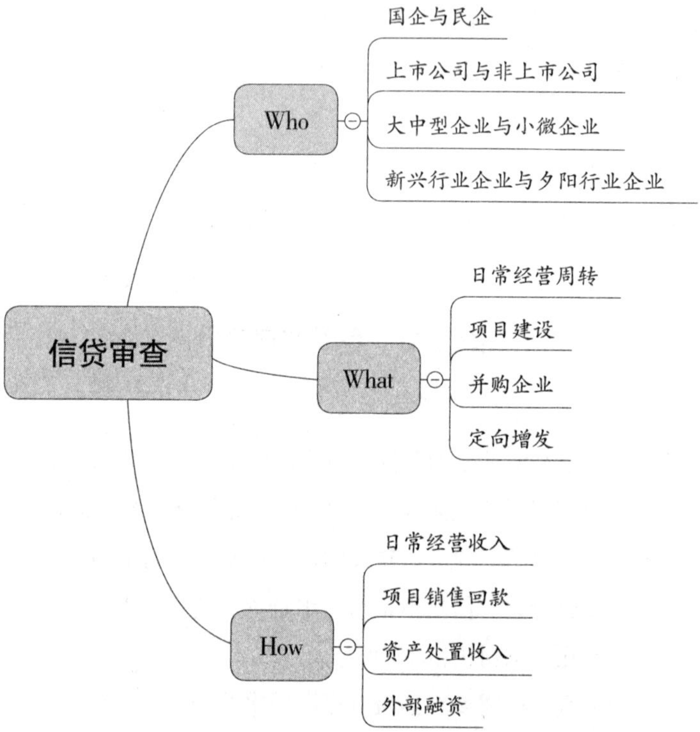


借钱给谁？客户类别较多，有民企、国企，有龙头企业、小微企业，有贸易企业、制造企业……不同的企业有不同的特点、不同的承贷能力，企业的内部管理也不尽相同。

钱干什么去了？是指贷款资金的实际用途，这需要区分资金是用于日常经营周转，还是投到某一项目，还是去收购企业等。资金的投向，影响着企业的还款来源问题。尤其是项目贷款，往往具有单笔金额大，核心资产在项目上，项目一旦有意外发生，就很可能导致企业还款来源不足，进而引发不良贷款。

客户如何还款，就是看企业的还款来源，不限于企业的日常经营收入、项目的销售回款、处置资产收入、担保人的收入、营业外收入，以及企业外部融资等。还款来源的确定，首先看第一还款来源，再看担保方式。对于综合授信，第一还款来源是企业的经营收入；对于项目贷款，第一还款来源是项目本身产生的收入。

这三个问题中，客户如何还款是信贷审查的核心，因为这个问题涉及还款来源的问题。银行信贷资金投放出去以后，关注的是资金的本息能否收回，这就涉及还款来源问题。银行通过锁定还款来源，以保障贷款到期时能够顺利收回贷款本息。

## 第四节　信贷审查的重要性

目前，我国利率正在市场化，银行存、贷款利差逐渐收窄，但信贷业务尤其是公司信贷业务依旧占据着银行利润的半壁江山。信贷审查是信贷业务的推进器、防火墙和风向标，对于银行的发展和信贷资金的安全起着举足轻重的作用。

在经济上行期，持续增长的经济能掩盖很多矛盾；但经济下行期，很多矛盾就会集中爆发。尤其是目前中国经济走出“L形”走势的时候，信贷评审人员的重要性就更加凸显，信贷审查人员的工作质量也更加可监测。“只有当潮水退去的时候，才知道是谁在裸泳。”在目前经济下行阶段，更能看出一个审查人员的信贷审查能力，也更能验证一家银行的信贷审查体系是否严密高效。

不可否认，信贷审查制度的缺陷、信贷审查人员执行不到位、前台与中后台信息不对称等原因，在很大程度上导致了银行信贷管理的不足与被动，这是导致银行信贷资产质量出现问题的主要原因。尤其是个别分支机构，因为业绩压力或者过分注重利润，导致出现违规审批、贷款客户过分集中于某一高风险行业的情况，以及信贷调查审查环节没有尽职等。以上这些，都是最终引发授信风险的主要因素。

近年来，在经济下行、银行业不良贷款余额与不良贷款率上升的背景下，信贷风险控制就显得更为关键，只有完善信贷审查制度，提高审查人员专业知识水平和增强责任意识，减少前后台间信息不对称，才能有效地识别与防范信贷风险，实现银行业的稳健经营。

## 第五节 信贷审查的原则

信贷审查对银行的重要性，怎么强调都不为过，应该坚持以下基本原则：关注第一还款来源的可靠性，把握风险与收益的平衡性，兼顾授信审批的原则性与灵活性。

### 一、关注第一还款来源的可靠性

信贷业务中，客户怎么还钱是问题的核心。还款来源包括企业的日常经营收入、项目的销售回款、处置资产收入、营业外收入，以及企业外部融资等。但落实在具体授信项目上的时候，信贷审查人员必须关注第一还款来源。因为只有第一还款来源较为充足时，企业才有足够的可支配资金用于归还贷款本息。当企业经营困难时，无论是想通过外部融资还是资产处置来解决还款来源，往往会发现外部筹资的不确定性较高、资产处置难度较大。如一家企业自身经营较差，但是能够提供核心商圈的商业地产做抵押，这时银行贸然发放贷款，到期企业无力偿还，且企业不配合银行的资产处置工作，那么银行就需要在这方面耗费大量的人力物力。

### 二、把握风险与收益的平衡性

银行把资金借给企业，而在贷款到期以后再收回资金，形成一个资金的循环。但在项目到期之前，企业可能破产，项目可能建设失败或产品销售不出去，因此银行要面临着一定的风险。但银行是盈利性机构，特别是商业性银行，需要确保收益覆盖风险，这是银行持续存在的基础。银行要注意风险与收益的平衡性，比如同一行业不同企业的利率差异，来自于两个客户的风险不同。

### 三、兼顾授信审批的原则性与灵活性

所谓原则性，是指授信业务的合法合规性必须满足，不能审批通过的项目

要坚决否决，不能因人情等因素而予以审批通过。所谓灵活性，是指在符合国家法律法规和行内规定制度的基础上、在不影响实质风险的前提下灵活审批，不能死扣教条，要避免教条主义、本本主义。比如，行内文件要求某一产品的最长授信期限为五年，就不能审批五年以上的期限，这涉及行内制度的合规性，是原则性的问题。如果道路施工项目暂时缺少施工许可证，这个合规性手续可以放在出账条件中进行要求，而不是等到所有证件齐备以后再予以审批，这是灵活性的体现。只有兼顾审批的原则性和灵活性，才能在信贷审查中把牢原则底线，更好地为前台营销人员服务。信贷审查人员要协助经营部门做好合规工作，完善授信方案，共同推进项目的落地。

## 第六节　发现“灰犀牛”

“灰犀牛”的危险并不都来源于突如其来的灾难，或者太过微小的问题，更多只是因为我们长久的视而不见。相对于“黑天鹅”事件的难以预见性和偶发性，“灰犀牛”事件不是随机突发事件，而是在一系列警示信号和迹象之后出现的大概率事件。

有人问，信贷审查人员会不会遭遇“灰犀牛”？肯定地说：会的。由于企业自身、外部原因，以及银行自身的原因，尤其是银行追逐利润的动力、内部业绩考核的压力，以及银行内部管理上的不足，往往会导致“灰犀牛”事件的发生。本书将带你构建信贷审查的逻辑体系，建立起能够发现“灰犀牛”的完善机制。

## 第七节　哪些人适合看这本书

如果您是在校学生，或者刚入职银行业的毕业生，想快速了解信贷评审的工作内容，您可以看这本书。通过本书，您可以了解一个更加真实的银行信贷。

如果您是银行的客户经理，想了解信贷评审人员怎样进行信贷评审工作，您可以看这本书。通过本书，您可以用新的视角分析企业、判断企业，更有利于市场营销。

如果您是刚进入信贷评审岗位的新人，想快速上手信贷评审工作，您可以看这本书。通过本书，您可以按图索骥，迅速投入工作中。

如果您从事信贷评审工作不久，还没有建立起自己的信贷思维逻辑与评审体系，您可以看这本书。通过本书，可以帮您建立信贷审查的逻辑体系。

当然，如果您是一位资质较深的审查人员，可以从中看到别人在审批工作中的教训，发现我们的不足，可以吐槽、扔砖头，您也可以看这本书。

如果您……那就翻开此书吧！

# 第二章　信贷审查的逻辑

伟大的思想能变成巨大的财富。

——塞内加

信贷审查是：知识库 + 思想方法 + 归因能力 = 授信审查结论。

## 第一节　知识库

知识库是一个人过往的知识和经验的集合。知识库包括理论知识与实践知识，是准确作出信贷判断的基石。

理论知识与实践知识是支撑起知识库的两根支柱，缺一不可。缺少理论知识容易陷入主观盲目的误区，而缺少实践知识容易掉入本本主义的陷阱。

理论知识的丰富程度决定着一个人能不能从事审查工作。由于审查工作涉及行业、政策、财务、法律、授信产品、企业管理等专业知识，因此从事审查工作的人员往往是财经、法律、企业管理等专业知识丰富的人员。需要说明的是，由于书本理论与工作实践的差异，即便财经、法律、企业管理等专业的毕业生，也需要在工作中摸索一段时间，重新建立起自己的理论知识体系。

实践知识的多寡决定着一个人的信贷审查工作干得好不好。由于信贷审查工作是银行经营的核心，既要面对经营部门业务发展的压力，又要面对总行合规合法风险控制的督查及审计，因此信贷审查工作成为矛盾最集中的地方之一，这就要求信贷审查人员根据丰富的实践经验应对，尤其是一些风险高的复杂客户，审查人员可以用实践中学到的一些风险规避的手段，实现项目风险可控并顺利落地。如：授信项目抵押物抵押于其他金融机构，可以签署三方协议，先办理第二顺位抵押，其他金融机构解押以后，本行可以升为第一顺位抵押。当然，有的地方不允许办理第二顺位抵押，这要看当地办理抵押的政策。

## 第二节 思想方法

思想方法是人们在一定世界观指导下观察、研究事物和现象所遵循的规则和程序。此处的思想方法是指信贷审查人员在现有规则和市场环境下，对风险判断所遵循的规则、程序和方法。

信贷审查人员的思想方法，是信贷审查人员接收到项目以后，将项目资料通过知识库加工分析、判断真伪、有取有舍的过程。信贷思想的建立，是信贷审查人员的重中之重。

信贷审查人员要形成一定的职业思考习惯，善于站在专业的角度上对问题进行思考。遇到项目，要学会站到信贷审查的角度进行合规、风险、可行性的评估，形成条件反射性思维。这是因为银行信贷是一个操作环节很多的流水线工作，有营销、方案设计、审查、出账、贷后、保全等各个环节，大家要各司其职，不能越俎代庖，也不能审查不到位。有的信贷审查人员，特别是刚转行做信贷审查工作的，往往难以摆脱之前工作的习惯。比如，有的人以前长期从事市场营销，现在转行做信贷审查工作，却还是从市场营销的角度考虑问题：重视企业还款能力，容易忽视合规性风险。甚至有的审查人员对自己定位不清晰，认为审查人员没有审批权限，最终的审批权限在领导那里或者专家贷款审查委员会那里，仅把自己定位为一个授信材料的整理者，而不是协助营销部门完善授信方案、控制项目风险、促进项目落地的重要参与者，这种定位不利于审查人员的自身成长。

## 第三节　归因能力

归因能力是指信贷审查人员根据已有知识库和思想方法，并且根据条件变化而不断修正对事物判断的能力。

一个项目能不能通过？多少金额合适？授信期限合不合理？担保方式是否需要优化……这是一个比较复杂的过程。尤其是一些新项目，信贷审查人员对客户所在的行业没有接触过，此时的信贷审批工作就是一个盲人摸象的过程，是消除信息不对称的过程。审查人员要从调查报告、互联网、上市公司公告、财务报表等多角度进行验证分析，对一些项目还需要实地考察、与企业人员进行座谈等方式来增加自己对于企业的了解，不断调整对于项目的分析判断，最终得出合理的审查结论。

如 2016 年 4 月 26 日，某“央企”99% 股权转到民企手中，公司的性质也由原来的“国企”转变成“民企”，给各金融机构造成很大的困扰。而在此之前，该公司一直对外宣称自己是“央企”，且各家银行授信额度都不小，发债金额也很大。如果审查人员接到一笔该集团的新增项目，那么审查人员要从各方渠道去了解企业，在信息不明朗的时候，要谨慎判断、顶住压力，只有这样才能避免踩雷。信贷无小事，看不清、拿不准的时候应该采取谨慎策略，可采取缓议的方式，或补充详细资料后再做定夺。

同时，也需要注意信贷审查审批决策是一个无法穷尽所有问题的过程，应在不断消除信息不对称的过程中化繁为简，将复杂问题简单化，动态地调整自己的审查结论，做出符合实际情况的决策。

# 第三章　信贷思维的建立

思维是灵魂的自我谈话。

——［古希腊］柏拉图

## 第一节　立足银行实际

没有金刚钻，不揽瓷器活。

俗话说“吃饭穿衣看家当”，有什么条件、办什么事，这是做一切事情的根本原则。信贷审查人员进行信贷审批时，要特别注意本行的实际情况，应结合本行实际情况进行信贷决策，不能一概而论。目前，我国银行业金融机构的分类和特点如下：

**1. 政策性银行**

目前，我国的政策性银行具体指国家开发银行、中国进出口银行、中国农业发展银行。由于政策性银行承担着国家干预、协调经济的作用，承担对相关领域进行扶持的职能，并且不用过分担心资金来源以及资金成本的问题，因此这些银行客户质量相对较高。如国开行积极介入省市大型重点项目，进出口行积极介入具有制造优势企业的进出口业务，农发行积极介入农村水利、基础设施、农产品收购、农业龙头企业贷款等。由于政策性银行的资金成本优势，往往可以做到基准下浮，其资金成本优势帮助这些银行介入优质项目或企业，而这些项目或企业往往是一些股份制银行以及城商行难以介入的。

**2. 五大行及邮储**

目前，五大行及邮储包括中国工商银行、中国农业银行、中国银行、中国建设银行、交通银行股份有限公司、中国邮政储蓄银行。这些银行具有以下特点：第一，有网点优势，由于网点多，布局到区、县甚至村镇。第二，影响力较大，资产规模巨大，且是中央企业（即央企）。第三，具有吸纳大量零售存款的能力，以及吸纳财政存款、教育资金存款、军队存款、央企(国企)资金存款等存款的能力，因此资金成本较低，且资金成本较为稳定。第四，管理较为规范，经营中不激进。第五,五大行及邮储也因此成为同业拆借市场上资金的拆出方。这就决定了五大行、邮储可以以其低成本资金去营销较为优质的项目，如省市大型国企、大型龙头企业、大型优质项目（如机场、高速公路、重大工业项目等），这类企业或项目要求资金成本低、授信期限长，其他银行等难以大范围介入该类项目。比如，五大行、邮储做一个省际高速公路项目，贷款期限可以做到十五年、二十年，利率可以做到基准利率下浮 10%，金额 50 亿元以上，这样的项目其他银行介入是难以盈利的。同时五大行、邮储由于网点多，可以做代理理财、保险、基金、代发工资等工作，进而提高本行的综合收益。而股份制银行或城商行的资金成本普遍较高，对利率较为敏感，在 FTP 考核下，经营部门很可能亏损，导致这些银行缺乏营销这类优质项目的动力。一句话：这类项目不是部分银行的菜。

**3. 全国性股份制商业银行**

目前，全国性股份制商业银行有 12 家，分别为招商、兴业、民生、浦发、恒丰、中信、华夏、深发、光大、渤海、广发、浙商。这些银行具有以下特点：第一，目前上述银行大多已经上市，如招商银行、浦发银行、兴业银行、民生银行等。第二，股本结构中国有股份比较低，更接近市场化运营，如民生银行。第三，网点相对较少。第四，吸储能力不如五大行，其信贷资金成本较高。第五，市场竞争较为充分。第六，这些股份制银行往往是同业拆借市场上资金的借入方，对资金价格比较敏感，一旦央行回笼资金或大行拆出资金收紧，其信贷资金价格会大幅上涨。这就决定了这些银行在营销一些特别优质的项目时，相对政策性银行与五大行、邮储，处于弱势的地位；更多的是营销一些风险相对可控，对利率不太敏感、可以接受相对较高利率的企业。这对信贷审查人员提出了更高的要求，不能照搬五大行、邮储的标准审批本行的项目。否则，客户经理营销来的客户就难以审批通过，最终本行将无客户可做。可以说，不同的银行有不同的特点，不同银行的目标客户也不尽相同。一些银行不做或审慎做的项目，可能到了另外的银行就成了香饽饽。这里面也是一个风险与收益均衡的关系，以及本行客户结构的问题。

需要注意，虽然股份制银行较五大行存在资金成本以及网点较少的劣势，但由于其灵活的市场机制，特别是随着互联网普及，股份制银行通过网络、电话、短信、微信、APP 等方式进行理财、客户服务，弥补了网点不足的劣势，减少了人力成本支出，提高了人均创利水平，具有不可小觑的市场地位和发展趋势，成为银行市场上的一支生力军。

**4. 各城市商业银行**

城商行具有以下特点：第一，城商行在所在城市往往具有较好的群众基础；第二，这些银行往往能够获得当地政府的财政资金等方面的支持；第三，城商行受当地地方经济政策环境的影响较大；第四，网点集中分布在当地，且网点密度比较大。这就决定了城商行往往需要深耕本地业务，对本地一些优质企业深入合作，对本地一些政府重大项目进行积极支持，而这些又进一步决定了城商行的发展与当地经济关联度很高。

**5. 各个地方的农村商业银行、农村合作银行、农村信用社、村镇银行**

这些银行往往业务只在所属区域，对本地的企业进行融资服务，并带有扶持本地农业、吸纳闲散资金的作用。这类银行由于在村镇设有大量网点，吸纳本地自然人资金的能力较强，因此资金成本较低，资金价格不敏感，反而成为同业市场的资金提供者。

综上所述，各家银行需要根据自身网点情况、资金成本、业务资质、区域特点等，找到属于本行的目标客户。适合的才是最好的，而不是一味追求高大上的客户。信贷审查人员作为中台部门，要积极根据就职银行的自身特点调整心态，既要根据总行的战略规划往前走，也要清楚认识所在单位的实际情况，有所为、有所不为，不能“拿着老尺子给新人量衣服”。特别是五大行、股份制银行、城商行之间流动的信贷人员，万万不可用之前的审批思路和审查标准进行审批。如那样做，就像拿着自己穿了多年合身的衣服，盲目往新人身上套，往往会导致不合身、不合体，最终水土不服，影响业务发展。

## 第二节　从现在预测短期将来

立足当下，放眼未来。

每一个行业都有其生命周期，行业的生命发展周期主要包括四个发展阶段：幼稚期、成长期、成熟期、衰退期。但行业的生命周期就像股票一样，是一个多因素的复杂过程，一个行业的每一次行业周期的时间以及各个阶段发生的时间都是不确定的。同时，长期预测是一个不精确的过程，预测的时间越长，其与真实情况的偏离度就越大，因此进行短期预测更切合实际情况。

国内很多行业，如农产品、手机市场、服装等行业已经充分竞争多年，企业方生方死，变化很大。信贷审查时需根据行业的过去以及现状，进行短期预测。如企业申请一笔短期流动资金贷款，期限 1 年，信贷审批人员需要预测该企业能否存活 2—3 年。如果预测该行业可以存续 2—3 年，那么该笔流动资金贷款可以发放，而不是预测 10 年以后企业是否存续，因为 10 年的时间跨度太大，不确定性因素太多。预测可以存续 2—3 年，信贷资金到期以后进行同样的判断，如果预测企业随时可能会破产或 1 年左右生产经营将出现大幅亏损，那么就要及时收回贷款，如果还可以存续 2—3 年就可以继续发放。

这里需要说明，由于预测时间离现在越长，预测结果与真实情况偏离度越大，对于长期贷款，尤其是 5 年以上的长期项目贷款，需要审慎对待。对于一些特殊的行业，如机场、港口、高速公路，或一些融资主体、担保主体实力较强，如上市公司龙头企业、大型国企央企、大型民营龙头企业，因为其行业具有垄断性或其融资主体、担保主体具有强的可持续性，可以进行长期项目贷款融资。但同时需要关注的是，以上行业的客户对利率较为敏感，要求利率水平低，而该项目贷款融资期限较长，因此银行面对的利率风险也比较高。

## 第三节 同业授信占比

信贷审查时要关注同业授信占比情况，即本行授信额度占集团的同业授信总额度中的比例。一般分为两种情况：

一是中小型龙头企业、国企企业。该类企业由于集团规模不大，对外融资规模有限，某一个银行可以精耕细作，与该企业充分合作，同业占比可以适当高一些。如一家市级交通局下属的道路施工企业，由于其国企背景且资质较好，在当地承接项目具有一定的优势，且生产经营情况一切正常，因为总融资金额不大，企业背景较好，可持续经营能力较强。对这样的客户，无论是四大行、股份制商业银行还是城商行，都可以加大合作力度，适当提高同业占比。

二是大型央企、国企、民企、上市公司等企业。这类企业由于规模较大，在各家金融机构的融资额度非常大。尤其是一些省级的国企或大型上市公司，可能存在盈利能力较弱的情况，如某上市公司总资产高达 500 亿元，总负债高达 440 亿元，营业总收入高达 31 亿元，但净利润为 –1 亿元。其短期借款 5.18 亿元，但长期借款高达 160 亿。该企业作为上市公司，属于省级大型国企，亏损不是很严重，筹资能力较强，有国资背景和上市的优势，这就决定了该企业具有一定的可持续经营能力。因此，其还本付息情况应该没问题，且从征信来看，至今没有在任何金融机构有逾期欠息记录，银行可以适当介入，尤其是积极介入集团内的核心子公司或优质项目。如果一家银行只盯着其经营亏损，一点都不介入，就有点得不偿失，毕竟基层经营机构的客户量有限，且面临着很大的业绩考核压力。但该客户的对外负债太高，一家银行难以满足其融资需求，需要各家金融机构之间相互配合，大家分散介入。如一家银行授信资金达到 40 亿元，其他多家在 20 亿—30 亿元之间，还有部分在 5 亿—10 亿元之间，这样，授信风险不至于集中在某一家银行身上。对中小银行而言，考虑授信额度的时候要掌握一个原则，除非特别优质的客户，那就是尽量不做第一大授信行。

当然，对于经济发达地区的省级资源垄断型企业，这类企业具有省级国资背景、行业具有垄断性，盈利能力强，决定了企业具有较强的可持续经营能力，如果一家银行大量介入，风险并不太大。但由于该类企业对外资金的需求量太大，一家金融机构难以满足其融资需求；同时，如果一家金融机构授信额度占同业授信总额度比例比较高，很可能由于授信资金太大被企业绑架，一旦遇到行业下行期，将会难以抽身。对于这类企业，如果银行选择与其达成战略合作，建议选择处于成长期或成熟期的企业，而不是夕阳产业。

## 第四节　如何决策

信贷审查不必求全责备，达到审批决策条件时，即当决策。信贷审查工作要化繁为简，将各种纷繁芜杂的信息进行简化，具备决策条件时进行决策，而不是纠结于各种对风险实际影响不大的细枝末节。

信贷审查审批是一个复杂的过程，考虑的因素很多，需要平衡收益与风险、合规与合法、对银行自身发展的重要性，时间效率的考核，其决策结果往往取决于信贷审查人员的审查经验，难以做到标准化操作。这就需要信贷审查人员综合各方面的要素，在审批决策时不必纠结于“明察秋毫”，在达到审批决策时即当进行审批决策。可以说，信贷审查人员是“戴着脚镣跳舞”，无法做到面面俱到、事事顺心遂愿。同时，信贷审查人员也应该知道市场竞争的激烈程度，本行认为优质的项目，往往其他金融机构也在积极营销、加快审批。如果本行审批时间过长，企业从他行提款，那么前期的所有工作均等于零。可以说，信贷审查也是一个抢时间的活儿。因此，决策的时候需要抓住主要问题进行分析，而不是对微不足道的问题反复纠缠，影响最终的审批效率。

## 第五节　正确认识银行与企业之间的关系

鱼失水则死，水失鱼尤为水也。

银行与企业之间存在着一个很微妙的关系。银行是社会资金的一个重要中介，是资源配置的重要调节者。银行将社会闲散资金吸纳过来，然后投放给需要资金的企业；企业使用资金进行项目建设或日常经营，获得营业利润，贷款合同到期后，企业将资金归还银行；银行再将贷款的本息收入归还给社会。如此，社会资金完成优化配置，并形成闭合回路。

如下图：

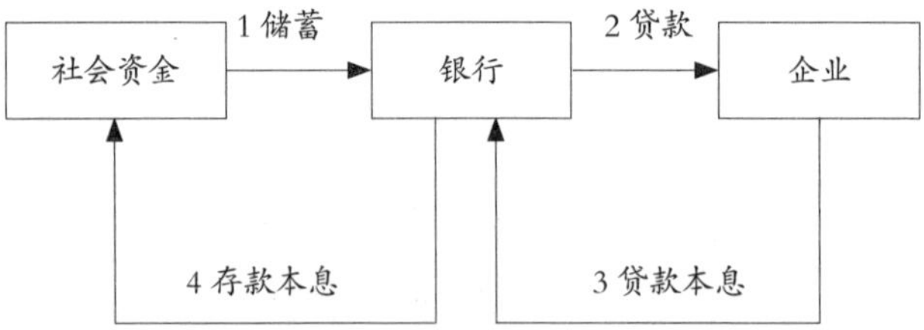


从这一链条来看，银行与企业之间的关系应该是非常密切的。银行就是将资金投放给需要资金的企业，才能获得贷款利息收入，否则银行将丧失存在的基础。由此看出，银行与企业之间应该说是鱼水关系。

但是，银行与企业之间并不都是鱼水关系。随着融资渠道的增加，企业可以通过资本市场直接融资，或者通过战略合作者引进资金，而银行如果失去了企业就失去了资金投放的对象，就没有利息收入，进而就没有钱去支付社会资金的存款利息，就会发生亏损甚至破产。这种鱼水关系，是银行与企业之间正常的状态。但是，部分企业经营情况恶化、资金紧张的时候，想得到银行贷款，必然会在财务数据中注入水分，以各种套路来忽悠银行，部分信息也向银行屏蔽。此时，银行担心贷款放出去以后收不回来，必然会对这些企业严加防范。于是，银行与企业之间的关系就变了味，由原来的鱼水关系，变成了猫鼠关系。信贷审查人员只有理解了银行与企业之间这种微妙的关系，才能端正自己的态度：对企业申请的授信要深入分析，有效识别企业存在的风险，在风险可控的前提下予以审批。

FOUND GREY RHINO

发现灰犀牛

# 基础篇

信贷审查基础知识 / 信贷审查基础资料及审查要点

# 第四章　信贷审查基础知识

合抱之木，生于毫末。
九层之台，起于累土。
千里之行，始于足下。
——［春秋］老子《道德经》

## 第一节　信贷基础知识

信贷审查人员只有掌握了最基本的基础知识和信贷的基本要求，经过逐步的积累，最终才能进行独立信贷审查。

### 一、信贷的基础性文件

1.《2016年贷款通则》；

2.《中华人民共和国商业银行法》；

3.《流动资金贷款管理暂行办法》《个人贷款管理暂行办法》《固定资产贷款管理暂行办法》和《项目融资业务指引》，并称"三个办法一个指引"，它构建了我国银行业金融机构的贷款业务法规框架。

### 二、信贷的原则

1. 安全性原则，指银行在经营信贷业务的过程中尽量减少和避免信贷资金遭受风险和损失。

2. 流动性原则，指商业银行在经营信贷业务时，能按预定期限收回贷款资金，或者在不发生损失的情况下迅速变现，保持充足的流动性。

3. 收益性原则，指通过合理的运用资金，提高信贷资金的使用效益，谋取利润最大化，力求银行自身的经济效益和社会效益的统一。

## 三、信贷的特征

1. 偿还性
2. 收益性
3. 价值单方面转移
4. 融通性

## 四、银行信贷资金来源

由银行自有资金、存款、金融债券、结算中占用资金和货币发行资金等所构成，其中大部分是存款，其余为结算中占用资金和其他资金。

## 五、信贷的七要素

对象（借款人）、金额（贷款金额）、利率和费率、期限、用途、担保、产品。

## 六、贷款的分类

1. 按期限长短划分为短期贷款、中期贷款和长期贷款。

短期贷款系指贷款期限在 1 年以内（含 1 年）的贷款。

中期贷款系指贷款期限在 1 年以上（不含 1 年）5 年以下（含 5 年）的贷款。

长期贷款系指贷款期限在 5 年（不含 5 年）以上的贷款。

2. 按有无担保划分为信用贷款和担保贷款。

信用贷款系指没有担保、仅依据借款人的信用状况发放的贷款。

担保贷款系指由借款人或第三方依法提供担保而发放的贷款。担保贷款包括保证贷款、抵押贷款、质押贷款。

3. 按贷款质量分类。

贷款五级分类制度是根据内在风险程度将商业贷款划分为正常、关注、次级、可疑、损失五类。这种分类方法是银行主要依据贷款人的还款能力，即企业最终偿还贷款本金和利息的实际能力，确定贷款遭受损失的风险程度，其中后三类称为不良贷款或问题贷款，前两类为正常贷款。

4. 按贷款金额大小不同，可分为批发贷款和零售贷款。

5. 按利率约定方式不同，可分为固定利率贷款和浮动利率贷款。

固定利率贷款是事先确定贷款利率，贷款利率在整个贷款期限内都固定不变的贷款。采用固定利率贷款时，在整个贷款期限内，贷款利率不受未来市场利率变化的影响，偿还贷款的方式和期限通常也是固定不变的。

为了防范和化解利率风险，出现了浮动利率贷款，是根据市场利率指标，按照借贷双方约定的条件，调整贷款利率和还款方式的贷款。浮动利率贷款虽然可以避免利率风险，但借款人却无法知道未来的具体利息支出情况。

对于银行来说，在利率上行期希望发放浮动利率贷款，在利率下行期希望发放固定利率贷款，以提高本行的收益，并预防利率风险。

6. 按贷款主体性质划分为经济组织贷款、企业单位贷款、事业单位贷款、个人贷款。

7. 按照贷款用途划分固定资产投资贷款、项目融资贷款、流动资金贷款、铺底流动资金贷款、票据贴现。

固定资产贷款是银行为解决企业固定资产投资活动的资金需求而发放的贷款，主要用于固定资产项目的建设、购置、改造及其相应配套设施建设的中长期本外币贷款。

项目融资是指贷款人向特定的工程项目提供贷款协议融资，对于该项目所产生的现金流量享有偿债请求权，并以该项目资产作为附属担保的融资类型。它是一种以项目的未来收益和资产作为偿还贷款的资金来源和安全保障的融资方式。

流动资金贷款是指贷款人向企（事）业法人或国家规定可以作为借款人的

其他组织发放的用于借款人日常生产经营周转的本外币贷款。

铺底流动资金是指生产性建设工程项目为保证生产和经营正常进行，按规定应列入建设工程项目总投资的铺底流动资金。

票据贴现是持票人将未到期的票据卖给银行获得流动性的行为，这样可提前收回垫支于商业信用的资本，而对银行或贴现公司来说，贴现是与商业信用结合的放款业务。

## 七、借款人与贷款人

贷款人系指经国务院银行业监督管理机构批准在中华人民共和国境内依法设立并具有经营贷款业务资格的金融机构。

借款人系指与贷款人建立贷款法律关系的法人、其他组织或自然人。

## 八、审贷分离

《中华人民共和国商业银行法》第35条第2款规定：商业银行贷款，应当实行审贷分离、分级审批的制度。

## 九、贷款审查委员会

为规避贷款风险，强化科学决策，完善贷款审批制度与流程，建立民主投票形式的集体议事机构为贷款审查委员会，该机构负责评价项目以及审议项目决策。

一般情况下，行长不得兼任贷款审查委员会主任，也不能是贷审委成员。

## 十、贷款“三查”制度

贷前调查、贷时审查和贷后检查。

## 十一、借款合同包含的内容

1. 借款主体名称
2. 借款种类

3. 借款币种
4. 借款用途
5. 借款数额
6. 借款利率
7. 借款期限
8. 还款方式
9. 违约责任
10. 担保方式

## 十二、贷款风险

1. 信用风险
2. 市场风险
3. 操作风险
4. 流动性风险
5. 道德风险

## 十三、授信的相关概念

**1. 授信**

授信是指商业银行向客户直接提供资金支持，或者对客户在有关经济活动中可能产生的赔偿、支付责任做出保证。包括但不限于：贷款、贸易融资、票据承兑和贴现、透支、保理、担保、贷款承诺、开立信用证等表内外业务。

**2. 集团授信**

（1）集团客户的定义

集团客户是指具有以下特征的商业银行的企事业法人授信对象：

a. 在股权上或者经营决策上直接或间接控制其他企事业法人或被其他企事业法人控制的；

b. 共同被第三方企事业法人所控制的；

c. 主要投资者个人、关键管理人员或与其近亲属（包括三代以内直系亲属关系和二代以内旁系亲属关系）共同直接控制或间接控制的；

d. 存在其他关联关系，可能不按公允价格原则转移资产和利润，商业银行认为应当视同集团客户进行授信管理的。

（2）集团授信的定义与范围

集团授信是指商业银行将集团客户内所有客户的授信，作为一个整体进行管理，集团客户内所有客户的授信总额称为集团授信额度。

集团客户可以是股权结构上比较明确的实体集团，也可以是虚拟集团。实体集团以管理较为规范的企业为主，尤其是大型国有企业。虚拟集团主要是股权结构较为复杂的企业，或股权关系没有直接关系，但是实际控制人为某一人或某一家族的企业。

商业银行基于集团客户的表内外授信，以及持有的集团客户成员企业发行的公司债券、企业债券、短期融资券、中期票据等债券资产以及通过衍生产品等交易行为所产生的信用风险暴露，都应纳入集团客户授信业务进行风险管理。

（3）风险集中度的问题

对单一集团客户授信余额不得超过本行资本净额的15%，集团客户成员单位单一授信余额不得超过本行资本净额的10%，否则视为超过银行自身的风险承受能力。

**3. 统一授信**

统一授信是指商业银行对单一法人客户或地区统一确定最高综合授信额度，并加以集中统一控制的信用风险管理制度。包括贷款、贸易融资（如打包放款、进出口押汇等）、贴现、承兑、信用证、保函、担保等表内外信用发放形式的本外币统一综合授信。

最高综合授信额度是指商业银行在对单一法人客户的风险和财务状况进行综合评估的基础上，确定能够和愿意承担的风险总量。银行对该客户提供的各类信用余额之和不得超过该客户的最高综合授信额度。

2015年12月31日，《中国银监会办公厅关于票据业务风险提示的通知》（银监办发〔2015〕203号）要求：银行业金融机构要将“低风险”业务全口径纳入统一授信范围。因此，统一授信额度 = 低风险授信额度 + 高风险授信额度。

信贷审查中要注意将集团下属所有客户授信纳入集团授信管理，不能有游离于集团授信管理之外的情况；同时，无论低风险还是高风险业务，都应纳入统一授信管理；对大型客户，中小银行要注意风险集中度，不要违反贷款集中度管理的相关规定；特别需要关注的是银行内部审批机构的统一，所有审批单出自一个部门，而不是多个渠道审批，各行其是。

## 第二节 法律基础知识

### 一、担保

**1. 定义**

担保是指在借贷、买卖、货物运输、加工承揽等经济活动中，债权人为保障其债权实现，要求债务人向债权人提供担保的合同。

担保方式为保证、抵押、质押、留置和定金五种。

**2. 注意事项**

当事人在为合法的债权提供担保时，只能提供以上这五种担保，而不能创设新的担保形式。各种担保形式所产生的法律效果有以下区别：

（1）保证产生的权利为债权，不具有优先受偿性；

（2）定金产生的权利也是债权，同样不具有优先受偿性；

（3）抵押、留置、质押取得的是担保物权，对担保物及其变现所得的价款具有优先受偿的权利。

**3. 担保范围**

保证担保范围：主债权及利息、违约金、损害赔偿金和实现债权的费用。保证合同另有约定的，按照约定。当事人对保证担保的范围没有约定或者约定不明确的，保证人应当对全部债务承担保证责任。

抵押担保范围：主债权及利息、违约金、损害赔偿金和实现抵押权的费用。抵押合同另有约定的，按照约定。

质押担保范围：主债权及利息、违约金、损害赔偿金、质物保管费用和实现质权的费用。质押合同另有约定的，按照约定。

留置担保范围：主债权及利息、违约金、损害赔偿金、留置物保管费用和实现留置权的费用。

**4. 担保合同**

合同形式：担保合同包括保证合同、抵押合同、质押合同、定金合同。行使留置权无须签订合同。担保合同可以是单独订立的书面合同（包括当事人之间具有担保性质的信函、传真等），也可以是主合同的担保条款。

**5. 生效时间**

抵押合同中，必须办理抵押物登记的自抵押物登记之日起生效，自愿办理抵押物登记的自合同签订之日起生效。

质押合同自质物移交于质权人占有时生效。

定金合同自实际交付定金之日起生效。

**6. 无效担保**

（1）无效原因

主体违法：当事人是无行为能力人或限制行为能力人；保证人资格不合法；法律规定的其他情况。

客体违法：抵押财产是担保法禁止的；抵押或质押财产是赃物或遗失物。

内容违法：如债权人以欺诈、胁迫的手段或者乘人之危而使人在违背真实意思情况下的担保无效。

我国《担保法》规定，具有代为清偿债务能力的法人、其他组织或者公民才有资格做担保人，国家机关、学校、幼儿园、医院等不能作为担保人。如果由这些单位法人、社会团体法人做担保，会因不合主体资格而导致担保合同无效，这点在信贷审查时应多加注意。

（2）无效担保的后果

a. 因主合同无效而导致的担保合同无效

担保人无过错时，担保人免责；

担保人有过错时，承担之责任不超过债务人不能清偿部分的1/3。

b. 主合同有效，担保合同无效

债权人无过错时，债务人与担保人承担连带责任；

债权人、担保人均有过错时，担保人承担的责任不超过债务人不能清偿部分的1/2。

（3）其他说明

《中华人民共和国担保法》第三十七条第（五）项规定：依法被查封、扣押、监管的财产不得抵押。可见，如果抵押权的设定发生在法院查封之后，则抵押权无效。

《最高人民法院关于适用〈中华人民共和国担保法〉若干问题的解释》第五十五条规定：已经设定抵押的财产被采取查封、扣押等财产保全或者执行措施的，不影响抵押权的效力。根据该司法解释，如果抵押权的设定发生在法院的保全措施或强制执行措施之前，则抵押权的效力不受查封、执行措施的影响。

（4）不具有担保资质

根据《中华人民共和国担保法》规定：具有代为清偿债务能力的法人、其他组织或者公民，可以做保证人。但是国家机关不得为保证人（经国务院批准为使用政府或者国际经济组织贷款进行转贷的除外）；学校、幼儿园、医院等以公益为目的的事业单位、社会团体不得为保证人；企业法人的分支机构有法人书面授权的，可以在授权范围内提供保证。

（5）下列财产不得抵押

a. 土地所有权；

b. 耕地、宅基地、自留地、自留山等集体所有的土地使用权，但法律规定可以抵押的除外；

c. 学校、幼儿园、医院等以公益为目的的事业单位、社会团体的教育设施、医疗卫生设施和其他社会公益设施；

d. 所有权、使用权不明或者有争议的财产；

e. 依法被查封、扣押、监管的财产；

f. 法律、行政法规规定不得抵押的其他财产。

7. **债务转移**

为担保债务的履行，债务人或者第三人不转移财产的占有，将该财产抵押给债权人的，债务人不履行到期债务或者发生当事人约定的实现抵押权的情形，债权人有权就该财产优先受偿。

8. **抵押处置**

前款规定的债务人或者第三人为抵押人，债权人为抵押权人，提供担保的财产为抵押财产。债务人或者第三人有权处分的下列财产可以抵押：

（1）建筑物和其他土地附着物；

（2）建设用地使用权；

（3）以招标、拍卖、公开协商等方式取得的荒地等土地承包经营权；

（4）生产设备、原材料、半成品、产品；

（5）正在建造的建筑物、船舶、航空器；

（6）交通运输工具；

（7）法律、行政法规未禁止抵押的其他财产。

抵押人可以将前款所列财产一并抵押。

9. **土地及房产抵押问题**

（1）土地使用权抵押后新增建筑物不属于抵押财产

我国《物权法》第二百条规定：建设用地使用权抵押后，该土地上新增的建筑物不属于抵押财产。该建设用地使用权实现抵押权时，应当将该土地上新增的建筑物与建设用地使用权一并处分，但新增建筑物所得的价款，抵押权人无权优先受偿。新增建筑物是指土地使用权取得后，在裸地上加盖的建筑物。本来土地使用权取得后就是为了加盖厂房或者其他设施，凡是在土地上新增添的建筑物，意味着该土地已被使用。只要建筑物不属于违章建筑，就应受到法律的保护，不应划为抵押财产。

（2）土地使用权抵押无效

《担保法》第三十七条规定下列财产不得抵押：土地所有权；耕地、宅基地，自留地、自留山等集体所有的土地使用权，但第三十四条第（五）项、第三十六条第三款规定的除外；学校、幼儿园、医院等以公益为目的的事业单位，社会团体的教育设施，医疗卫生设施和其他社会公益设施；所有权、使用权不明或者有争议的财产；依法被查封、扣押、监督的财产；依法不得抵押的其他财产。

根据上述规定不能抵押的土地所有权或使用权，即便是当事人签订了抵押合同也是无效的。

（3）房屋与土地的关系

房屋与土地的关系分为“房随地走”和“地随房走”两种，即土地使用权与地上建筑物一致的原则。《城镇国有土地使用权出让转让暂行条例》第三十三条规定：土地使用权抵押时，其地上建筑物、其他附着物随之抵押。地上建筑物、其他附着物抵押时，其使用范围内的土地使用权随之抵押。

实际操作中，转让、抵押、出租土地使用权，其地上建筑物、其他附着物所有权随之转让、抵押；转让、抵押、出租地上建筑物、其他附着物所有权，其使用范围内的土地使用权随之转让、抵押。但地上建筑物、其他附着物作为动产转让的除外。

另外，依据《物权法》规定，房地产抵押合同签订后，土地上新增的房屋不属于抵押财产。需要拍卖该抵押的房地产时，可以依法将土地上新增的房屋与抵押财产一同拍卖，但对拍卖新增房屋所得，抵押权人无权优先受偿。

（4）房屋与土地的相关凭证

他项权证指在他项权利登记后，由房管部门或土地产权登记机关核发、由抵押权人持有的权利证书。根据（1997）国土（籍）字第2号《关于土地使用权抵押登记有关问题的通知》，土地使用权抵押权的合法凭证是《土地他项权利证明书》，而《国有土地使用证》《集体土地所有证》和《集体土地使用证》不作为抵押权的法律凭证，抵押权人不得扣押抵押证书。抵押权人扣押的土地证书无效，土地使用权人可以申请原土地证书作废，并办理补发新证手续。类似的，《房屋他项权证》是房屋抵押权的合法凭证。

2014年12月22日，酝酿7年之久的《不动产登记暂行条例》（以下简称《条例》）公布，自2015年3月1日起，全国开始启用统一的不动产登记簿证样式，房产证、土地证的“双证合一”，统称为《不动产权证书》。新证启用后，以前的簿证继续有效，新证按照不变不换的原则，不能要求当事人强制更换。因此，如果申请人取得的房屋或土地使用权是2015年3月1日之前的（各区域有所不同），土地使用权或房屋所有者的证明文件为土地证或《房屋所有权证》，抵押权的合法凭证是《土地他项权利证明书》《房屋他项权证》；如果申请人取得的房屋或土地使用权是2015年3月1日以后的（各区域有所不同），相应的土地使用权或房屋所有者的证明文件为《不动产权证书》，抵押权的合法凭证为《不动产登记证明》。

**所有权人与抵押权人权利证书的变动**

| 时间<br>类别 | 2015年3月1日前 | | 2015年3月1日后 | |
|---|---|---|---|---|
| | 土地使用权 | 房屋 | 土地使用权 | 房屋 |
| 所有权人 | 《国有土地使用证》<br>《集体土地所有证》<br>《集体土地使用证》 | 《房屋所有权证》 | 《不动产权证书》 | 《不动产权证书》 |
| 抵押权人 | 《土地他项权利证明书》 | 《房屋他项权证》 | 《不动产登记证明》 | 《不动产登记证明》 |

（5）保险问题

根据《担保法》第五十八条规定：抵押权因抵押物灭失而消灭，因灭失所得的赔偿金，应当作为抵押财产。所以，土地使用权抵押特别是地上有建筑物或其他附着物，抵押权人应要求抵押人对地上建筑物办理保险手续，并在保险单上注明抵押权人为第一受益人，保险合同的期限应长于抵押协议的期限。如果被抵押的土地因特殊原因受到损害，抵押权人可以根据抵押人让与的赔偿或补偿请求权，代替抵押人直接向第三人或保险公司请求损害赔偿或要求保险公司给付保险金。

（6）抵押权与租赁权的关系

《物权法》第一百九十条规定：订立抵押合同前抵押财产已出租的，原租赁关系不受该抵押权的影响。抵押权设立后抵押财产出租的，该租赁关系不得对抗已登记的抵押权。对此，我们可以按以下两种情形来分析：

a. 标的物先租赁后抵押的处理规则

抵押人抵押已租赁的标的物，不影响抵押物上既存的租赁关系，承租人的权利优先于抵押权。因为根据《合同法》第二百二十九条规定：租赁物在租赁期间发生所有权变动的，不影响租赁合同的效力。最高人民法院《关于贯彻执行〈中华人民共和国民法通则〉若干问题的意见（试行）》第一百一十九条第二款规定：私有房屋在租赁期内，因买卖、赠予或者继承发生房屋产权转移的，原租赁合同对承租人和新房主继续有效。此为"买卖不破租赁"原则，是租赁权物权化的集中体现。所谓买卖不破租赁，是指在租赁合同存续期间，出租人将租赁房屋让与第三人的，租赁合同对该受让人仍然有效。抵押权实行时，将抵押物拍卖、变卖或折价与普通买卖在性质上并无不同。因此，在先租后押的情形下，应当赋予租赁权对抗抵押权的效力。

实际操作中，抵押给银行的房产，往往是处于租赁状态的。即标的物是先租赁给租户，后抵押给银行的，如果银行想要处置抵押物变现，就需要遵从"买卖不破租赁"的法规。因此，银行往往以告知书、承诺函或三方协议的方式，以解决"租赁权抗辩抵押权"的问题。

b. 标的物先抵押后租赁的处理规则

标的物先抵押后租赁情形，《物权法》的规定与《担保法司法解释》有不同。按照《物权法》第一百九十条规定：抵押权设立后抵押财产出租的，该租赁关系不得对抗已登记的抵押权。也就是说，《物权法》把先押后租，又区分登记抵押权与未登记抵押权，适用不同的处理规则，而《担保法司法解释》并没有区分登记抵押权与未登记抵押权分别规定不同的法律效果。即登记的抵押权能够对抗承租人，也就是在抵押权实行时能够"破"租赁。而未登记的抵押权则不能对抗承租人，也就是在抵押权实行时不能"破"租赁。

需要明确：不动产自登记之日起生效，动产自交付之日起生效。因此，抵押权的设立，应该以登记为准。

（7）其他权利抗辩抵押权

对于经营性物业贷款，抵押物是先出租后抵押给银行的，承租人的优先购买权抗辩抵押权，一般需要承租人放弃优先购买权。

对于房地产开发贷款，建设工程施工方的优先权抗辩抵押权，信贷审查可以要求施工方出具承诺，放弃优先受偿的权利。

## 二、公证

### 1. 定义

公证是公证机构根据自然人、法人或者其他组织的申请，依照法定程序对民事法律行为、有法律意义的事实和文书的真实性、合法性予以证明的活动。公证制度是国家司法制度的组成部分，是国家预防纠纷、维护法制、巩固法律秩序的一种司法手段。公证机构的证明活动与人民法院审理案件的诉讼活动不同。前者是在发生民事争议之前，对法律行为和有法律意义的文书、事实的真实性和合法性给予认可，借以防止纠纷，减少诉讼，它不能为当事人解决争议；而人民法院的诉讼活动，则是在发生民事权益纠纷并由当事人起诉之后进行的，其目的是做出裁决。

### 2. 公证行为

中国公证机关办理下列公证行为：

（1）证明合同（契约）、委托、遗嘱等法律行为。

（2）证明法律行为以外的法律文书：一切在法律上有效的文书均可公证证明，书面形式的法律行为也是法律文书。

（3）证明法律事实：凡能够引起法律关系产生、变更和消灭的事实均可公证证明。法律事实分行为和事件两类：行为以人的意志为转移，事件是不以人的意志为转移的。公证证明法律事实主要是证明法律事件，指的是事实的发生与人们意志无关但可引起一定法律后果的事件，如死亡。

（4）证明非争议性事实：某些事实并不一定发生法律后果，但为避免日后可能发生争议，亦得公证证明。如证明某人的住所地或居所地，证明亲属关系。

（5）对于追偿债款、物品的文书，认为无疑义的，在该文书上证明有强制执行的效力。

（6）证据保全，在当事人提起诉讼之前，出现了证据可能灭失或者以后难以取得的情况，当事人为准备将来进行诉讼的需要，可以申请公证处采取措施，保全证据。

（7）保管遗嘱、保管文件。

（8）办理与公证行为有关的辅助性工作，代当事人起草申请公证的文书。

（9）根据当事人的申请和国际惯例办理其他公证行为。

**3. 公证效力**

一切公证行为都产生证据上的效力。

（1）任何法律行为和有法律意义的文书、事实经过公证证明，国家证明它的真实性、合法性，即产生法律上的证据效力。人民法院审理案件中，如果在收集、调查证据时涉及某项文书，而这项文书也经公证证明，即应确认其效力，可以直接采证。但有相反证据足以推翻公证证明的除外。

（2）依照法律必须公证证明的法律行为，则公证证明就成为这些法律行为生效的必要条件。法律对于不同的法律行为有不同的形式要求，包括口头、书面及公证证明，取决于该法律行为所产生（或变更、消灭）的法律关系的重要性、复杂性和它对于第三者的作用。虽未为法律规定而当事人自行协议公证证明作为双方法律行为必要的形式条件之一的，这一法律行为也必须公证证明方能成立。

（3）债权文书，如债权人和债务人对权利义务关系没有争议，并经公证证明具有强制执行效力的，当债务人拒不履行时，债权人可以直接申请人民法院强制执行，不需要向人民法院起诉要求作出裁判。

**4. 公证组织**

公证处是国家公证机关，代表国家行使公证职能。

**5. 强制执行公证**

《中华人民共和国公证法》第三十七条规定：对经公证的以给付为内容并载明债务人愿意接受强制执行承诺的债权文书，债务人不履行或者履行不适当的，债权人可以依法向有管辖权的人民法院申请执行。

前款规定的债权文书确有错误的，人民法院裁定不予执行，并将裁定书送达双方当事人和公证机构。

《中华人民共和国民事诉讼法》（2012 年修正）第二百三十八条规定：对公证机关依法赋予强制执行效力的债权文书，一方当事人不履行的，对方当事人可以向有管辖权的人民法院申请执行，受申请的人民法院应当执行。

公证债权文书确有错误的，人民法院裁定不予执行，并将裁定书送达双方当事人和公证机关。

对于风险化解的项目，由于已经出现较大的预警信号，授信方案中往往要求办理强制执行公证。

用较大的篇幅对公证进行了详细的解释说明，因为在实际工作中遇到太多的超长时间诉讼，让银行不堪重负。如果有公证，一旦发生问题，可以通过强制执行的方式解决；如果没有公证，只是立案、取证、排队开庭，只是时间就能把银行拖得精疲力竭。

## 三、承诺书

承诺书实际上是合同的一种，具有法律效力，但是，有效的承诺书必须同时满足以下三个条件：

1. 是当事人真实意愿的反映。承诺书的内容应当是当事人内心真实意思的表达，不能被强迫或威胁或利诱、欺骗等。

2. 没有违反相关法律规定。承诺书的内容必须合乎法律的规定，不能违反法律或行政法规的禁止性规定，否则可能导致承诺书无效。

3. 没有侵犯他人利益。承诺人只能基于自己有权处分的标的物进行处分，而不能因此侵犯他人的合法利益。

## 四、差额补足或流动性支持措施

### 1. 差额补足

差额补足，又称为差额支付，一般在交易中作为一项保障措施予以使用。差额补足是指为了保障主权利人和主义务人之间的权利义务关系，当主义务人未按约定履行义务时，由第三人按照约定履行差额补足义务的行为。差额补足法律关系主要涉及三方主体，即差额补足义务人、主权利人、主义务人。根据所保障的主权利义务关系之不同，差额补足主要可以分为对债务的差额补足、对分红的差额补足以及对资金归集的差额补足。

### 2. 流动性支持

流动性支持主要就是为了平抑现金偿付的波动和各类风险，使得原来可能存在风险的支付行为变得更加稳定和可靠，从而吸引更多低风险偏好的投资者，并符合他们固定回报的要求。流动性支持协议并不违反法律法规，实际上流动性支持方是吸收了资金偿付不确定性的风险，为投资者提供了一层安全的保护。

## 五、董事会决议

董事会决议，是指董事会就董事会会议审议的事项，以法律或章程规定的程序表决形成的决议，是董事会集体意志的体现。

公司法在其变迁过程中，特别是在股东人数众多、股权较为分散的情形下，股东主权的原则已有一定程度的削弱，董事会的权限随之增强，原本由股东（大）会决议的许多事项转由董事会作出决议，公司的意思决定机关事实上已经分解为股东（大）会和董事会，因此，董事会对享有最后决定权的事项所做的决议，自然也应当属于公司的意思表示。

在实际操作中，往往在出账环节，要求企业出具董事会决议、股东会决议或职工代表大会决议，需要出具哪一类文件，要根据公司章程规定执行。

## 六、法律审查要点

1. 融资主体是否有融资资格；

2. 抵押物能否抵押，以及他权证件；

3. 担保人是否有担保资格；

4. 合同是否有效；

5. 相关行为有无有权部门授权（如银行向国企子公司“明股实债”的模式进行增资）。

本章用较大的篇幅对信贷审查人员常用的基础知识进行介绍，是因为这是信贷审查中经常用到的必备知识点，如果信贷审查人员没有这方面的知识储备，在出具审批意见时可能会存在盲区，做出不适合实际情况的方案，甚至会给别有用心的人留下法律空子。

## 第三节 授信产品基础知识

### 一、按风险敞口大小区分

银行给予客户授信，其形成资产风险权重大于零的业务为高风险业务；形成的资产风险权重等于零的业务为低风险业务。两者的区别如下：

**高风险业务与低风险业务的审批区别**

| 项目<br>分类 | 定义 | 客户分类 | 担保措施 |
|---|---|---|---|
| 高风险业务 | 风险敞口大于零 | 非优质客户 | 抵押、质押、担保 |
| | | 优质客户 | 信用 |
| 低风险业务 | 风险敞口为零 | 所有客户 | 低风险担保 |

**1. 高风险业务**

高风险业务的授信主体如果不是特别优质的客户，则还款来源不足，需要采取措施对敞口部分进行风险缓释，一般采取抵押、质押、保证的方式进行审批；若授信主体为优质客户，则还款来源有保障，可以对敞口部分采取信用的方式进行审批，也可以采用抵押、质押、保证的方式进行审批。

**2. 低风险业务**

（1）定义

低风险授信业务是在客户提供低风险担保的条件下，银行为其提供的本外币贷款、贴现、银行承兑汇票、信用证（包含一般信用证和备用信用证）和保函等各项授信业务。

（2）低风险担保的主要范围

足额黄金、存款、保证金、国债质押，或本行认可的金融机构（含本行）开立的备用信用证担保、保函担保，以及该金融机构出具的银行本票、银行承兑汇票质押。

（3）低风险业务的误区

低风险业务往往有企业存单或者其他质押兜底，风险相对较小，因此，此经营部门对这样的业务动力十足。有的信贷审查人员认为，低风险业务的风险权重为零，客户已经提供了足额的现金或现金等价物做质押，本行不再承担该授信的信用风险。因此，经验不足的信贷审查人员把低风险业务当作无风险业务对待，在信贷审批环节存在把关不严的状况。

（4）低风险业务的风险

低风险业务的风险低是相对的，主要是指质押物变现能力强，或担保方实力强。低风险业务不能等价于无风险业务，这一点必须明确。即便是低风险业务，银行也面临着操作风险、企业经营风险等。

信贷审查人员不应该忽视低风险业务所带来的风险。信贷审查人员必须清楚，低风险业务潜藏着很多风险点，操作不好会把低风险业务做成高风险业务。低风险业务的风险主要有四点：一是企业如果经营恶化，那么本行的保证金或者存单很可能被其他债权人冻结，导致本行贷款的还款来源受阻。二是承贷风险，有的客户经营规模很小，但申请大额的低风险业务，存在小马拉大车、融资超出其真实需求等情况，信贷审查人员应对其提供的发票等资料的真实性认真审查，避免出现违规套利等不合规行为。三是操作风险，尤其是转贴现业务中的票据被银行员工违规取出、贴现后资金被挪用，甚至被票据中介诈骗。近期，这样的事情曝光不少，有的诈骗分子伪造了银行的资料和印鉴，开出虚假票据，因而引发票据风险。四是市场风险，部分银行将黄金等贵金属足额质押作为低风险业务。若做不好风险对冲工作，一旦发生黄金价格大幅下降的情况，该笔低风险业务就有可能变成高风险业务。

特别提示，100% 全额保证金业务，有资金来源的风险；票据贴现业务，存在票据真实性，以及内部员工违规操作的风险；存单、国债等有价债券，有被冻结、划扣的风险，一旦被冻结、划扣，质押权人的优先受偿权难以保障。尤其是企业一旦涉及民间借贷或在他行出现逾期欠息的情况，本行质押物就可能被冻结。因此，对于经营困难的客户，低风险业务也需要谨慎。

## 二、按银行是否与客户发生直接信贷关系

授信产品分为两大类：一类是银行直接把资金投放给企业，该类产品称为传统授信业务；一类是银行将资金通过证券公司、基金公司、信托公司等金融机构间接投放给企业，该类产品称为类信贷业务。具体如下表：

按银行与客户是否直接发生信贷关系分类

<table>
<tr><th>项 目</th><th>类 别</th><th>主 要 产 品</th></tr>
<tr><td rowspan="2">传统授信业务</td><td>人民币融资</td><td>并购贷款、项目融资、固定资产贷款、融资性保函、房地产开发贷款、经营性物业贷款、法人按揭贷款、流动资金贷款、支票账户业务、法人账户透支、贵金属租借、银行承兑汇票、商业承兑汇票、非融资性保函业务</td></tr>
<tr><td>贸易融资</td><td>进口代收押汇、D/A 出口押汇、出口商业发票融资、打包贷款、国内信用证（代付）、买断型国内保理业务（代付）、进口信用证押汇、进口代付、提货担保、信用证议付、远期信用证（代付）、回购型国内保理（代付）业务、D/P 出口押汇、即期信用证、出口保理、备用信用证担保贷款、出口信用保险项下融资、L/C 出口押汇、福费廷、应收账款池融资、托收项下出口押汇、信用证下出口押汇、出口退税账户托管融资、动产融资－先货后款、动产融资－先款后货、商业承兑兑付额度、订单融资、发票融资、国内信用证打包贷款、国内信用证卖方押汇、信保短险融资、信用应收账款买断、国内信用证议付、出口买方信贷、出口卖方信贷、国内有追卖方保理、国内无追卖方保理、出口有追保理、出口无追保理、卖方保理融资等</td></tr>
<tr><td rowspan="2">类信贷业务</td><td>资金来源</td><td rowspan="2">结构化融资业务、商业承兑汇票资产管理计划融资业务、国有企业投资基金业务、龙头地产企业投资基金业务、上市公司股票结构化投资基金业务、上市公司定向增发投资基金业务、资产管理公司结构化融资业务、产业基金业务、特定资产收益权业务、投资孵化基金业务</td></tr>
<tr><td>债权投资</td></tr>
</table>

### （一）传统授信业务

传统授信业务种类繁多，按业务类别可分为人民币授信业务和贸易融资业务。下面重点介绍各产品的定义和审查要点。

#### 1. 并购贷款

并购贷款是指商业银行向并购方或其子公司发放的，用于支付并购交易价款的贷款。并购是指境内并购方企业通过受让现有股权、认购新增股权，或收

购资产、承接债务等方式以实现合并或实际控制已设立并持续经营的目标企业的交易行为。其中并购可由并购方通过其专门设立的无其他业务经营活动的全资或控股子公司（以下称子公司）进行。

**审查要点：**

（1）关注并购方的实力，以及并购企业对于并购方主营的匹配程度；

（2）并购价款是否合理；

（3）要求并购方出一定比例的自有资金，以提高其违约成本；

（4）并购资产需要抵质押至银行；

（5）并购交易的操作风险。

**2. 项目融资**

项目融资是指贷款人向特定的工程项目提供贷款协议融资，对于该项目所产生的现金流量享有偿债请求权，并以该项目资产作为附属担保的融资类型。它是一种以项目的未来收益和资产作为偿还贷款的资金来源和安全保障的融资方式。项目融资与一般贷款最大的区别是归还贷款的资金来自于项目本身，而不是其他来源。

**审查要点：**

（1）注意项目的各项手续是否齐全；

（2）项目未来的收益情况能否覆盖贷款本息；

（3）项目的建设方与运营方的实力；

（4）项目资产抵质押的操作风险；

（5）制订较为合理的还款计划；

（6）抵质押资产的变现能力。

**3. 固定资产贷款**

固定资产贷款是银行为解决企业固定资产投资活动的资金需求而发放的贷款，主要用于固定资产项目的建设、购置、改造及其相应配套设施建设的中长期本外币贷款。

**审查要点：**

（1）禁止涉及国家禁止或者“两高一剩”项目；

（2）注意项目的各项手续是否齐全；

（3）融资主体或担保主体的实力；

（4）项目自身行业情况；

（5）制订较为合理的还款计划。

**4. 融资性保函**

融资性保函又称“融资保函”或“融资类保函”，是指担保银行应借款人的申请而向贷款人出具的，保证借款人履行借贷资金偿还义务的书面文件。融资保函主要包括，借款保函、透支保函、有价证券发行担保、银行授信额度保函。

**审查要点：**

（1）融资主体的实力以及股东背景；

（2）融资保函资金的用途以及回款情况；

（3）企业的可持续经营能力。

**5. 房地产开发贷款**

房地产开发贷款是指对房地产开发企业发放的用于住房、商业用房和其他房地产开发建设的中长期项目贷款。房地产贷款的对象是有房地产开发、经营权的国有、集体、外资和股份制企业。

**审查要点：**

（1）四证齐全；

（2）股东实力、资质、开发经验；

（3）项目所在城市、区位；

（4）商业占比过大的审慎介入；

（5）土地、在建工程抵押的操作风险；

（6）注意项目资金封闭运作。

**6. 经营性物业贷款**

经营性物业贷款是指银行向经营性物业的法人发放的，以其所拥有的物业作为贷款抵押物，还款来源包括但不限于经营性物业经营收入的贷款。经营性物业是指完成竣工验收并投入商业运营，经营性现金流量较为充裕、综合收益较好、还款来源稳定的商业营业用房和办公用房，包括商业楼宇、星级宾馆酒店、综合商业设施（如商场、商铺）等商业用房。

**审查要点：**

（1）融资主体或担保人、母公司的实力；

（2）融资人商业运营能力；

（3）项目周边的人气情况、区位；

（4）防止资金被挪用风险；

（5）租赁情况以及租金情况；

（6）现金流的覆盖情况；

（7）还款计划要与租金收入相匹配。

**7. 流动资金贷款**

流动资金贷款是为满足生产经营者在生产经营过程中短期资金需求，保证生产经营活动正常进行而发放的贷款。按贷款期限可分为一年期以内的短期流动资金贷款和一年期至三年期的中期流动资金贷款；按贷款方式可分为担保贷款和信用贷款，其中担保贷款又分保证、抵押和质押等形式；按使用方式可分为逐笔申请、逐笔审贷的短期周转贷款和在银行规定时间及限额内随借、随用、随还的短期循环贷款。流动资金贷款作为一种高效实用的融资手段，具有贷款期限短、手续简便、周转性较强、融资成本较低的特点，因此成为深受广大客户欢迎的银行业务。

**审查要点：**

（1）核实用途真实性，防止短贷长用，严禁资金被挪用到项目或股市上去；

（2）如为实力一般的民企，建议增加担保措施以缓释风险；

（3）纯贸易企业审慎介入；

（4）注意应收账款的金额以及回款情况；

（5）关注企业的信贷结构，如果短期借款占比过大，需要防范银行收贷风险。

**8. 银行承兑汇票**

银行承兑汇票是由在承兑银行开立存款账户的存款人出票，向开户银行申请并经银行审查同意承兑的，保证在指定日期无条件支付确定的金额给收款人或持票人的票据。对出票人签发的商业汇票进行承兑是银行基于对出票人资信的认可而给予的信用支持。

**审查要点：**

（1）核实贸易真实性；

（2）如为实力一般的民企，建议增加担保措施以缓释风险；

（3）纯贸易企业审慎介入；

（4）注意操作风险，如票据真伪、背书情况；

（5）防止恶意挂失现象。

**9. 商业承兑汇票贴现**

商业汇票是出票人签发的，委托付款人在指定日期无条件支付确定的金额给收款人或者持票人的票据。商业承兑汇票是由银行以外的付款人承兑。商业承兑汇票按交易双方约定，由销货企业或购货企业签发，但由购货企业承兑。

商业承兑汇票贴现是指持票人将未到期的商业承兑汇票转让给银行，银行再按贴现率扣除贴现利息后将余额票款付给持票人的一种授信业务。

**审查要点：**

（1）注意纳入集团授信；

（2）注意承兑方的实力；

（3）核实贸易真实性；

（4）追加担保措施；

（5）背书有无额外条款；

（6）容易体外循环，不易被监测，信贷审查人员需特别注意。

**10. 法人按揭贷款**

法人按揭业务是银行开发的标准化融资产品，是指银行向授信申请人发放的用于购置生产、经营、仓储、物流所需的办公楼、厂房、仓库、商铺等工业房产和商业房产或用于购置其生产经营所需的机器设备、工程机械、车辆等动产，并以所购房产、动产等设定抵押，按月还本付息的中长期融资业务。

**审查要点：**

（1）一般贷款期限较长，需要关注持续经营能力；

（2）关注申请人的经营能力以及还款能力；

（3）购置资产有无涉及法律问题；

（4）注意给按揭资产买保险。

**11. 法人账户透支**

法人账户透支业务是指在企业获得银行授信额度后，银行为企业在约定的账户、约定的限额内以透支的形式提供的短期融资和结算便利的业务。当企业有临时资金需求而存款账户余额不足以对外支付时，法人账户透支为企业提供主动融资便利。

**审查要点：**

（1）注意资金使用情况，不得用于弥补大额和中长期资金不足，不得用于归还贷款本金、支付贷款利息，不得用于项目投资，不得以任何形式流入证券市场、期货市场和用于股本权益性投资；

（2）敞口额度要根据所在行的结算量进行确定；

（3）做好贸易真实性审核；

（4）透支期限不宜超过 3 个月。

**12. 贵金属租借**

贵金属租赁是指企业以租赁方式向银行租用贵金属，到期后归还相应的贵金属，并以现金方式支付租赁利息的业务模式。

**审查要点：**

（1）做好客户准入，审查企业是否有贵金属经营资格；

（2）做好对冲工作；

（3）跟踪市值，做好预警工作；

（4）通过保证金缓释风险；

（5）企业租借贵金属一般用于生产，而非投资炒作。

**13. 非融资性保函业务**

非融资保函是指在规定范围内，以客户提供符合条件的反担保条件为基础，银行为客户的贸易或工程投标等非融资性经营活动开具担保文书提供信用担保。非融资性保函一般包括投标保函、履约保函、预收款退款保函、工程维修保函、质量保函、预付款保函、关税保函、即期付款保函、经营租赁保函等。

**审查要点：**

（1）筛选客户：当地龙头或大型企业，尤其是大型建筑企业；

（2）产品期限要合理。

**14. 贸易融资类业务**

贸易融资类业务是指银行围绕贸易结算各环节为进出口商、国内贸易交易各方提供融资业务的各类表内外贸易融资产品。

**审查要点：**

（1）要核实贸易背景的真实性，这是贸易融资业务的生命线。不能仅对表面单据进行审核，因为部分单据可能造假，即使在公开信息上可以查到，也难以判断单据的真实性，要和企业的规模结合起来看。

（2）要看融资主体是否具备融资实力，简单一点来说就是判断能不能做流动资金贷款。

（3）关注资金回流，资金按合同回流是保证贸易融资业务安全性的必备措施，如果资金流向不明，说明项目已经存在风险，发生问题是迟早的事。如果贷后检查工作没到位，没有及时发现预警信息，最终可能会出现资金挪用，引发较大风险。

### （二）类信贷授信业务

**1. 类信贷业务的定义**

类信贷业务，往往指同业项下的类信贷业务，也就是所谓的同业非标准化债权资产业务，即包括买入返售类科目，实际指利用资金业务外壳做了融资类信贷业务。特别是其买入返售类票据、信托收益权等，表面为资金业务实为信贷业务，实际是规避了监管层关于信贷规模的控制。

**2. 类信贷业务的分类**

类信贷业务，可以按照资金的来源以及资金所形成的关系，再次细分。

（1）按资金的来源

按资金的来源分为两类，一类是银行以自有资金进行投资，另一类是银行以非本行资金进行投资。非本行资金的类别较多，比如理财资金、资产流转平台、直销银行等模式。另外，虽然银行以非本行资金进行投资，但是银行为了不影响后续筹资，且为保障自身信誉，往往为这笔资金隐形兜底，因此最终的风险承担者还是银行。

按照投放资金在企业资产负债表中的作用，可分为：

a. 银行以自有资金进行投资

直投业务形式是银行将资金通过信托、券商、基金等其他金融机构间接将资金投放给公司机构。即表内资金通过信托计划、证券（基金）公司资产管理计划等，投资于信托贷款、应收账款池融资、票据池融资、固定资产建设融资、经营性物业融资等基础资产银行享受基础资产的收益，承担基础资产的风险。

b. 银行以非本行资金进行投资

表外理财业务是指银行代理理财产品投资人，将理财资金投资于公司类和投行类资产，并根据相关合同的约定，以资产回收资金支付投资者的收益，合同约定理财产品投资人自担投资风险。

（2）资金所形成的关系

a. 股权关系

股权关系相对承担的风险大一些，但是可以降低企业的资产负债率，且银行可以获得更高的收益。银行往往以“明股实债”的模式投资股权，因此要注意银行资金是否有合理、有效的退出路径。

例：银行通过资管计划或信托计划作为优先级 LP 出资 10 亿元，与 ×× 集团有限责任公司（劣后级 LP）出资 2.99 亿元、×× 基金管理有限公司（普通合伙人 GP）出资 0.01 亿元共同成立有限合伙，由该有限合伙增资某项目公司，资金用于 ××× 项目建设。债权部分资金缺口由他行银行贷款的形式进行解决，还款来源为项目回款。到期后，由项目公司的母公司进行回购，确保银行顺利退出。

b. 债权关系

投资债权的时候，业务风险参考传统业务的审批要点进行分析。但是，要关注交易结构中，各关联方的权利义务关系是否合理。

例：拟给予A集团有限公司并购基金业务授信敞口额度不超过6亿元，且不超过实际并购交易总额的70%，业务期限不超过60个月，资金用于收购B集团持有的C公司60%股权。按季付息，到期一次性还本。担保措施：由B公司为本项目提供连带责任保证担保；以B集团有限公司持有的C公司2000万股限售股质押担保；追加C公司60%股权质押。

## 三、银行、客户和产品之间的关系

近年来，银行产品极大丰富，有的是为了满足客户需要，有的是为了降低资本占用，也有的是为了所谓的降低银行授信风险。但从实际效果来看，很多新产品不尽如人意。一是很多新产品要求经营或项目的资金流回笼银行，但在监督中往往难以落实到位；二是很多质押手续要求落实不了，出现重复质押等现象，这在“青岛港融资铜”和“上海钢贸事件”中表现得淋漓尽致。

个人认为：无论什么新产品，只要牵扯到银行敞口，都要视同银行贷款来对待。因为，一旦客户出现问题，所有的产品风险是一样的。因为银行、客户、产品之间关系，犹如树、巢、卵三者之间的关系。银行给企业发放了贷款或者其他敞口业务，无论以哪种方式，都是银行将资金使用权让渡给了企业，银行都要承担相应的风险。银行将资金发放给了企业，就相当于把卵放在了鸟巢里，让鸟来帮助孵化以获得收益。巢是问题的核心，一旦鸟巢出了问题，“倾巢之下，焉有完卵”？任何所谓风险低的产品，也抵御不了鸟巢倾覆所带来的破坏力。当企业经营出现急剧恶化，难以偿还贷款的时候，即便一笔业务的担保方式较强、抵押物足值，但长时间的法律诉讼，对银行来说也是一个无比痛苦的过程。因此，在分析授信产品时，关键是考虑产品是不是符合企业的实际运营需要，而不是为了规避所谓的风险而选择风险低的产品。要铭记：不要盲目相信产品的抗风险能力，企业的第一还款来源始终是最重要的。

## 第四节 财务报表基础知识

财务知识是信贷审查人员进行信贷审查的基础，主要由资产负债表、损益表、现金流量表三大报表，以及主要财务指标分析。关于财务报表的分析以及具体财务科目的分析的方法，放到实践篇中第六章《信贷审查实务》里面。财务具体科目的定义以及会计科目调整，已有大量的专业书籍进行介绍，尤其是CPA作为一套经典而又系统的教材值得读者一看。

### 一、财务报表及指标分析

下面给出企业的《资产负债表》《损益表》《现金流量表》以及《主要财务指标分析》，供读者参考。

**资产负债表**

会企01表

单位：×××有限责任公司　　日期：201×-12-31　　单位：万元

| 资　产 | 行次 | 年初数 | 期末数 | 负债和所有者权益 | 行次 | 年初数 | 期末数 |
|---|---|---|---|---|---|---|---|
| 流动资产 | | | | 流动负债 | | | |
| 货币资金 | 1 | | | 短期借款 | 34 | | |
| 交易性金融资产 | 2 | | | 交易性金融负债 | 35 | | |
| 应收票据 | 3 | | | 应付票据 | 36 | | |
| 应收股利 | 4 | | | 应付账款 | 37 | | |
| 应收利息 | 5 | | | 预收账款 | 38 | | |
| 应收账款 | 6 | | | 应付职工薪酬 | 39 | | |
| 其他应收款 | 7 | | | 应交税费 | 40 | | |
| 预付账款 | 8 | | | 应付利息 | 41 | | |
| 存货 | 9 | | | 应付股利 | 42 | | |
| 一年内到期的长期债权投资 | 10 | | | 其他应付款 | 43 | | |
| 其他流动资产 | 11 | | | 一年内到期的非流动负债 | 44 | | |
| | | | | 其他流动负债 | 45 | | |

续表

| 资　产 | 行次 | 年初数 | 期末数 | 负债和所有者权益 | 行次 | 年初数 | 期末数 |
|---|---|---|---|---|---|---|---|
| 流动资产合计 | 12 | | | 流动负债合计 | 46 | | |
| 非流动资产 | | | | 非流动负债 | | | |
| 可供出售金融资产 | 13 | | | 长期借款 | 47 | | |
| 持有至到期投资 | 14 | | | 应付债券 | 48 | | |
| 投资性房地产 | 15 | | | 长期应付款 | 49 | | |
| 长期股权投资 | 16 | | | 专项应付款 | 50 | | |
| 长期应收款 | 17 | | | 预计负债 | 51 | | |
| 固定资产原价 | 18 | | | 其他长期负债 | 52 | | |
| 减：累计折价 | 19 | | | 递延所得税负债 | 53 | | |
| 固定资产净值 | 20 | | | 非流动负债合计 | 54 | | |
| 减：固定资产减值准备 | 21 | | | 负债合计 | 55 | | |
| 固定资产净额 | 22 | | | | | | |
| 生产性生物资产 | 23 | | | 所有者权益（或股东权益） | | | |
| 工程物资 | 24 | | | 实收资本（或股本） | 56 | | |
| 在建工程 | 25 | | | 资本公积 | 57 | | |
| 固定资产清理 | 26 | | | 减：库存股 | 58 | | |
| 无形资产 | 27 | | | 盈余公积 | 59 | | |
| 商誉 | 28 | | | 未分配利润 | 60 | | |
| 长期待摊费用 | 29 | | | 所有者权益（或股东权益）合计 | 61 | | |
| 无形资产及其他资产合计 | 30 | | | 归属于母公司所有者权益合计 | 62 | | |
| 递延所得税资产 | 31 | | | 少数股东权益 | 63 | | |
| 非流动资产合计 | 32 | | | | | | |
| 资产总计 | 33 | | | 负债和所有者权益（或股东权益）总计 | 64 | | |

单位负责人：　　　　　　财务负责人：　　　　　　制表人：

## 利润表

会企 02 表

单位：××× 有限责任公司　　日期：201×-12-31　　单位：万元

| 项　目 | 行数 | 上年发生额 | 本年发生额 |
|---|---|---|---|
| 一、主营业务收入 | 1 | | |
| 减：主营业务成本 | 2 | | |
| 营业税费 | 3 | | |
| 销售费用 | 4 | | |
| 管理费用 | 5 | | |
| 财务费用（收益以“-”号填列） | 6 | | |
| 资产减值损失 | 7 | | |
| 加：公允价值变动净收益（净损失以“-”号填列） | 8 | | |
| 投资净收益（净损失以“-”号填列） | 9 | | |
| 其中对联营与合营企业的投资收益（以前年度损益） | 10 | | |
| 二、营业利润（亏损以“-”号填列） | 11 | | |
| 加：其他业务利润（亏损以“-”号填列） | 12 | | |
| 营业外收入 | 13 | | |
| 减：营业外支出 | 14 | | |
| 其中：非流动资产处置净损失（净收益以“-”号填列） | 15 | | |
| 三、利润总额（亏损总额以“-”号填列） | 16 | | |
| 减：所得税 | 17 | | |
| 四、净利润（净亏损以“-”号填列） | 18 | | |
| 归属于母公司所有者的净利润 | 19 | | |
| 少数股东损益 | 20 | | |

续表

| 项 目 | 行数 | 上年发生额 | 本年发生额 |
|---|---|---|---|
| 五、每股收益 | 21 | | |
| 基本每股收益 | 22 | | |
| 稀释每股收益 | 23 | | |

补充资料：

| 项 目 | | 本年累计数 | 上年实际数 |
|---|---|---|---|
| 1. 出售、处置部门或被投资单位所得收益 | | | |
| 2. 自然灾害发生的损失 | | | |
| 3. 会计政策变更增加（或减少） | | | |
| 利润总额 | | | |
| 4. 会计估计变更增加（或减少） | | | |
| 利润总额 | | | |
| 5. 债务重组损失 | | | |
| 6. 其他 | | | |

单位负责人：　　　　　　财务负责人：　　　　　　制表人：

## 现 金 流 量 表

会企 03 表

单位：××× 有限责任公司　　　　　日期：201×－12－31　　　　　单位：万元

| 项目 | 行次 | 本年金额 | 上年金额 | 项目 | 行次 | 本年金额 | 上年金额 |
|---|---|---|---|---|---|---|---|
| 一、经营活动产生的现金流量 | 1 | | | 取得子公司及其他营业单位支付的现金净额 | 21 | | |
| 销售商品、提供劳务收到的现金 | 2 | | | 支付其他与投资活动有关现金 | 22 | | |
| 收到的税费返还 | 3 | | | 投资活动现金流出小计 | 23 | | |
| 收到其他与经营活动有关现金 | 4 | | | 投资活动产生的现金流量净额 | 24 | | |

续表

| 项目 | 行次 | 本年金额 | 上年金额 | 项目 | 行次 | 本年金额 | 上年金额 |
|---|---|---|---|---|---|---|---|
| 经营活动现金流入小计 | 5 | | | 三、筹资活动产生的现金流量 | 25 | | |
| 购买商品、接受劳务支付的现金 | 6 | | | 吸收投资收到的现金 | 26 | | |
| 支付给职工以及为职工支付的现金 | 7 | | | 其中：子公司吸收少数股东投资收到的现金 | 27 | | |
| 支付的各项税费 | 8 | | | 取得借款收到的现金 | 28 | | |
| 支付其他与经营活动有关的现金 | 9 | | | 收到其他与筹资活动有关的现金 | 29 | | |
| 经营活动现金流出小计 | 10 | | | 筹资活动现金流入 | | | |
| 小计 | 30 | | | | | | |
| 经营活动产生的现金流量净额 | 11 | | | 偿还债务支付的现金 | 31 | | |
| 二、投资活动产生的现金流量 | 12 | | | 分配股利、利润或偿付利息支付的现金 | 32 | | |
| 收回投资收到的现金 | 13 | | | 其中：子公司支付给少数股东的股利、利润 | 33 | | |
| 取得投资收益收到的现金 | 14 | | | 支付其他与筹资活动有关的现金 | 34 | | |
| 处置固定资产、无形资产和其他长期资产收回的现金净额 | 15 | | | 筹资活动现金流出小计 | 35 | | |
| 处置子公司及其他营业单位收到的现金净额 | 16 | | | 筹资活动产生的现金流量净额 | 36 | | |
| 收到其他与投资活动有关的现金 | 17 | | | 四、汇率变动对现金及现金等价物的影响 | 37 | | |

续表

| 项目 | 行次 | 本年金额 | 上年金额 | 项目 | 行次 | 本年金额 | 上年金额 |
|---|---|---|---|---|---|---|---|
| 投资活动现金流入小计 | 18 | | | 五、现金及现金等价物净增加额 | 38 | | |
| 购建固定资产、无形资产和其他长期资产支付的现金 | 19 | | | 加：期初现金及现金等价物余额 | 39 | | |
| 投资支付的现金 | 20 | | | 六、期末现金及现金等价物余额 | 40 | | |

单位负责人：　　　　　　　财务负责人：　　　　　　制表人：

### 主要财务指标分析

| 项目 | 财务指标 | 计算公式 |
|---|---|---|
| 偿债能力 | 流动比率 | 流动比率＝流动资产 ÷ 流动负债 |
| | 速动比率 | 速动比率＝速动资产 ÷ 流动负债（速动资产指速动资产＝现金＋短期有价证券＋应收账款净额） |
| | 现金流动负债比率 | 现金流动负债比率＝年经营现金净流量 ÷ 年末流动负债 |
| | 现金比率 | 现金比率＝（货币资金＋交易性金融资产）÷ 流动负债 |
| | 资产负债率 | 资产负债率＝（负债总额 ÷ 资产总额）×100% |
| | 利息保障倍数 | 利息保障倍数＝息税前利润 ÷ 利息费用<br>（息税前利润＝税前利润总额＋利息费用） |
| | 现金流量利息保障倍数 | 现金流量利息保障倍数＝经营活动现金流量净额 ÷ 利息费用 |
| | 长期资本负债率 | 长期资本负债率＝非流动负债 ÷ 长期资本<br>长期资本＝非流动负债＋股东权益 |
| 盈利能力 | 销售利润率 | 净资产报酬率＝息税前利润总额 ÷ 净资产平均总额 ×100% |
| | 净资产报酬率 | 其中，净资产平均总额＝（期初净资产总额＋期末净资产总额）÷2 |
| | 总资产报酬率 | 总资产报酬率＝（利润总额＋利息支出）÷ 平均资产总额 ×100% |
| | 毛利率 | 毛利率＝（营业收入－营业成本）÷ 营业收入 |

续表

| 项目 | 财务指标 | 计算公式 |
| --- | --- | --- |
| 营运能力 | 流动资产周转率 | 流动资产周转率（次）= 主营业务收入净额 ÷ 平均流动资产总额 |
| | 存货周转率 | 存货周转率（次数）= 主营业务成本或主营业务收入 ÷ 存货平均余额<br>存货平均余额 =（存货年初数 + 存货年末数）÷2<br>存货周转天数 =360÷ 存货周转率<br>=（平均存货 ×360）÷ 主营业务成本<br>备注：评估存货管理业绩时用营业成本，其余用营业收入 |
| | 应收账款周转率 | 应收款项周转率（次数）= 主营业务收入净额 ÷ 平均应收账款余额<br>其中：<br>平均应收账款余额 =（应收款项年初数 + 应收款项年末数）÷2<br>应收款项周转天数 =360÷ 应收账款周转率<br>=（平均应收账款 ×360）÷ 主营业务收入净额 |
| | 总资产周转率 | 总资产周转率 = 主营业务收入净额 ÷ 平均资产总额<br>平均资产总额 =（期初资产总额 + 期末资产总额）÷2<br>主营业务收入净额 = 主营业务收入 − 销售折让与折扣 |
| 发展潜力 | 利润增长率 | 利润增长率 =（本年利润增长额 ÷ 上年利润总额）×100% |
| | 总资产增长率 | 总资产增长率 =（本年总资产增长额 ÷ 年初资产总额）×100% |
| | 资本积累率 | 资本积累率 =（本年所有者权益增长额 ÷ 年初所有者权益）×100% |
| | 销售收入增长率 | 销售增长率 =（本年销售增长额 ÷ 上年销售总额）×100% |

**补充说明：**

（1）偿债能力分为短期和长期偿债能力。影响偿债能力的因素：可以快速变现的非流动资产、担保、租赁、未决诉讼等。流动比率、速动比率、现金流动负债比率、现金比率为常用短期偿债能力指标。流动比的标准值一般在 1.5—2 之间比较恰当，速动比一般在 0.6—1 比较恰当，但这些比例都不是绝对的，关键要看行业平均值，不同行业差异很大。资产负债率、利息保障倍数、现金流量利息保障倍数、长期资本负债率为常用的长期偿债能力指标。资产负债率一般在 40%—70% 比较恰当，不同行业差异比较大，必须联系行业平均值才能判断其高低。

（2）营运能力主要是分析企业资产使用效率高低，对费用控制能力。可以从两方面分析：a. 资金周转状况，即表格里的周转率；b. 费用控制状况，即三大期间费用——销售费用、管理费用、财务费用，从财务报表可以分析公司对期间费用的控制情况，关注其变动情况，并联系到报表的附注进一步分析每项费用增减变动的具体原因。此外，所有的周转天数都等于 360 除以周转率，总资产周转天数 = 各项资产周转天数之和（周转天数并非越少越好）

## 二、现金流量表的计算

现金流量表可以由资产负债表、损益表和相关会计科目明细账的记录进行计算得出。因此，此处给出现金流量表中各科目的计算过程，读者可以在进行现金流量表的分析中，对一些大额或变化较大的科目进行分析，现金流量表的计算方式如下：

### （一）经营活动产生的现金流量

**经营活动现金流入：**

**1. 销售商品、提供劳务收到的现金**

= 利润表中主营业务收入 + 应缴税费（应交增值税 – 销项税额）+ 利润表中其他业务收入相关明细科目本期贷方数 +（应收票据期初余额 – 应收票据期末余额）– 票据贴现利息 +（应收账款期初余额 – 应收账款期末余额）+（预收账款期末余额 – 预收账款期初余额）– 当期计提的坏账准备

**2. 收到的税费返还**

=（应收补贴款期初余额 – 应收补贴款期末余额）+ 补贴收入 + 所得税本期贷方发生额累计数

**3. 收到的其他与经营活动有关的现金**

= 营业外收入相关明细本期贷方发生额 + 其他业务收入相关明细本期贷方发生额 + 其他应收款相关明细本期贷方发生额 + 其他应付款相关明细本期贷方发生额 + 银行存款利息收入 + 除税费返还外的其他政府补贴收入

（公式一）

具体操作中，由于是根据两大主表和部分明细账簿编制现金流量表，数据很难精确，该项目留到最后倒挤填列，计算公式是：

收到的其他与经营活动有关的现金

= 补充资料中“经营活动产生的现金流量净额”－［（1+2）－（4+5+6+7）］

（公式二）

公式二倒推出的数据，与公式一计算的结果相差不会太大。

简单计算公式如下：收到的其他与经营活动有关的现金

= 捐赠现金收入 + 罚款收入 + 流动资产损失中由个人赔偿的现金收入

（公式三）

其中，收到的其他与经营活动有关的现金，应根据现金科目的借方数额与“资本公积”“营业外收入”“其他应收款”等科目的贷方记录分析填列。

此外，会计准则还规定，对于价值较大的其他现金流入，可以增设项目进行反映。

**经营活动现金流出：**

**4. 购买商品、接受劳务支付的现金**

= 利润表中主营业务成本 + 应交税费（应交增值税 – 进项税额）（存货期末余额 – 存货期初余额）– 当期列入生产成本和制造费用的职工薪酬和折旧费用以及固定资产修理费 +（应付票据期初余额 – 应付票据期末余额）+（应付账款期初余额 – 应付账款期末余额）+（预付账款期末余额 – 预付账款期初余额）

**5. 支付给职工以及为职工支付的现金**

= 生产成本、制造费用、管理费用中的职工薪酬 +（应付职工薪酬年初余额 – 期末余额）–［应付职工薪酬（在建工程）年初余额 – 应付职工薪酬（在建工程）期末余额］

注：支付给离退休人员的工资在其他里面反映。

**6. 支付的各项税费**

=“应交税金”各明细账户本期借方发生额累计数 +“其他应交款”各明细账户借方数 +“管理费用”中“税金”本期借方发生额累计数 +“其他业务

支出”中有关税金项目

即：实际缴纳的各种税金和附加税，不包括进项税。

**7. 支付的其他与经营活动有关的现金**

= 营业外支出（剔除固定资产处置损失）+ 管理费用（剔除工资、福利费、劳动保险金、待业保险金、住房公积金、养老保险、医疗保险、折旧、坏账准备或坏账损失、列入的各项税金等）+ 营业费用、成本及制造费用（剔除工资、福利费、劳动保险金、待业保险金、住房公积金、养老保险、医疗保险等）+ 其他应收款本期借方发生额 + 其他应付款本期借方发生额 + 银行手续费

**经营活动产生的现金净流量 =1+2+3–4–5–6–7**

（二）投资活动产生的现金流量

**投资活动现金流入：**

**1. 收回投资所收到的现金**

=（短期投资期初数 – 短期投资期末数）+（长期股权投资期初数 – 长期股权投资期末数）+（长期债权投资期初数 – 长期债权投资期末数）

该公式中，如期初数小于期末数，则在投资所支付的现金项目中核算。

**2. 取得投资收益所收到的现金**

= 损益表中投资收益 –（应收利息期末数 – 应收利息期初数）–（应收股利期末数 – 应收股利期初数）

**3. 处置固定资产、无形资产和其他长期资产所收回的现金净额**

= “固定资产清理”的贷方余额 +（无形资产期末数 – 无形资产期初数）+（其他长期资产期末数 – 其他长期资产期初数）

**4. 收到的其他与投资活动有关的现金**

如收回融资租赁设备本金等。

**投资活动现金流出：**

**5. 购建固定资产、无形资产和其他长期资产所支付的现金**

=（在建工程期末数 – 在建工程期初数）（剔除利息）+（固定资产期末数 – 固定资产期初数）+（无形资产期末数 – 无形资产期初数）+（其他长期资产期末数 – 其他长期资产期初数）

上述公式中，如期末数小于期初数，则在处置固定资产、无形资产和其他长期资产所收回的现金净额项目中核算。

公式成立的前提是在建工程等的购建都使用现金支付。

**6. 投资所支付的现金**

=（短期投资期末数 - 短期投资期初数）+（长期股权投资期末数 - 长期股权投资期初数）+（剔除投资收益或损失）+（长期债权投资期末数 - 长期债权投资期初数）（剔除投资收益或损失）

该公式中，如期末数小于期初数，则在收回投资所收到的现金项目中核算。

**7. 支付的其他与投资活动有关的现金**

如投资未按期到位罚款。

**投资活动产生的现金净流量 =1+2+3+4-5-6-7**

**（三）筹资活动产生的现金流量**

**筹资活动现金流入：**

**1. 吸收投资所收到的现金**

=（实收资本或股本期末数 - 实收资本或股本期初数）+（应付债券期末数 - 应付债券期初数）

注：前提是用现金投资，有些企业可能用固定资产投资，企业虽然增加了实收资本，但并未收到现金。

**2. 借款收到的现金**

=（短期借款期末数 - 短期借款期初数）+（长期借款期末数 - 长期借款期初数）

**3. 收到的其他与筹资活动有关的现金**

如投资人未按期缴纳股权的罚款现金收入等。

**筹资活动现金流出：**

**4. 偿还债务所支付的现金**

=（短期借款期初数 - 短期借款期末数）+（长期借款期初数 - 长期借款期末数）（剔除利息）+（应付债券期初数 - 应付债券期末数）（剔除利息）

**5. 分配股利、利润或偿付利息所支付的现金**

= 应付股利借方发生额 + 利息支出 + 长期借款利息 + 在建工程利息 + 应付债券利息 – 预提费用中“计提利息”贷方余额 – 票据贴现利息支出

**6. 支付的其他与筹资活动有关的现金**

如发生筹资费用所支付的现金、融资租赁所支付的现金、减少注册资本所支付的现金（收购本公司股票，退还联营单位的联营投资等）、企业以分期付款方式购建固定资产，除首期付款支付的现金以外的其他各期所支付的现金等。

**筹资活动产生的现金流量净额 =1+2+3–4–5–6**

**（四）汇率变动对现金的影响额**

汇率变动对现金的影响额 = 汇兑损益。

**（五）现金及现金等价物的净增加额**

现金及现金等价物的净增加额 = 现金流量表经营活动产生的现金流量净额 + 投资活动产生的现金流量净额 + 筹资活动产生的现金流量净额

并且，现金的期末余额 = 资产负债表“货币资金”期末余额；

现金的期初余额 = 资产负债表“货币资金”期初余额；

现金及现金等价物的净增加额 = 现金的期末余额 – 现金的期初余额。

一般企业很少有现金等价物，故该公式未考虑此因素，如有则应相应填列。

## 三、信贷审查中几个常用的重要财务指标

最后，本部分补充一些信贷审查中一些重要的财务概念。

1.EBIT

EBIT 全称为 Earnings Before Interest And Tax ，即息税前利润，从字面意思可知是不扣除利息、所得税之前的利润。即企业支付利息和交纳所得税前的利润。

息税前利润 EBIT= 净利润 + 所得税 + 利息

EBIT 通过剔除所得税及利息，可以使投资者评价项目的时候不用考虑项

目适用的所得税率和融资成本，这样方便了投资者将项目放在不同的资本结构中进行考察。

EBIT 和净利润的主要区别就在于剔除了资本结构和所得税政策的影响。如此，同一行业里的不同企业之间，无论所在地的所得税率有多大差异，或资本结构有多大差异，都可以用 EBIT 这类指标来更为准确地比较盈利能力。而同一个企业在分析不同时期盈利能力变化时，使用 EBIT 也比净利润更具可比性。

2.EBITDA

税息折旧及摊销前利润，简称 EBITDA，是 Earnings Before Interest，Taxes，Depreciation and Amortization 的缩写，即未计利息、税项、折旧及摊销前的利润。

EBITDA= 息税前利润（EBIT）+ 折旧费用 + 摊销费用

EBITDA 利润率 =EBITDA ÷ 销售（营业）收入

EBITDA 利润率表明企业每一元的销售收入为企业所带来的利息、税收和净利润以及收回的折旧和摊销费用。由于从理论上来说，EBITDA 必须不少于税后的经营性净现金，因此该指标又被称为“现金利润率”。对于一些基础设施企业，例如，通信、路桥、港口、机场或大型高新技术等企业，其折旧费用或摊销费用非常巨大，计算 EBITDA 利率，揭示企业应回收的固定资产折旧和无形资产摊销这些非付现成本（经营性净现金的重要来源），具有更加重要的现实意义。该指标越高，说明企业销售收入的盈利能力以及回收折旧和摊销的能力就越强。该指标越低，说明企业销售收入的盈利能力以及回收折旧和摊销的能力就越弱。

EBIT 主要用来衡量企业主营业务的盈利能力，EBITDA 则主要用于衡量企业主营业务产生现金流的能力。它们都反映企业现金的流动情况，是资本市场上投资者比较重视的两个指标，通过在计算利润时剔除掉一些因素，可以使利润的计算口径更方便投资者使用。

3. 利息保障倍数

利息保障倍数（Interest Coverage Natio），又称已获利息倍数（或者叫作企业利息支付能力比较容易理解），是指企业生产经营所获得的息税前利润与利息费用的比率（企业息税前利润与利息费用之比）。

利息保障倍数 =EBIT ÷ 利息费用

其中，分母中的利息费用不仅包括当期费用化，还包括资本化利息。

分子中的“利息费用”是指本期的全部费用化利息；包括本期发生本期费用化，还包括本期和以前期间资本化利息的本期费用化部分。

利息保障倍数的重点是衡量企业支付利息的能力，反映了获利能力对偿还到期债务的保证程度，它既是企业举债经营的前提依据，也是衡量企业长期偿债能力大小的重要标志。客户要维持正常偿债能力，利息保障倍数至少应大于1，且比值越高，长期偿债能力越强。如果利息保障倍数过低，企业将面临亏损、偿债的安全性与稳定性下降的风险越大。利息保障倍数越大，说明企业支付利息费用的能力越强。因此，银行要分析利息保障倍数指标，以此来衡量债权的安全程度。

**4. 现金流保障倍数**

现金流量利息保障倍数是指经营现金净流量为利息费用的倍数。它比收益为基础的利息保障倍数更可靠，因为实际用以支付利息的是现金，而非收益。

现金流量利息保障倍数 = 经营现金净流量 ÷ 利息费用

现金流量利息保障倍数的分析说明：

（1）该比率表明 1 元的利息费用有多少倍的经营现金净流量做保障；

（2）该比率比以收益为基础的利息保障倍数更可靠。

## 第五节　各种网站及 APP 查信息

信贷审查是对各种信息的综合处理，需要各方面信息的交叉验证。本节给出常用的信息查询渠道，以供读者进行查询。

**1. 上市公司公开信息查询**

上市公司公开信息比较透明，所有人都可以通过公开网站进行信息查询，主要涉及公司概况、财务、股东、股本结构、重大事项公告、股票价格、实际控制人、行业地位等，对信贷审批具有重要指导意义。

（1）上海证券交易所（简称上交所）——查沪市上市公司信息

网址：http：//www.sse.com.cn/

（2）深圳证券交易所（简称深交所）——查深市上市公司信息

网址：http：//www.szse.cn/

（3）香港交易所（又称香港联合交易所有限责任公司，简称联交所）——查香港上市公司

网址：http：//www.hkex.com.hk/chi/market/partcir/sehk/2010sehk_c.htm

（4）纽约证券交易所（简称纽交所）——查纽约上市公司

网址：http：//www.nyse.com/index

**2. 发债企业公开信息查询**

（1）中国银行间交易商协会，进入界面右上角属于企业名称，点击搜索即可查询企业外部评级报告。这里也可以查询 DCM 注册发行信息（Debt Capital Market，债券资本市场），即超短融、短融、MTN（中票）、PPN（非公开定向债务融资工具）等。

网址：http：//www.nafmii.org.cn/

（2）孔雀开屏——查询非金融企业债务融资工具注册信息系统，查询非金融企业发债（包括短融、超短融、中票、永续票据）信息，里面包含企业的信用评级、财务报表、募集说明书、法律意见书。

网址：http：//zhuce.nafmii.org.cn/main.jsp？ redirect=true

**3. 资管计划备案情况**

中国证券投资基金业协会，查询资产管理计划的备案情况。

网址：http：//www.amac.org.cn/

**4. 国家公开信息网站**

（1）国家企业信用信息公示系统，查询企业信息、经营异常情况、严重违法失信情况。

网址：http：//www.gsxt.gov.cn/index.html

（2）中国执行信息公开网（全国法院失信被执行人名单信息公布与查询），查询全国法院执行信息情况，以及失信人名单。

网址：http：//shixin.court.gov.cn/

（3）中国裁判文书网，查询各级人民法院的生效裁判文书。

网址：http://wenshu.court.gov.cn/Index

（4）中华人民共和国全国人民最高法院（全国法院被执行人信息查询—被执行人查询），查询执行人与被执行人信息。

网址：http：//zhixing.court.gov.cn/search/

（5）中华人民共和国国家发展与改革委员会，可以查询重大项目情况。

网址：http：//www.ndrc.gov.cn/

（6）财政部政府与社会资本合作中心，查询 PPP 项目是否入库、示范案例。

网址：http：//www.cpppc.org/

（7）各省级政府采购网站，查询政府购买服务项目政府采购情况、招投标情况。

网址：以北京市为例，http：//www.bjcz.gov.cn/zfcg/index.htm

（8）政务信息公开网站。查询各级政府工作报告，里面有 GDP、财政收支情况、地区重大项目，涉及征信类项目可以参考里面数据。

网址：以北京市为例，http：//zhengwu.beijing.gov.cn/jhhzx/szfgzbg/

5.APP

（1）证券交易 APP，如同花顺，可以查深沪两市以及香港、美国上市公司。

（2）企查查 APP，查询企业上下级股权关系、商标、专利、法院判决文书、失信、联系方式、经营范围、高管等，功能较为强大，尤其是可以根据一个公司名称能够进行上下级股权信息查询，支持模糊查询，强烈建议信贷审查人员安装并使用。

（3）天眼查 APP，查询联系方式、企业图谱、法院公告、失信信息、商标、专利、著作权、招投标、债券信息、经营异常。功能较为强大，建议信贷审查人员安装。

（4）启信宝 APP，查企业名称、法人、股东、高管、产品、品牌、联系方式、经营范围、商标、失信人查询、裁判文书等。功能较为强大，建议信贷审查人员安装。

# 第五章　信贷审查基础资料及审查要点

如切如磋，如琢如磨。

——《诗经·卫风·淇奥》

基础资料包括两部分：一部分是银行审批流程要求需要提交的材料；另一部分是贷款申请主体的基础资料。

## 第一节　信贷审批流程要求的资料

每一个银行都有本行固有的业务流程，信贷审查人员要严格落实本行的管理流程。本部分仅做简要说明。

### （一）核实要素的正确性

认真核对企业名称、项目名称、数据等基本要素是否与申报方案一致。审查中发现，有时会出现企业名称错误、单位写错等问题。

一般情况下，上级审批部门的审批条件要等于或严于下级行的申报条件。

### （二）严格执行操作流程

必须严格执行流程合规性要求，严禁逆程序操作。

## 第二节 企业基础资料

下表列出信贷审查要求的贷款申请人、担保人及项目需要提供的基础资料。

**基础材料清单**

| 类别 | 序号 | 资料明细 |
|---|---|---|
| 贷款申请人 | 1 | 营业执照（正、副本复印件。三证合一）最新 |
| | 2 | 纳税证明（近半年增值税纳税申报单、所得税汇算清缴单，增值税所得税票） |
| | 3 | 开户许可证（复印件） |
| | 4 | 机构信用代码证（复印件） |
| | 5 | 法定代表人身份证（复印件）、个人简历、结婚证（或离婚证）、户口本复印件 |
| | 6 | 实际控制人身份证（复印件）、个人简历、结婚证（或离婚证）、户口本复印件 |
| | 7 | 授权书及授权代理人身份证（复印件） |
| | 8 | 财务负责人身份证（复印件）及个人简历 |
| | 9 | 股东成员身份证（复印件） |
| | 10 | 贷款卡复印件 |
| | 11 | 企业组织架构图 |
| | 12 | 企业章程（历次章程、出账时所需章程要从工商局提取，并盖有工商局章） |
| | 13 | 企业简介及经营状况说明 |
| | 14 | 验资报告 |
| | 15 | 企业重大变更资料及证明 |
| | 16 | 特许经营许可证（若有请提供） |
| | 17 | 资质等级证书（若有请提供） |
| | 18 | 环保达标资料（若有请提供） |
| | 19 | 近三年审计报告及即期财务报表 |
| | 20 | 主要账户近半年的银行流水、对账单 |
| | 21 | 关联客户的有关信息，包括股权结构图、关联客户简介等 |
| | 22 | 贷款授信用途项下的购销合同及其他相关资料 |
| | 23 | 征信查询信息 |
| | 24 | 工商登记信息、法院执行信息 |
| 担保人（如有） | 1 | 担保人资料（同借款人一致） |

续表

| 类别 | 序号 | 资料明细 |
| --- | --- | --- |
| 项目（如有） | 1 | 项目立项 |
| | 2 | 环境影响评价 |
| | 3 | 国家政策 |
| | 4 | 用地批复或土地证 |
| | 5 | 可行性研究报告 |
| | 6 | 开工许可证件 |
| | 7 | 规划许可证 |
| | 8 | 项目资本金情况 |
| | 9 | 外汇问题 |

下面我们来梳理一下审查要点。

## （一）贷款申请人与担保人基础资料

### 1. 营业执照

营业执照

统一社会信用代码
证照编号

名　　称
类　　型　有限责任公司(国内合资)
住　　所
法定代表人
注册资本　人民币380.0000万元整
成立日期　2011年3月8日
营业期限　2011年3月8日 至 2021年3月7日
经营范围　钢材、金属材料、金属制品、建筑材料、装潢材料、日用百货批发零售；投资管理咨询；礼仪服务；企业形象策划；绿化园林工程；钢结构工程；货运代理。【依法须经批准的项目，经相关部门批准后方可开展经营活动】

登记机关
2015年11月09日

中华人民共和国国家工商行政管理总局监制

（1）统一社会信用代码

2015 年 10 月 1 日起，我国营业执照、组织机构代码证和税务登记证三证合一。由组织机构代码、税号和执照注册号三个代码统一为统一社会信用代码。

统一社会信用代码用 18 位阿拉伯数字或大写英文字母表示，由登记管理部门代码（1 位）、机构类别代码（1 位）、登记管理机关行政区划码（6 位）、主体标识码（组织机构代码）（9 位）和校验码（1 位）5 个部分组成，并对涉及的组织机构、法人、其他组织、组织机构代码、统一社会信用代码等相关概念做出了规定。今后，我国将以统一社会信用代码和相关基本信息作为法人和其他组织的“数字身份证”，成为管理和经营过程中法人和其他组织身份识别的手段。

（2）基本要素

营业执照上面包含名称、类型、住所、法定代表人、注册资本、成立日期、营业期限、经营范围，并加盖相应省、市（或区县）工商行政管理局公章，需要核实调查报告里面的企业信息与上述信息是否保持一致。

同时还需要注意，在营业执照左下方有一个二维码，可以通过微信扫描二维码，之后会跳转到本企业在国家企业信用信息公示系统（×× 省、直辖市）的官网页面，进一步便于审查人员核实营业执照的真实性。

**2. 纳税证明**

纳税人因企业法定代表人或负责人出国、企业参加某些政府部门的采购招标活动、企业参加国家有关部门的评比、公司需要上市发行股票、纳税人申办蓝印户口以及办理出国定居等事项，有关部门要求纳税人提供其纳税情况的证明。主管税务机关根据纳税人申请，通过审核确认，对纳税人在一定时期内已缴纳的税款开具纳税证明的一项管理活动。

纳税证明重点核实企业的纳税金额是否与财务报表中的纳税额度以及经营收入相匹配，如出现大幅差额（往往是纳税额低于报表中数据），则需要考虑企业是否存在虚增报表收入的情况。

3. 开户许可证

开户许可证是由中国人民银行核发的一种开设基本账户的凭证。凡在中华人民共和国境内金融机构开立基本存款账户的单位，可凭此证办理其他金融往来业务。存款账户分为基本存款账户、一般存款账户、临时存款账户和专用存款账户。

开户许可证只需提供即可，不用过多审查。

4. 机构信用代码证

NO.
代　码：
名　称：
地　址：
机构
信用代码证
有 效 期：截至2017年07月18日
中国人民银行征信中心
2012年07月日
中国人民银行 征信中心 制
THE PEOPLE'S BANK OF CHINA CREDIT REFERENCE CENTRE

机构信用代码证是由人民银行征信中心制发的，从信用的角度编制用于识别机构身份的代码标识，它覆盖机关、事业单位、企业、社会团体及其他组织等各类机构，是各类机构的“经济身份证”。机构信用代码共 18 位，包含 5 个数据段，从左至右依次是 1 位准入登记管理机构类别、2 位组织机构类别、6 位行政区划代码、8 位顺序号、1 位校验码。

机构信用代码证将作为金融机构识别机构身份、查询机构信用记录等的依据。各持证机构应妥善保管，如不慎遗失，应及时到注册地人民银行征信柜台补办，以防影响与金融机构的合作。（办理完三证合一的无此证。）

**5. 法定代表人资料**

法定代表人资料包括身份证（复印件）、个人简历、结婚证（或离婚证）、户口本复印件。由于法定代表人往往是实际控制人本人，或者实际控制人的子女、夫妻、父母等亲属，因此法定代表人往往需要核定好法人代表与实际控制人的关系，重点审核实际控制人的资料。

**6. 实际控制人资料**

实际控制人资料包括身份证（复印件）、个人简历、结婚证（或离婚证）、户口本复印件。主要核实以下问题：

（1）实际控制人年龄

如果实际控制人年龄较大，且又是家族企业，可能涉及企业后续管理的问题。

（2）实际控制人的从业经验

从个人简历上面可以看出实际控制人在本行业的从业经验，以及管理经验。

（3）是否二婚或离婚

如离婚，是否存在将资产转移至前妻名下的情况；如二婚，是否存在前妻及子女对公司股权有争议、是否对授信业务有潜在隐患。

（4）是否存在“裸商”现象

要注意实际控制人及家人是否出国及是否拥有国外国籍的情况，避免发生“裸商”的情况。

**7. 授权代理人身份**

核实代理人的真实性，防止出现欺诈现象。

**8. 财务负责人身份证（复印件）及个人简历**

通过财务负责人的个人简历了解财务负责人的财务工作经历，进而了解该公司的财务管理是否规范。

**9. 股东成员身份**

通过公司章程了解股东身份。

10. 企业组织架构图

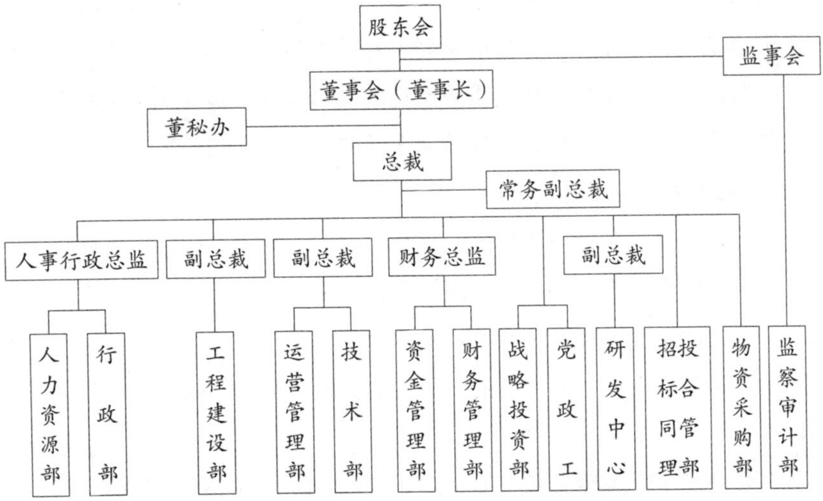


企业组织结构是进行企业流程运转、部门设置及职能规划等最基本的结构依据，常见组织结构形式包括中央集权、分权、直线以及矩阵式等。企业组织架构图可以看出企业的管理结构，以及权力制衡机制。需要关注企业的组织架构是否合理，以及该组织架构是否符合企业目前的发展。

11. 企业章程

通过企业章程了解其发展历史、公司的股权变更以及注册资本的情况，并且，公司章程中一般对股东的权利、义务进行了具体约定：企业的性质、股东、名称、住所、经营范围、经营期限、股东的权利与义务、股权的转让、内部机构的设置清算、财务以及决策机制等方面。因此，信贷审查人员通过企业的公司章程可以了解一家企业是什么性质的企业，谁是股东？如何管理？企业从银行融资需要什么条件，对外担保需要什么手续，企业破产了怎么办等问题。

12. 企业简介及经营状况说明

通过公司简介，信贷审查人员能概括性地了解企业的基本情况，了解企业的经营情况、主营业务是什么。

**13. 验资报告**

验资报告是指会计事务所根据《中国注册会计师审计准则第 1602 号——验资》的规定，在实施审验工作的基础上对被审验单位的股东（投资者、合伙人、主管部门等）出资情况发表审验意见的书面文件，是证明资金真实性的文件。信贷审查人员可以根据该文件核实企业的注册资本到位情况。

**14. 企业重大变更资料及证明**

企业的重大变更包括以下情况：

（1）公司的经营方针和经营范围的重大变化；

（2）公司的重大投资行为和重大购置财产的决定；

（3）公司订立重要合同，可能对公司的资产、负债、权益和经营成果产生重要影响；

（4）公司发生重大债务和未能清偿到期重大债务的违约情况；

（5）公司发生重大亏损或者重大损失；

（6）公司生产经营外部条件发生的重大变化；

（7）公司的董事、三分之一以上监事或者经理发生变动；

（8）持有公司百分之五以上股份的股东或者实际控制人，其持有股份或者控制公司的情况发生较大变化；

（9）公司减资、合并、分立、解散及申请破产的决定；

（10）涉及公司的重大诉讼，股东大会、董事会决议被依法撤销或者宣告无效；

（11）公司涉嫌犯罪被司法机关立案调查，公司董事、监事、高级管理人员涉嫌犯罪被司法机关采取强制措施。

涉及重大事项的企业需要提供相关证明资料，并对该重大事件的具体情况进行说明。重大事件是企业信贷审查中的一个重要的审核要点。

**15. 特许经营许可证**

特许经营权是指由权力当局授予个人或法人实体的一项特权。通常有两种形式：一是由政府机构授权，准许特定企业使用公共财产，或在一定地区享有经营某种特许业务的权利，如准许航空公司在政府规定的航线上，利用国有的机场设施，经营客货运业务；二是一家企业有期限地或永久地授予另一家企业使用其商标、商号、专利权、专有技术等专有权利，按照合同规定，在统一的业务模式下从事经营活动，并向特许人支付相应费用。本文探讨的是后一种特许经营形式。

特许经营权往往暗示着一定的排他性权力，将减少企业的竞争压力，进而能给企业带来一定收益。常见的往往是高速公路收费权、污水处理、供水特许经营权。

**16. 资质等级证书**

通过企业的资质可以看出企业的从业经验与实力，涉及资质的往往是施工企业和房地产企业。如某一房地产企业具有一级开发资质，其实力往往强于具有三级开发资质的房地产企业。并且，银行的管理办法中往往会对资质有所要求，如房地产企业往往要求具有二级以上开发资质。如企业不是龙头或大型知名民企，注意核实资质的真伪性。

**17. 环保达标资料**

对于化工、水电、造纸、矿山开采等行业往往具有较强的环评要求，尤其是小型化工、造纸企业，往往由于管理不规范存在环评不达标的情况，审查中要特别注意高污染行业的企业，如果管理不善，就可能因为环保问题引发信用风险。

**18. 近三年审计报告及即期财务报表**

审计报告和即期财务报表的审查要点具体参见后面的财务分析板块。

**19. 主要账户近半年的银行流水和对账单**

通过银行流水、对账单，可验证企业的真实经营情况与提供报表的差距，授信申请与经营规模是否匹配。这是我们审核财务数据是否造假的一项有力措施。

**20. 关联客户的有关信息**

需要关注关联客户与企业到底属于哪种关联关系，是业务关联，还是高管层关联，还是隶属于同一个实际控制人或集团。往往通过股权结构图看是否隶属于同一个实际控制人或集团。通过关联客户简介，分析出关联客户对企业以及贷款的影响。

关联客户信息，让信贷审查人员能够对一个企业的整体情况进行判断。因为，很多情况下的代持股，集团各个板块股权是分开的，甚至没有任何关系，往往容易让信贷审查人员只关注客户经理所提供的信息，对股权上看不到的信息忽视，而风险往往发生在忽视的地方。

**21. 贷款授信用途项下的购销合同及其他相关资料**

通过分析贷款授信用途项下的购销合同及其他相关资料，有助于我们核实贸易背景的真实性，用以佐证企业的业务构成及真实性。

**22. 征信查询信息（客户经理查询）**

查询企业在各金融机构的融资信息，一般由客户经理根据法人征信查询授权书查询企业信用报告，里面包含基本信息、主要出资人信息、高管人员信息、有直观关联企业的其他企业、财务报表、信息概要、信贷记录明细，需要关注企业有无关注类或不良贷款信息，并核实为什么征信查询与财务报表中的长短期贷款出现不一致情况。但注意需要取得法人征信查询授权书，以符合相关规定的管理要求。

**23. 法院执行信息（客户经理查询）**

注意核实企业有无法院被执行信息，如有，需要关注该执行信息所显示的涉案金额的大小、产生原因、解决进度，进而判断该案件对企业的正常生产会不会产生重大影响。法院执行信息上还可以查出失信人信息，一旦列入失信人信息，需要审慎。

### （二）项目资料

项目资料情况需要审核三个方面：一是准确性；二是齐备性；三是合规性。准确性是指证件里面的信息要与申报条件一致；齐备性是指相关手续要齐全，避免手续不齐备的情况下发放贷款，而后因手续不齐备中止施工引发的授信风险；合规性是指有关部门出具的相关手续，避免证件无效的情况。

1. 项目已按照国家规定办理审批、核准或备案手续，一般由发改委出具。目前我国实行审批制、备案制、核准制三种模式。

**审批制、备案制、核准制的区别**

| 分类 | 制度 | 说明1 | 说明2 |
| --- | --- | --- | --- |
| 使用国家资金的项目以及政府投资项目 | 审批制 | 对申请政府投资建设资金（各级财政预算内基本建设投资和用于基本建设的其他财政性资金）的项目 | |
| 不使用国家资金的项目以及非政府投资项目 | 备案制 | 《国务院关于发布政府核准的投资项目目录（2016年本）的通知（国发〔2016〕72号）》以外的企业投资项目 | 1. 无论规模大小，均改为备案制。<br>2. 项目的市场前景、经济效益、资金来源和产品技术方案等均由企业自主决策、自担风险，并依法办理环境保护、土地使用、资源利用、安全生产、城市规划等许可手续和减免税确认手续。<br>3. 备案制是指企业投资建设不使用政府性资金的非重大项目和非限制类项目，由企业按照属地原则向地方政府投资主管部门备案后，依法办理环境保护、土地使用、资金利用、安全生产、城市规划等许可手续。其后，企业即可自行组织建设。企业报送备案的项目，除不符合法律法规有关规定、产业政策禁止发展、需报政府核准或审批的之外，地方政府投资主管部门应当予以备案。 |
| 不使用国家资金的项目以及非政府投资项目 | 核准制 | 企业投资建设不使用政府性资金的重大项目和限制类项目 | 1. 政府仅对重大项目和限制类项目从维护社会公共利益角度进行核准。<br>2. 项目的市场前景、经济效益、资金来源和产品技术方案等均由企业自主决策、自担风险，但要依法办理环境保护、土地使用、资源利用、安全生产、城市规划等许可手续。实行核准制的范围和权限，由《政府核准的投资项目目录》作出规定。<br>3. 企业投资建设实行核准制的项目，仅需向政府提交项目申请报告，不再经过批准项目建议书、可行性研究报告和开工报告的程序。政府对企业提交的项目申请报告，主要从维护经济安全、合理开发利用资源、保护生态环境、优化重大布局、保障公共利益、防止出现垄断等方面进行核准。<br>4. 对于外商投资项目，政府还要从市场准入、资本项目管理等方面进行核准。 |

2. 已经按照建设项目环境影响评价分类管理、分级审批的规定完成环境影响评价审批，一般由环保部门出具。

3. 项目必须符合国家的产业、国土、环保及节能减排、资源、城市总体规划、区域控制性详细规划及其他相关政策和银行的信贷准入要求与投向政策。

4. 需要申请使用土地的项目已依法取得用地批准手续，并已经签订国有土地有偿使用合同或取得国有土地划拨决定书或用地预审，一般由国土资源部出具。

5. 可研报告里面涉及的成本、总投、项目资本金计划、销售计划、项目基本情况，一般由设计研究院制定。

6. 建筑工程开工前，已经取得施工许可证或者开工报告，并采取保证建设项目工程质量安全的具体措施，一般由县级以上人民政府建设行政主管部门出具。

7. 取得项目的规划证件，一般由规划局出具。

8. 项目资金要符合国家关于投资项目资本金的有关制度，且项目其他各项资金来源明确并已得到落实。关于国家对于项目资本金的要求，可以参考《国务院关于调整和完善固定资产投资项目资本金制度的通知》（国发〔2015〕51号）。

9. 申请外汇项目贷款以及外汇担保项下人民币项目贷款，应符合国家外汇管理局及本行相关规定。申请外汇项目贷款，还应持有有效的外汇用途证明或登记文件。

FOUND GREY RHINO

发 现 灰 犀 牛

# 实践篇

# 第六章　信贷审查实务

不闻不若闻之，闻之不若见之，
见之不若知之，知之不若行之。
学至于行止矣。
——［战国］荀子《儒效》

"纸上得来终觉浅，绝知此事要躬行。"工作是最好的学习过程，实践是快速提高信贷审查专业知识的必由之路。

## 第一节　信贷审查致力于解决的问题

信贷审查工作致力于解决三个问题：银行把钱贷给谁？钱用到哪里？怎么还钱？信贷审查工作逻辑架构应该是先进行项目基础审查，基础审查合格以后，信贷审查人员应该在国家政策及外部环境的大背景下，对企业自身情况进行深入分析（这部分解决钱贷给谁的问题），通过对授信方案的各个要素进行深入分析（这部分解决钱用到哪？怎么还钱的问题），如授信方案中业务品种是项目贷款，还需要对项目情况进行分析，最终给出风险可控优化的授信方案。

## 第二节　信贷审查的步骤和内容

循着信贷审查的逻辑框架，信贷审查工作分以下几步走：

第一步，对项目进行基础资料审查；

第二步，对国家政策及外部环境进行分析；

第三步，对企业自身情况进行分析；

第四步，对于项目贷款，需要对项目情况进行分析；

第五步，详细分析授信方案。

下表给出了信贷审查实务要素，并附有各具体要素的关注度，其中★★★最值得关注，★★次之，★关注度最低。这里没用重要性进行标识，是因为每一个要素都非常重要，不能有丝毫忽视。表中还给出了一个要素的常见案例，以便读者能够更加鲜活地理解信贷审查实务中各要素的含义。所有要素都有必要一一核实，不能有所疏漏。信贷审查人员要养成严谨做事的风格，不放过一个细节。部分未列示内容，信贷审查人员也需要有所注意。

**信贷审查实务要素**

| 类 别 | 明 细 | 关注度 | 案 例 |
|---|---|---|---|
| 基础审查 | 资料完整性 | ★ | 如基础资料未双签，缺财务审计报告 |
| | 流程合规性 | ★ | 如项目申报审批表未签字 |
| | 项目合法性 | ★★ | 如财政局违法出具担保函 |
| | 项目合规性 | ★★ | 如流动资金用于项目建设 |
| | 调查报告质量 | ★ | 如分析过于简单，重要问题未列示 |
| 国家政策及外部环境 | 宏观经济 | ★ | 如货物运输行业与宏观经济正相关 |
| | 国家政策 | ★★ | 如《证券期货经营机构私募资产管理计划备案管理规范第 4 号——私募资产管理计划投资房地产开发企业、项目》 |
| | 区域分析 | ★★ | 如房地产行业区域特点明显 |
| | 行业分析 | ★★ | 如钢铁行业周期性较强 |

续表

| 类 别 | 明 细 | 关注度 | 案 例 |
| --- | --- | --- | --- |
| 企业自身情况 | 企业性质 | ★★ | 如国企背景 |
| | 企业规模 | ★★ | 如大型龙头企业 |
| | 法人代表（实际控制人） | ★★ | 其工作经历、对未来的把握 |
| | 高管层 | ★★ | 是否和谐、管理能力 |
| | 组织架构 | ★★ | 决策机制 |
| | 核心竞争力 | ★★ | 技术、资源优势 |
| | 关联交易 | ★★ | 如关联企业之间的资产转让 |
| | 资本市场 | ★★ | 如企业通过股市定向增发募集资金 |
| | 财务因素 | ★★★ | 盈利能力、收入结构 |
| | 全国法院被执行人信息 | ★★ | 法律诉讼 |
| | 征信情况 | ★★ | 他行授信、逾欠情况 |
| | 外部公开信息 | ★★ | 如上市公司公告 |
| 项目贷款审核要点 | 项目合规手续 | ★★★ | 如房开贷四证是否齐全 |
| | 项目工艺技术 | ★★ | 如化工类企业涉及 |
| | 项目资本金 | ★★ | 来源及做证材料 |
| | 资金覆盖情况 | ★★★ | 现金流预测 |
| | 还款来源 | ★★★ | 第一节及第二还款来源 |
| | 市场分析 | ★★★ | 产品未来销售情况 |
| | 内部收益率 | ★★ | 内部收益率可表示最大能承受的利率 |
| | 实地考察 | ★★ | 抵押物、生产车间、实际控制人座谈 |
| 授信方案 | 信用评级 | ★★ | 如评级为 AA |
| | 授信主体 | ★★ | / |
| | 授信金额 | ★★★ | 防止过度授信、授信不足、集中度过高 |
| | 币种 | ★★ | 防止汇兑风险 |
| | 期限 | ★★★ | 如借新还旧不得超过原期限 |
| | 用途 | ★★ | 资金使用方向 |
| | 利率 | ★★ | 风险与收益的匹配，利率风险 |
| | 担保方式 | ★★ | 主要为信用、抵质押、保证 |
| | 支付方式 | ★★ | 自主支付、受托支付 |
| | 还款计划 | ★★ | 分期计划 |
| | 出账条件 | ★★★ | 部分未落实问题 |
| | 贷后管理 | ★★ | 如出账后办理预售 |

## 第三节　基础审查

基础审查主要包括资料完整性、流程合规性、项目合法性、项目合规性、调查报告质量五个方面。这五个方面是信贷审查的基础，如果客户经理对授信资料准备不全或者调查不完善，将大大延长项目审批的时间，影响审批效率。信贷审查中做好这五项基础检查以后，再去对项目进行深入的分析审查。正所谓“磨刀不误砍柴工”，做好基础检查工作将使信贷审查工作事半功倍。

### （一）资料完整性

资料的完整性，是指基础资料的完整性。

第五章给出了客户申请贷款时所需要提供的基础资料，同时客户经理提交资料时需要双签、核实资料真实性的工作。审查中一旦发现基础资料没有双签、缺少财务审计报告等问题，应及时让客户经理补充。这事情虽然简单，但说明责任心问题，要认真对待。

### （二）流程合规性

流程合规性是指银行内部授信流程的合规性。如有的银行要求，申报产业基金产品需要其他相关部门进行立项，如果没有其他部门的立项表，表明该业务的合规、流程方面存在问题，就无法开展审查工作。还有的银行要求，授信审查之前由公司业务管理部等相关部门进行项目准入的初审，由其对项目出具初步意见。再者，下级行报给上级行的资料要有明确的意见，如果下级行的整体方案尚未确定，或者意见含糊，上级审批部门也将难以开展信贷审查工作。

### （三）项目合法性

项目合法性，主要是指项目是否符合国家的法律法规。

哪些项目是国家明令禁止进入的，哪些是允许的，信贷审查人员要辨别清楚，这是信贷审查的红线和底线。

### （四）项目合规性

项目的合规性，主要是指项目是否符合本行内部的管理文件。

例如：某经营部门上报的一笔项目贷款，申请人母公司为自来水行业的龙头企业，要在某个县城修一个供水项目，项目的产能为8万立方米/日。但是，行内文件要求水的生产与供应行业（D46）项目的准入条件为“供水项目产能不低于10万立方米/日”，那么无论该项目提供什么样的担保缓释措施，都无法满足指引要求。而如果行内文件中有“原则上供水项目产能不低于10万立方米/日”或者“供水项目产能不低于5万立方米/日”或者“优质项目单户单议”等条款，那么该项目在风险可控的前提下审批，就是合规的。信贷审查人员要熟悉行内各项制度，如审查管理办法、项目贷款管理办法、产业基金管理办法、行业授信指引，一旦有违反相关规定的情况，只能对项目做退卷或否决处理。

**（五）调查报告质量**

调查报告是指客户经理按照要求对授信客户进行调查分析形成的报告。但是报告中对各项因素分析是否清晰完整，是否深入分析存在的问题，需要审查人员仔细挖掘。如有的项目贷款，调查报告里面对项目的情况分析不清楚，甚至连项目资本金、项目建设进度、合规性手续等问题都似餒，导致审查工作无法开展；也有的报告里面财务分析过于简单，应收、应付账款的账期、债权、债务人都没有说清楚，甚至刻意“遗漏”，同样也将导致审查工作无法进行下去。

## 第四节　政策及外部环境

国家政策及外部环境主要包括宏观经济、国家政策、区域分析、行业分析四个方面。这四个方面的工作是将具体的客户、具体的项目放到现实中的国家政策与外部环境中进行分析判断。

**（一）宏观经济**

**1. 宏观经济**

宏观经济是指总量经济活动，即国民经济的总体活动，也即整个国民经济或国民经济总体及其经济活动和运行状态。如总供给与总需求、国民经济的总值及其增长速度、国民经济中的主要比例关系、物价的总水平、劳动就业的总水平与失业率、货币发行的总规模与增长速度、进出口贸易的总规模及其变动等。

信贷审查人员研究宏观经济，有助于分析经济发展的大趋势，进而判断企业未来的经营情况。

**2. 宏观环境对客户的影响**

宏观经济可以是一国的宏观经济，也可以是全球的宏观经济，即世界经济。研究宏观经济，是需要研究世界经济与中国经济甚至是一个区域的经济。如美国次贷危机以后，美国对中国产品的需求开始下降，很多沿海地区的中小企业出现经营困难，甚至倒闭，就是世界经济对某类客户的冲击。

中国经济的情况对国内企业的经营更为重要。如 2008 年国家进行四万亿经济刺激时，国内大搞基础设施建设、房地产行业飞速发展，导致国内钢铁需求猛增，钢铁行业客户盈利能力较强，并引发大量钢铁企业扩张产能。而随着房产价格相对处于高位、房子供给大于需求时，国家加大对房地产业的调控，房地产到了去库存的阶段；政府融资逐渐受限，导致基础设施投资下降，对钢材的需求开始疲软；前期新建的钢铁产能也释放出来，钢铁企业立刻处于产能过剩的阶段，钢铁行业的严冬也随之到来。此时，与钢铁相关联的贸易行业，也会陷入难以自拔的境地。

当然，宏观经济也是波动的。宏观经济的波动直接导致相关行业的起伏，这一块在行业分析里面重点讲述。比如货物运输行业，其与宏观经济呈现正相关关系。如果一国的宏观经济处于下行通道，某企业要上马大型的物流运输项目，该项目如无特殊优势，就需要慎重。

### （二）国家政策

国家政策是指国家对某一行业的规定和相关调控政策。这里既要关注国家对银行业的政策，也要关注国家对某一实体行业的政策。

首先，银行业作为一个国家经济运转的核心，每个国家都制定了完善的制度对其进行管理，银行在经营过程中，必须遵守国家对银行本身和相关行业的政策和制度要求；其次，国家对某一实体行业的调控政策，会直接影响到银行投放资金的安全，以及审批的合法合规性，进而影响到银行信贷资金的投放。尤其是“两高一剩”行业以及国家禁止融资的行业。

比如，证券期货经营机构私募资管产品投资房地产市场规模在三类机构资产管理总规模中的占比不高，但资金来源以银行为主、通道业务占比高、项目集中于热点城市等特征较为显著，与落实房地产调控工作的整体目标还有一定差距。为了调控房地产行业，2017 年 2 月 13 日晚间，中国证券投资基金业协会（基金业协会）发布了《私募资产管理计划备案管理规范第 4 号》，直指私募基金管理投资房地产市场的行为。4 号文明确：对于证券期货经营机构设立的私募资产管理计划，投资于房地产价格上涨过快的热点城市普通住宅地产项目的，基金业协会宣布暂不予备案。

具体来看，该文件限制的业务模式不限于以下五种方式：一是委托贷款；二是嵌套投资信托计划及其他金融产品；三是受让信托受益权及其他资产收（受）益权；四是以“名股实债”的方式受让房地产开发企业股权；五是根据审慎监管原则认定的其他债权投资方式。所谓房地产价格上涨过快的热点城市，目前包括北京、上海、广州、深圳、厦门、合肥、南京、苏州、无锡、杭州、天津、福州、武汉、郑州、济南、成都等 16 个城市，以上城市的房地产企业如果想通过上述的五种模式进行融资，将受到限制。

再比如，《关于规范土地储备和资金管理等相关问题的通知》（财综〔2016〕4 号）中调整土地储备筹资方式明确要求：土地储备机构新增土地储备项目所需资金，应当严格按照规定纳入政府性基金预算，从国有土地收益基金、土地出让收入和其他财政资金中统筹安排，不足部分在国家核定的债务限额内通过省级政府代发地方政府债券筹集资金解决。自 2016 年 1 月 1 日起，各地不得再向银行业金融机构举借土地储备贷款。地方政府应在核定的债务限额内，根据本地区土地储备相关政府性基金收入、地方政府性债务风险等因素，合理安排年度用于土地储备的债券发行规模和期限。

因此，土地储备中心无法再向银行业申请贷款。根据此规定，银行不能再对这一类客户进行信贷审查审批。时刻掌握国家最新的政策动态，是信贷审查中不可或缺的重要基础。

### （三）区域分析

#### 1. 定义

区域分析主要是对区域发展的自然条件和社会经济背景特征及其对区域社会经济发展的影响进行分析，探讨区域内部各自然及人文要素间和区域间相互联系的规律。

区域分析应用的范围非常广泛，通常适应于新项目选址，新项目落地，新项目进入目标市场等，尤其对于有销售半径的制造业、房地产行业、原材料占比较高且运输成本较高的行业。对于区域特点明显的项目，也需要注意，比如当地担保圈问题严重、产业集群明显、资源禀赋明显。因此，对于信贷审查来说，区域分析也是至关重要的。

#### 2. 区域分析的角度

进行区域分析时，关注的角度较多。比如当地的资源禀赋、人力成本、人口迁徙、当地经济水平、土地成本、电力成本、交通运输、辐射半径、产业集群、当地政府的管理水平等。这里只是提供几个分析的角度供读者思考。

如我国陕西地区煤炭资源较为丰富，当地如果建一个火力发电厂，那么发电厂临近产煤地，因此原材料煤炭的运输成本会大大降低，进而影响到火力发电厂的发电成本。而如果在煤炭资源缺乏的区域修建火力发电厂，将会因为煤炭运输成本较高，导致发电成本偏高，该区域的火力发电项目明显不如煤炭资源丰富区域的项目。

如我国电解铝行业的成本里面重要的是原材料和电费，原材料主要依赖国外进口，而电的运输成本相对较低，原材料的运输成本较高。因此，修建电解铝厂厂址的选择，要从铝矿石、煤炭以及其他原材料的运输成本进行综合考虑。

如某一个房地产企业，在西部地区的非省会城市的区县修高端楼盘，虽然修建成本很低，但是当地的经济发展水平较低，人民的消费能力不足，因此房产的销售是个大问题。而在一线城市、省会城市一般不会存在这个问题。

如西南地区，目前国家在大力推进道路、铁路建设，客户经理上报一笔高速公路项目，仅仅提供收费权质押。但是该地区地势复杂，往往需要大量的穿山架桥，修建成本较高。如果后期车流量较少，贷款本息依靠项目本身难以收回，需要有政府补助或者所属高速集团的支持。

如水泥行业，单位重量的水泥价格较低，因此长距离运输成本较高。因此，水泥往往具有一定的辐射半径，如项目距离客户较远，往往会因为运输成本而导致价格偏高，无法销售。而苹果手机的辐射半径可以说是全世界，因为其单位重量的产品价格较高，运输成本较低。

总之，同一个行业的企业，会因为区域的不同而导致企业在各个方面存在较大差异，并最终影响信贷审查工作。不同行业对各种资源禀赋要求差别很大，一个区域是否具备发展该类经济的天然条件很重要，分析区域时一定综合考虑该地域的自然条件和各类配套。在信贷审查的过程中，要关注各个区域的差异，避免出现“南橘北枳”的情况。

**3. 关注区域性金融风险**

近期，由于“某乳业上市公司”等事件的发生，区域性金融风险的问题越加明显。关于区域性金融风险，在后面《发现“灰犀牛”密度大的区域性金融风险》章节进行讲述。

**（四）行业分析**

**1. 定义**

行业，一般是指其按生产同类产品或具有相同工艺过程或提供同类劳动服务划分的经济活动类别，如饮食行业、服装行业、机械行业、金融行业、移动互联网行业等。

行业分析是指根据经济学原理，综合应用统计学、计量经济学等分析工具对行业经济的运行状况、产品生产、销售、消费、技术、行业竞争力、市场竞争格局、行业政策等行业要素进行深入的分析，从而发现行业运行的内在经济规律，进一步预测未来行业发展的趋势。行业分析是介于宏观经济与微观经济分析之间的中观层次分析，是发现和掌握行业运行规律的必经之路，是行业内企业发展的大脑，对指导行业内企业的经营规划和发展具有决定性意义。

**2. 行业分析的角度**

对行业进行分析的角度很多，现就行业生命周期、市场准入门槛、退出门槛、需求弹性、产业政策、行业类别、竞争模式说明如下：

（1）行业生命周期

行业的生命发展周期主要包括四个发展阶段：幼稚期、成长期、成熟期、衰退期。如图所示：

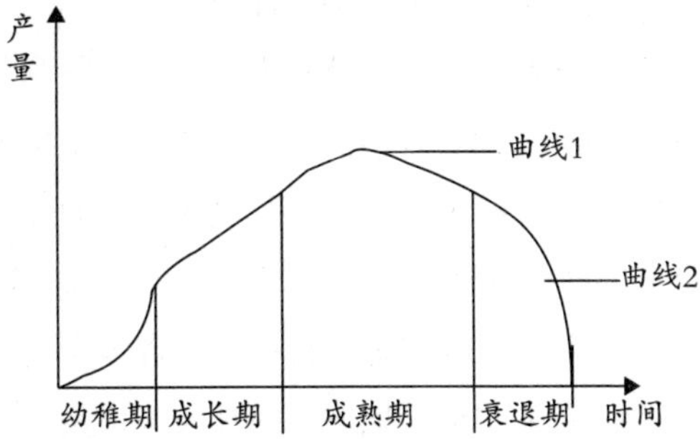


**周期阶段**

行业的生命周期曲线忽略了具体的产品型号、质量、规格等差异，仅仅从整个行业的角度考虑问题。行业生命周期可以从成熟期划为成熟前期和成熟后期。在成熟前期，几乎所有行业都具有类似“S”形的生长曲线，而在成熟后期则大致分为两种类型：第一种类型是行业长期处于成熟期，从而形成稳定型的行业，如图中右上方的曲线 1；第二种类型是行业较快地进入衰退期，从而形成迅速衰退的行业，如图中的曲线 2。行业生命周期是一种定性的理论，行业生命周期曲线是一条近似的假设曲线。

通过生命周期理论，我们可以分析行业属于发展的哪一个阶段，银行是否该介入。例如共享单车行业，该行业目前还处于幼稚期或成长期的前期，业务模式还不成熟，国家监管也不完善，这个行业将来发展如何，存在较大的不确定性，此时银行较少介入，其融资来源主要是风险投资资金。如胶卷行业，2012 年 1 月 19 日，柯达公司向纽约州南部地方法院提交破产保护文件，理由包括专利权出售无人问津、退休员工福利负担沉重、经济疲软以及经销商的背离。走过一百三十多年的柯达胶卷就这样破产了，而其正是受到新兴数码相机的冲击而步入衰退期的。

（2）市场准入门槛

市场准入门槛是指某项产品或服务进入一个市场所必须达到的最低标准。

如贸易行业、餐饮行业、零售行业，行业准入门槛较低；而像烟草行业、港口行业、房地产行业、金融行业、芯片行业，准入门槛较高。较低的行业门槛，会使得该行业的参与者众多，并达到近乎完全竞争的状态。比如，有人看到邻居买卖面条赚钱，很快就有人在附近开一家面条店，审批手续也很简单。较低的门槛使得该行业一旦存在超额利润，就有大量新进来的竞争者，暂时的超额利润很快就会降下来。但准入门槛较高的行业，如技术密集型行业（如芯片行业、航空航天、高端设备）、资源型行业（如黄金、石油）、特殊资质型行业（如银行业、信托业）、特殊资质的行业（如烟草行业、通信行业），需要特许经营，基本不存在这样的问题。而房地产行业，是资本密集型行业，虽没有特许经营，但高额的资金、资质门槛，把很多想进入该行业的人挡在门外。

信贷审查人员通过对行业准入门槛的分析，能够更好地分析行业未来的竞争情况，判断企业发展的基本趋势。可以说，加强对行业准入门槛的分析，对信贷审查项目的风险判断，有着重要意义。

（3）退出门槛

退出门槛也叫退出壁垒，是指现有企业在市场前景不好、业绩不佳时意欲退出该产业（市场），但由于各种因素的阻挠，资源不能顺利转移出去。退出壁垒有两种，即破产时的退出（被动或强制）和向其他产业转移（主动或自觉）时的退出。

比如钢铁行业，企业进入本行业时投入了大量的资金、土地、设备，即便行业不景气或者产能严重过剩，很多企业甚至出现生产成本比销售价格要低的现象，但企业为了保现金流而不得不保持生产。因为企业一旦退出，那么前期投入的大量资源难以变现，会导致巨大的损失，只能硬撑。企业的想法是只要撑着，支撑到同行业熬不住、出现破产、停产，部分产能出清后，市场会再次回归到供求平衡甚至供不应求的状况。此时，存活下来的企业，春天就到了。

（4）需求弹性

需求弹性是指需求价格弹性，简称为需求弹性或价格弹性，它表示在一定时期内一种商品的需求量变动对于该商品的价格变动的反应程度。需求的价格弹性分为完全无弹性、缺乏弹性、单位弹性、富有弹性和无限弹性。

像生活必需的米面油盐酱醋茶等行业，就属于缺乏弹性的行业；而像高档化妆品、高档手表等奢侈品行业，就属于富有弹性的行业。分析价格弹性，是考虑到人力成本、原材料成本等因素的变化，并导致产品的价格发生波动，而最终市场需求对于这种价格波动的反映。

很多人认为，银行直接介入奢侈品行业的授信很少，需求弹性对目前的信贷分析作用不大。其实，虽然银行对奢侈品行业的授信不多，但奢侈品的销售影响到商场的运营、地产的出租和销售。奢侈品的需求弹性大，如果经济下滑，高收入人群收入预期不乐观，势必影响奢侈品的销售，进而影响相关商场的出租、运营，并最终影响商业地产的销售和评估价值。经过这一连串的反应，最终可能传到授信客户那里，进而与银行发生关系。所以，即使某些授信客户与相关产品需求弹性的直接关联度不大，但其关联客户的需求弹性，还是很值得分析，这对信贷审查的分析判断有重大意义。

（5）产业政策

产业政策是国家制定引导国家产业发展方向、引导推动产业结构升级、协调国家产业结构、使国民经济健康可持续发展的政策。行业政策主要通过制订国民经济计划（包括指令性计划和指导性计划）、产业结构调整计划、产业扶持计划、财政投融资、货币手段、项目审批来实现。

有些行业属于国家鼓励，银行应积极支持；有些行业属于国家限制，如“两高一剩”行业，“两高”是指高污染、高能耗的资源性行业；“一剩”即产能过剩行业，主要包括钢铁、造纸、电解铝、平板玻璃等产业，银行应审慎对待。银监会先后发布了《绿色信贷指引》《能效信贷指引》，意在将绿色信贷的理念融入行业政策，完善绿色信贷系统，严控“两高一剩”行业信贷，致力于实现经济、社会和环境三位一体的可持续发展。从产业政策上来说，产能过剩或环境污染较大的行业，面临较大的行业风险。

（6）行业类别

按发展前景区分：朝阳产业，未来发展前景看好的产业；夕阳产业，未来发展前景不乐观的产业。

技术的先进程度：新兴产业，采用新兴技术进行生产，产品技术含量高的产业；传统产业，采用传统技术进行生产，产品技术含量低的产业。

按要素集约度：资本密集型——需要大量的资本投入的产业，比如钢铁房地产；技术密集型——技术含量较高，比如飞机制造；劳动密集型——主要依赖劳动力，比如纺织；知识密集型——依靠创意设计等智慧投入，比如影视产业；资源密集型——依赖资源消耗，比如煤炭、木材。

不同类别的行业，存在明显的行业差异。不同的行业差异，造就了企业需要的资源不同，竞争模式不一样，信贷审查人员要加强对客户的行业分析，寻找出该行业的特点，才能对客户未来的稳定性和偿债能力作出更准确的判断。

（7）竞争模式

市场竞争分为完全竞争与不完全竞争，不完全竞争包括竞争垄断、寡头垄断、完全垄断三类。

**市场类型划分和特征**

| 市场类型 | 厂商数目 | 产品差异程度 | 对价格的控制程度 | 进出一个市场的难易程度 | 接近哪种市场 |
|---|---|---|---|---|---|
| 完全竞争 | 很多 | 完全无差别 | 没有 | 很容易 | 绝大部分农产品 |
| 垄断竞争 | 很多 | 有差别 | 有一些 | 比较容易 | 一些轻工业，零售业 |
| 寡头垄断 | 几个 | 有差别或无差别 | 相当程度 | 比较困难 | 钢、汽车、石油、电信 |
| 完全垄断 | 唯一 | 唯一产品，且无替代品 | 很大程度，但常常受到管制 | 很困难，几乎不可能 | 铁路、烟草、电力 |

完全竞争市场是一种不受任何阻碍和干扰的市场结构。完全竞争是这样一种市场结构，其中同质的商品有很多卖者（就是厂商），没有一个卖者或买者能控制价格，进入很容易并且资源可以随时从一个使用者转向另一个使用者。例如，许多农产品市场就具有完全竞争市场这些特征。

垄断竞争是指一个市场中有许多厂商生产和销售有差别的同种产品的市场结构。在垄断竞争理论中，把市场上生产非常接近的同种产品的厂商总和，叫作生产集团。例如，汽车加油站集团、快餐食品集团等。

寡头垄断又称寡头、寡占，一种由少数卖方（寡头）主导市场的市场状态。英语中这个词来源于希腊语中“很少的卖者”。寡头垄断是同时包含垄断因素和竞争因素而更接近于完全垄断的一种市场结构。它的显著特点是少数几家厂商垄断了某一行业的市场，这些厂商的产量占全行业总产量中很高的比例，从而控制着该行业的产品供给，寡头垄断又称为双占垄断或双头垄断。

完全垄断市场是指整个行业中只有一个生产者的市场结构。这种市场结构形成的主要条件：一是厂商即行业，整个行业中只有一个厂商提供全行业所需要的全部产品；二是厂商所生产的产品没有任何替代品，不受任何竞争者的威胁；三是其他厂商几乎不可能进入该行业。在这些条件下，市场中完全没有竞争的因素存在，厂商可以控制和操纵价格。这与完全竞争的含义和形成条件是不同的。实际生活中，完全垄断市场是很少的，基本上是国家控制下的垄断，如铁路、烟草、电力等行业。

## 第五节　企业自身情况

打铁还需自身硬。

银行是否给企业贷款，还是要看企业自身情况。“没有不好的行业，只有不好的客户”，说的就是这个道理。从银行的角度来看，客户是承担债务的主体，如果客户不好，就会出现倾覆性的问题，信贷分析中对客户分析最为重要。因为客户主体在一定程度上决定着钱用在哪里与如何还钱的问题。比如，一家管理规范的大型上市公司、行业龙头企业，其规范的管理决定着资金挪用的可能性不大，是企业经营能力决定着如何还钱的问题。

企业自身情况包括企业性质、企业规模、法人代表（实际控制人）、高管层、组织架构、核心竞争力、关联交易、资本市场、财务因素、全国法院被执行人信息、征信情况、外部公开信息。之所以选择这么多的指标对企业进行考察，是因为企业如人，描述一个人要有身高、体重、长相、学历、性格、情商、智商等角度，缺一不可，否则对一个人的刻画都是片面的。对于信贷审查人员来说，对每一个角度的分析都不容忽视，需要逐一核实。

列夫·托尔斯泰说过：幸福的家庭都是相似的，不幸的家庭各有各的不幸。企业也是这样，优秀企业的管理层专业、技术先进、组织架构合理、财务情况良好等；有的企业可能有些方面做得不错，但存在一些很细微的差别却又各具特色的风险点，一个短板就会导致企业的风险较大，给企业带来致命影响。

还有一点需要注意的是，信贷业务“做熟不做生”。所谓的熟，就是要了解你的客户，这也是监管部门的基本要求。

### （一）企业的性质

企业按性质划分，可以分为民营企业与国有企业；民营企业又分为国企或事业单位改制来的改制企业，以及民营老板创业而产生的创业企业，两者的区别还是非常大。

#### 1. 国有企业

国有企业，尤其是大型国有企业，管理能力没有问题，市场竞争力的问题出在考核机制上。国企管理层没有所有权，只是国资委任命的职业经理人，往往任期较短，难以执行长期战略。因此，国有企业的负责人在任期内会竭力避免企业发生违约情况。但也正是由于短期考核机制，容易导致短期行为。尤其是当地政府的 GDP 考核压力、业绩排名，导致国有企业在政府的协调下，容易上马稳定、成熟、见效快的大项目。有的国有企业甚至出现还本付息压力已经很大的情况下仍过度融资，用贷款的钱去归还以前的贷款本息，玩起了金融游戏，陷入盲目上项目或巨额融资的怪圈。这在市场充分竞争的钢铁、造纸、煤化工行业的国企，表现得尤为突出。

（1）巨额融资案例

巨额融资，其实就是企业财务杠杆过高。

巨额融资往往发生在规模较大，且层级较高的国企身上。银行或者投资者看重国企的背景，认为有政府隐形背书，毕竟国企破产会涉及很多人的下岗问题，以及企业管理层的变动，政府一般不会置之不问。特别是省级的国企，层级较高，省级国资委有能力进行企业重组、救助。例如，2016 年 6 月 15 日，某省级大型煤炭企业公告确认其发行的“15X 煤炭 CP001”未能按期足额兑付到期的短期融资券本息。在延期 42 天后，该只债券才最终全额兑付。据媒体披露：“15X 煤炭 CP001”的最终兑付方案是，由债券的联席承销商联合其他 3 家银行，发放贷款给该省另一家国有企业——× × 省投资集团有限责任公司（以下简称 × 投集团），然后 × 投集团再通过银行，以委托贷款的方式，将资金借给了煤炭企业。但这是对一些金额较小的债权处理方法，当涉及金额较大时，恐怕很难以这种方式开展救助工作。如 2016 年 6 月 14 日北京商报《× × 钢铁的债务困局》一文中，称 × × 钢铁集团有限公司合并成立六年，背负了近 2000 亿元的债务，这样的巨额融资问题，处理起来难度很大，很难达到令各金融机构满意的程度。

对于出现巨额融资的国企，要注意防范利率风险：国有企业往往有做大企业规模的动力，因而需要大量融资。加之金融机构对国有企业的天然信任，企业融资环境好，获得融资相对容易，其融资成本较低。因此，国有企业容易出现巨额融资的情况。巨额融资在企业资产负债表中，表现为长短期借款以及应付债券、应付票据的敞口。

在低利率或者在利率下行期时，巨额融资的问题都不会显现。但是，低利率环境不会一成不变，就像近期，一年期同业拆借利率 SHIBOR 由 2016 年 12 月 1 日的不到 3.25% 上升到 2017 年 5 月 25 日的 4.33%，资金成本快速上升，导致各家银行已经开始上调贷款价格。尤其是 2017 年 4 月 27 日，贵州贵龙发行的一笔 5 年期 AA 级的企业债利率竟然高达 7.8%，对市场造成很大震动。因此，对于巨额融资的企业，很可能融资成本上调 1%—2%，这就需要企业支付更多的财务成本，进而挤压企业的营业利润。对于盈利能力不强的企业，很可能会因此出现净利润为负值的情况。比如一家企业上年的净利润是 1.5 亿元，但是融资规模达到 150 亿元，因为利率变动，导致企业今年多付出财务成本 2 亿元，那么企业很可能因此而出现亏损。此时，如果部分银行抽贷，将会导致企业资金流进一步紧张，随着时间的推移，最终导致企业经营亏损，现金流枯竭。此时，一旦银行抽贷，巨额融资的游戏玩不下去了，企业就会出现资金枯竭的问题，甚至被迫破产或者被救助，最终导致银行承担一定的风险损失。

财务杠杆过高的企业，一旦出现利率波动或银行抽贷，经营马上就会出现问题。一旦部分银行抽贷，各家银行出现羊群效应，便会纷纷抽贷，引发企业巨大危机。对此，高层已经清楚布局：2015 年 12 月 18 日至 21 日，中央经济工作会议在京举行，会议提出 2016 年经济社会发展主要是抓好去产能、去库存、去杠杆、降成本、补短板五大任务。可以看出，目前我国正处在降杠杆的痛苦阶段，但只有经过降杠杆的煎熬，才能凤凰涅槃，迎来更加灿烂的明天。

（2）盲目投资案例

某大型钢铁企业，2014 年 12 月总资产 518 亿，净资产 81.25 亿，净利润 1.28 亿，资产负债率高达 84.31%。而企业之所以违约，很大原因是因为前期疯狂扩张导致的。

2004 年，该企业由国家原三大骨干特钢企业重组而成。作为该地区最大的特钢企业，所在省政府一度想将该企业打造成中国最大的特钢集团。2008 年，企业实行技术升级改造而进行巨额投资。截至 2014 年的 6 年间，企业累计投入 300 亿元，实施国内外特钢企业最大规模技术改造，并计划在未来 3 年完成特钢品种在高端市场的新布局，高温合金、高强钢等产品将占领国内民品市场份额 35% 以上，1/3 产品实现外销或替代进口。然而，疯狂扩张的结果是公司面临较大流动性压力，资产负债率也高达 83% 左右。而近年来因为拖欠贷款，企业已先后多次被最高人民法院列入全国失信被执行人名单，由此银行开始不断抽贷。如 2014 年年报显示，短期借款下降了 11 亿，长期借款下降了 8 亿，虽然企业当时还保持微利，而银行抽贷成了“压死骆驼的最后一根稻草”，最终，2015 年 3 月 28 日，企业发行的“15XXXCP001”宣告违约，开启了地方国企债券违约的先河。且自 3 月 28 日起，企业先后已有 8 只债券未能按期足额偿付，所涉发行规模共计 55 亿元。最终企业违约。2016 年 10 月 10 日，大连市中级人民法院裁定受理阿拉善盟金圳冶炼有限责任公司对该企业破产重整的申请，企业正式进入破产重整程序。

这里我们再次看到：第一，企业前期疯狂扩张，大量投资，埋下祸根。第二，受钢铁行业周期影响巨大。企业在2008年大量投资时，国家四万亿元投资刺激，钢铁行业市场需求较大，属于卖方市场。但当项目建成以后，钢铁行业供给已经大于需求，钢铁价格也下来了，此时行业已经处于衰退期。第三，银行抽贷，2014年银行收回贷款资金高达20亿左右，而企业固定资产占总资产比例较高，资产变现能力较差，出现流动性枯竭危机，最终企业破产。第四，钢铁行业属于市场高度竞争行业，行业利润较低。第五，钢厂大量的员工发工资，也会成为填不满的无底洞，导致当地政府没有太大的救助意愿，甚至难以有救助的能力。而此时，第三方也难以有能力去救助或收购该企业，等待企业的怕是只有破产重组。

**2. 改制而来的民营企业**

企业改制，指企业所有制的改变。通常我们所提到的企业改制是指国有、集体企业改制为民营企业。由国有企业改制而来的民营企业，管理水平普遍较高；但是如果高管更替，处理不好会容易出现问题。例如：××水泥最近一系列的问题，就是这方面的典型案例。

某大型水泥制造企业××水泥的前身是1997年成立的国有企业——××建材工业集团有限公司（后更名为××集团有限公司）。2001年，××集团有限公司与2518名职工（由于股权转让，至2005年最终人数为3947人）以现金集资入股方式成立济南××投资管理有限公司。2004年，企业更名山东××水泥集团有限公司。2005年公司股权全部由管理层及股东持有，注册人由原来山东××的9名代持股东变成了9个显名股东。2008年上市前夕，3939名职工股东被要求以信托方式将股份交由张××作为受托人的张氏信托和李××作为受托人的李氏信托管理。由于改制过程中，出现代持股与签署信托等情况，企业的股权出现隐患。目前，中国建材股份有限公司、天瑞集团股份有限公司、中国××水泥集团有限公司出现股权之争，已经影响了企业的正常经营。2017年2月28日，公司发布公告，企业资金紧张，其发行的2017年2月27日到期的“14XXMTN001”10亿元中期票据已经未能按时兑付。该联席承销商招商银行当日发布的公告中，认为债务违约主要是“公司因控制权问题，导致融资渠道受限”。

### 3. 独立创业而来的民营企业

这里说的创业企业是指自然人独立创立的民营企业。

民营企业的实际控制人独立创立的企业，可以按照传统经济和新经济划分，分析两者的区别，意义重大。传统经济是指造纸、化工、冶金、纺织等传统制造业；新经济是互联网、新能源、文化创意等行业。以这两种方式划分，主要是因为传统经济拼的是实际控制人的胆量、拼劲，对市场敏锐的把握能力；新经济拼的是团队负责人的知识、文化、市场敏锐力。但是，无论传统经济和新经济，企业实际控制人的文化知识水平很重要，高学历有高学历的圈子，对新事物的吸收能力强，容易跟得上时代的发展和变化。而学习能力差、悟性跟不上、自制力弱的人，一旦做大，很容易产生心理膨胀、漠视制度规则的状况，一旦出现大项目决策失误，就会导致一败涂地。对此，很多专业书籍进行了详细分析，吴晓波的《大败局》里，就有很多活生生的例子。

### 4. 对国有企业与民营企业审查的逻辑

根据企业的所有制性质，企业可分为国有企业与民营企业。

（1）国有企业

国有企业是指国务院、国资委或其他政府部门投资控股或拥有实际控制权的企业，具体信息可以参见下表：

**国有企业信息简表**

| 实际股东 | 国务院 | 国资委（省、市或区县） | 国资委拥有控制权 | 其他政府部门（交通运输） |
|---|---|---|---|---|
| 企业级别 | 中央企业 | 地方企业 | 地方企业 | 地方企业 |
| 企业类型 | 全民所有制 | 有限责任公司（国有独资）、全民所有制 | 股份有限公司 | 其他有限责任公司 |
| 备注 | 名单可以在网上查 | 出现过造假的情况，注意核实。 | | |

（2）民营企业

民营企业即实际控制人为自然人的企业。民营企业又分为自主创业型的民营企业，以及改制而来的民营企业。

（3）国有企业与民营企业优劣势分析

**国有企业与民营企业优劣势分析**

| 项目 | 国有企业 | 民营企业 |
|---|---|---|
| 优势 | 1. 管理层管理水平较高<br>2. 内部管理规范<br>3. 把握政策能力强<br>4. 资源优势强，吸引人才相对容易<br>5. 银行信贷支持力度强<br>6. 对外担保有明确限制，能避免担保圈风险 | 1. 决策效率高<br>2. 市场化程度高<br>3. 更能把握市场 |
| 劣势 | 1. 人员较多<br>2. 执行效率低<br>3. 制度僵硬 | 1. 家族管理<br>2. 盲目扩张，主业不清<br>3. 融资难<br>4. 银行信贷支持力度弱<br>5. 严重依赖实际控制人<br>6. 财务信息难以核实<br>7. 是否对外担保，主要看企业负责人态度，容易陷入担保圈风险 |

需要说明的是，国有企业往往成立时间较长，内部管理相对规范，财务信息虽然看上去不完美，但真实度相对较高。另外，不少国有企业在经营过程中，承担了国计民生的基础设施建设，很多情况下会获得各种补贴，作为营业外收入计入损益表，从而提高了企业的盈利能力。尤其是一些省级大型国有企业，往往承担着一定的社会责任，承接的项目往往等级较高，项目回款能力较强；部分大型工程的施工建设，往往建设周期长、垫资金额大，后期维护及保养要求高，大部分民营企业难以承担这样的机会成本。可以说，很多情况下，国有企业有着天然的竞争优势。但国企也存在一定的劣势，尤其是管理僵硬、管理成本较高等问题。不过，挪用资金、涉黑、失联、家族管理、民间借贷等这些问题在国有企业中很少出现。即便是行业下行的问题，国企也往往是大型的资源型企业，抗风险能力也明显高于中小型的民营企业。这样的结果，导致在信贷审查审批中，银行对国有企业认可度较高，担保方式倾向信用化。

但是，民营企业在融资时，除非是特别优秀的上市公司或龙头企业，否则很难通过信用方式进行融资。对于中小型民营企业，银行往往会追加抵押，即土地或房产，导致没有固定资产的企业在融资的时候面临困局，便被动或主动参与当地的担保圈。这种情况下，企业很容易因为被担保人的经营困难，导致自身受到牵连，出现“城门失火，殃及池鱼”的问题。

民营企业有其自身优势，比如执行效率高、市场化程度高、更能把握市场。但是相对于国有企业来说，民营企业存在更大的潜在风险：家族管理、盲目扩张、融资难、民间借贷、严重依赖实际控制人、财务信息难以核实，这些都使得银行对民企信贷风险的判断加大了难度。从实际的情况来看，中小型的民营企业不良贷款频发，民营企业贷款的不良率远高于国企。并且，民企不良贷款发生的原因错综复杂：有的是行业下行、自身经营出现困难；有的是将资金大量挪用进入房地产、股市、民间借贷；甚至有的实际控制人涉黑或涉及违法，不少人采取跑路、失联等招数，让银行防不胜防、苦不堪言。可以说，真正因为银行“抽贷”而导致企业生产出现问题的情况少之又少。因此，民营企业的融资难问题不能老怪银行，自身也要进行反思。当然，民营企业是效率的代表，是市场经济的重要力量，一些发展较好的民营企业，往往会成为行业强有力的竞争者。比如房地产行业，典型的有恒大、龙湖、融创等企业；电信、互联网行业的华为、腾讯、阿里巴巴等企业。

银行对国企和民营企业授信审查中的认知差异，不是偏见，是双方主体不同运行方式和市场选择的结果，短期来看仍难以改变。

### （二）法人代表（实际控制人）

#### 1. 法人代表（实际控制人）的重要性

对于国企来说，管理主要依靠法人代表。对于民企来说，管理主要依靠实际控制人。

（1）根据企业规模来划分

企业的规模越小，法人代表（实际控制人）的重要性越大。企业的规模越大，法人代表（实际控制人）的重要性越小。小企业往往需要依靠法定代表人（实际控制人）来维持企业的生产经营，法人代表对企业的经营决策影响很大，此时法定法人代表（实际控制人）越重要。大企业往往已经建立起较为完善的管理体系，且有成熟的人才储备，尤其是有些大企业建立起职业经理人的管理方式，法人代表对企业的经营决策影响较小，有时只起到代表的作用。

（2）根据行业的知识密集程度来划分

行业知识密集程度越高的企业，法人代表（实际控制人）的重要性越大。反之，行业知识密集程度越低的企业，法人代表（实际控制人）的重要性越小。一家从事高技术生产研发的企业，其核心竞争力往往是法人代表（实际控制人）所拥有的智力资源、专利，此时法人代表（实际控制人）越重要。而一家从事技术含量低的生产企业，法人代表（实际控制人）更多的是管理和处理各种关系，此类企业的法人代表（实际控制人）远没有行业知识密集程度高的法人代表（实际控制人）重要。

（3）根据企业性质来划分

对于国企、央企，层级越高的企业，法人代表（实际控制人）对所在企业的重要性越小；层级越低的企业，法人代表（实际控制人）的重要性越大。但整体来看，国企的法人代表远远没有民企实际控制人的重要性大。

**2. 关于民营企业实际控制人的风险**

在针对民营企业的信用风险评级中，有一项叫作实际控制人风险。国有企业和民营企业不一样，国有企业的董事长，都是给企业打工，万一出了问题，换掌柜不换东家，管理团队完善的分工能够保持企业的基本运转。民营企业则不然，一旦实际控制人出了问题，就是地动山摇。由于民营企业负责人创业过程中的付出与努力，他们的个人声望伴随着企业成长而高涨，企业的管理烙上了实际控制人的鲜明特色，项目合作、经营往来、银行融资等，都跟实际控制人密切相关。民营企业的实际控制人一旦出现不测，往往会导致管理团队的不稳定，甚至出现有人窥视原来实际控制人家产的状况，导致影响公司后续的偿债能力。

这里说的实际控制人，不一定是股权上的股东，更多的是对企业重大决策产生较大影响，或者实际支配企业的人。因为民营企业中，代持股现象很普遍，尤其是实际控制人的孩子、亲戚、好友帮助代持股，股权上虽然看不出来，但公司实际上还是实际控制人说了算。另外，值得注意的是，部分企业股权机构复杂，出现交叉持股、层级较多的现象，这时候更应该深挖实际控制人所控制的企业，相互之间的担保也属于关联担保，信贷审查中必须注意。

**案例：**

某民企负责人在三线城市的核心位置有一处酒店资产，在隔壁又低价拿了地要修商品房，整个团队都是老板从装修工起步，十几年间一步步带出来的，一切都很正常。后来，企业负责人意外去世，而负责人妻子没参与过企业的经营管理，无奈之下只有把企业交付给刚刚大学毕业的儿子打点。后来，因负责人儿子的经营管理经验不足，加上之前的部分老部下控制着重要岗位，最终企业被那些老部下不断掏空，等新的负责人发现企业被掏空的时候，管理团队中的老人也走得差不多了，最终银行只有面对残酷的现实，与老板的儿子齐心协力解决问题。但此时，该笔贷款已经逾期成为不良资产了。

**3. 实际控制人或家属定居国外或有他国国籍**

信贷审查中需要关注实际控制人有定居国外、拥有国外国籍情况，或其主要家属有定居国外以及拥有他国国籍，实际控制人在国内做裸商的现象。部分民营企业实际控制人常年在国外，通过电话、网络等方式控制企业，一旦企业有什么问题，实际控制人难以受到约束。同时，实际控制人在国外，也导致实际控制人难以签署连带责任保证协议。尤其是“裸商”问题，更要加强注意。

裸商，是指民营企业家用实业做抵押，获得贷款后去海外投资移民，或企业主事先把资产转移到海外，等时机“成熟”即宣告破产，留下一堆烂摊子的社会现象。据浙江省有关部门 2011 年统计：全省 1000 万元注册资本以上的企业主，已经有 24% 办完国外移民手续，正在办理的有 32%。实际上有一半以上的浙商已不是浙江人。很多民营企业负责人通过投资移民，将家人和资产转移到国外，名下仅留空壳企业运转，已日渐成为一种普遍现象。

部分民营企业涉及参与小额贷款公司和民间高利贷，或者出现多头贷款、资金链条复杂、营运压力大、资金链断裂等情况的时候，感觉经营难以持续，内心缺乏安全感，便可能会有“裸商”的打算。“裸商”的出现有其一定的历史背景，对他们而言，把家人送走，是为了获取想要的东西；自己不走，是因为国外很难找到与国内相当的发展机会。

信贷审查中，如果一家大型企业能抵质押的资产全部抵质押出去了，最近几年金融机构贷款快速增加，就需要特别注意。这时候，如果实际控制人或其主要家人在国外，很可能有做“裸商”的准备。

**4. 企业二代“接班难”的原因**

近几年，企业接班人是一个讨论较多的问题，这也应该是银行信贷审查人员对企业关注点之一，出现“接班难”的主要原因如下：

（1）不少企二代成长环境过于安逸、缺乏锻炼

不少企业二代如曹操形容汉献帝那样：生于妇人之手，长于深宫之中。这类企二代没有经历过市场的洗礼，协调能力不足，甚至自身性格存在缺陷，容易纸上谈兵，难以驾驭企业。

（2）企二代难以承受市场的残酷性

商场如战场，企业负责人是战场的最高指挥官，不经过基层多年历练，不经过摸爬滚打，贸然带领团队冲锋陷阵，很容易成为烈士。

（3）企二代兴趣不在企业上

有的企业负责人兢兢业业，但很多企二代心思根本不在企业管理上，或者不在家族的行业上，进而导致企二代不会全心全力经营上辈留下的企业。

## （三）高管层

高管层受约束的情况，主要是看企业的性质。

**企业高管层分析**

| 企业性质 | 约束程度 | 执行效率 | 失误程度 | 获取机会概率 |
|---|---|---|---|---|
| 国有企业 | 高 | 低 | 少 | 低 |
| 改制后保留原来高管的民营／股份制企业 | 中 | 高 | 少 | 高 |
| 独自创业的民营企业 | 低 | 高 | 多 | 高 |

（1）国有企业高管层

国有企业由于是国资委监管，重大事项均需要国资委审批同意，因此约束程度较高。同时，内部办事流程较多，办事效率偏低，这也就导致错失了很多商机。但比较好的是，由于议事机构完善、审批机制比较长，较少出现大的决策失误。

同时，企业内部如果由于缺乏竞争与奖惩机制，难以激发内部活力，容易采取保守的态度，新经济、新项目机会稍纵即逝，企业内部部门审批流程长，难以抓住商机。比如，某大型国企融资时，提供基础资料都需要很长的流程，拿到批复以后是否提款，单位内部还需要审批同意，环节多、流程长，效率低下。

（2）改制后保留原来高管的民营高管层

由国有、集体企业改制，保留原来高管的民营 / 股份制企业，发展情况较好，原因如下：一是这类企业的管理层经过国有企业多年的训练，管理经验丰富；经过层层选拔，个人整体素质相对较高。二是这类企业管理方面相对规范，运行机制相对流畅，对政府及市场都有较深的了解。三是经过改制以后，脱离了原来僵化的监管体系，但股权往往是部分高管层及职工拥有，对最终决策人有约束但程度不深，其执行效率大大提高，高管层决定做什么事，即可去做，能够抓住市场机会。到目前为止，大规模改制已经过去十多年，能生存到现在的企业也经历了多次波动，抗风险能力较强。如中国南玻集团股份有限公司。

（3）独自创业的民营企业高管

独自创业的民营企业，其高管受约束程度较低，执行效率较高，能够抓住市场商机。很多情况下，企业经营主要依靠实际控制人个人决策，往往存在着较大的投资失误情况。

如某民营造纸上市公司，成立于 1999 年，实际控制人为朱 ××。朱 ×× 以制造造纸机零件起家，据称其生产的造纸用真空伏辊占据国内 70% 以上的市场份额。2007 年，企业在香港联交所主板上市，募集资金 11.31 亿港元。2008 年，朱 ×× 大举进入风电制造行业，斥资 55 亿元杀进风电市场，声称要在全世界建造 100 家风力发电场。

公司自称为国内最大装饰原纸生产企业，但此说并未得到业内企业的认可。2010 年年报中会计师事务所保留意见认为，“公司有修改收益、利润及现金状况，伪造集团账目及记录及集团资产遭侵吞等情况的嫌疑”。企业 2011 年 3 月就因涉嫌虚假信息披露的质疑而停牌。

2013 年年底，该集团（企业母公司，实际控制人也是朱 ××）爆发债务危机，旗下各企业也陷入了困境，并在 2014 年初相继进入破产重整程序。曾有当地官员表示，集团的“脓包”就长在风电上。

集团因在风电产业贸然投资且未回收效益，资金链趋向紧张而出现经营困难，无力偿还近 60 亿元银行到期贷款本息，已被当地中级人民法院正式裁定进入破产重整程序。与此同时，企业亦已向内地法院申请，将旗下唯一营运子公司清盘，而企业对此从未披露。

据当地人介绍：“他在风电上的贷款其实并不多，更多的是以集团其他企业的名义贷了投到风电上。”也就是说，企业一方面确实在进入风电行业，另一方面也确实在借助新能源讲故事，甚至不排除用贷款填补外表看上去业绩尚可、实际亏损的业务。最终，集团贷款资金用途成谜，“风电项目”就像一个资金黑洞，已经无法止步：如果不烧钱企业会死，烧钱或许还能活下来，但也会越陷越深！按照企业高管的想法是上市融资，可惜没能等到上市资金链就已经断裂。可以说，集团终究由于约束较低，投资失误而刺破了自己吹起的泡沫，出现不可收拾的局面。

### （四）企业规模

#### 1. 企业规模划分标准

为贯彻落实工业和信息化部、国家统计局、国家发展改革委、财政部制定了《关于印发中小企业划型标准规定的通知》（工信部联企业〔2011〕300 号），用来规范中小企业。该标准主要从从业人员（数量）、营业收入、资产总额三个角度进行划分。

#### 2. 企业的本质

诺贝尔奖得主罗纳德·科斯在《企业的本质》一书中，独辟蹊径地讨论了产业企业存在的原因及其扩展规模的界限问题，创造了“交易成本”这一重要概念。科斯认为，当市场交易成本高于企业内部的管理协调成本时，企业便产生了，企业的存在正是为了节约市场交易费用，即用费用较低的企业内交易代替费用较高的市场交易。当市场交易的边际成本等于企业内部管理协调的边际成本时，就是企业规模扩张的界限。如果市场交易的边际成本大于企业内部管理协调的边际成本时，企业就达到了规模不经济阶段。

**3. 规模经济与规模不经济**

规模经济理论是经济学的基本理论之一，也是现代企业理论研究的重要范畴。规模经济理论是指在某一特定时期内，企业产品绝对量增加时，其单位成本下降，即扩大经营规模可以降低平均成本，从而提高利润水平。

规模经济反映的是生产要素的集中程度同经济效益之间的关系。规模经济的优越性在于：随着产量的增加，长期平均总成本下降。但这并不仅仅意味着生产规模越大越好，因为规模经济追求的是能获取最佳经济效益的生产规模。一旦企业生产规模扩大到超过一定的规模，边际效益却会逐渐下降，甚至跌破趋向零，乃至变成负值，引发规模不经济现象。

规模经济的企业具有以下优势：能够实现产品规格的统一和标准化；通过大量购入原材料，而使单位购入成本下降；有利于管理人员和工程技术人员的专业化和精简；有利于新产品开发；具有较强的竞争力。

因此，大型企业相对于中小型企业来说往往具有更强的规模经济：原材料价格相对较低，管理较为规范化，具有较强的研发能力等。尤其是一些资本密集型大型企业，比如房地产企业、港口企业、汽车制造企业，一般情况下，规模较大的企业相对具有竞争优势。但也要注意一些超大型的企业，里面控股企业较多，涉及板块较多，管理难度大，可能存在规模不经济现象。

**4. 范围经济**

范围经济指由厂商的范围而非规模带来的经济，即当同时生产两种产品的费用低于分别生产每种产品所需成本的总和时，所存在的状况就被称为范围经济。只要把两种或更多的产品合并在一起生产比分开来生产的成本要低，就会存在范围经济。

范围经济往往是由于一个地区集中了某项产业所需的人力、相关服务业、原材料和半成品供给、销售等环节供应者，从而使这一地区在继续发展这一产业中拥有比其他地区更大的优势，类似于产业集群的概念。

**5. 信贷审查注意事项**

关于企业规模，首先要明确大型企业具有规模优势，再看企业是否真的具有一定的规模优势。如房地产百强企业整体抗风险能力比某一区域性的房地产企业要强。还有就是企业所在的区域或企业自身，是否能够达到范围经济。这有助于我们对一家企业的整体风险进行初步判断。

### （五）组织架构

企业组织结构是进行企业流程运转、部门设置及职能规划等最基本的结构依据，常见组织结构形式包括中央集权、分权、直线以及矩阵式等。可以说，没有合适组织架构的企业将是一盘散沙，组织架构不合理会严重阻碍企业的正常运作，甚至导致企业经营的彻底失败。相反，适宜、高效的组织架构能够最大限度地释放企业的能量，使组织更好地发挥协同效应，达到“1+1>2”的合理运营状态。

很多企业正承受着组织架构不合理所带来的损失与困惑：部门设置臃肿，部门间责任划分不清，导致工作中互相推诿、互相掣肘，内耗严重；组织内部信息传导衰减快、效率降低，有时甚至失真；企业做出的决策低效甚至错误，给企业的运转带来严重的伤害。要清除这些企业病，只有通过组织架构变革来实现。

因此，信贷审查中需要关注企业的组织架构。尤其是大型企业，其信息传导距离太远，如果组织架构不合理，很可能提高企业的内部沟通成本，降低企业的竞争力。

### （六）核心竞争力

企业如何才能在激烈的市场竞争中取胜？如何取得竞争优势？普拉哈拉德和哈默尔将企业能够持续取得竞争优势的能力称为企业的核心竞争力。通常认为核心竞争力，即企业或个人相较于竞争对手而言所具备的竞争优势与核心能力差异。

从市场竞争层次看，企业竞争存在五个层次：1. 拼价格；2. 拼技术；3. 拼标准；4. 拼品牌；5. 拼价值（价值链的控制能力）。

拼价格：典型案例是 1996 年长虹发动的彩电价格大战。长虹凭借自身的规模经济优势，通过价格战，将许多规模、质量等实力较弱的企业淘汰出局。价格战是很多行业从粗放式发展走向集约化发展的必由之路，一般发生在行业从快速成长期向成熟期过渡的阶段。

拼技术：典型案例是近十年的彩电业。中国是彩电大国，但由于缺少核心技术，机芯需从国外进口，导致彩电企业利润微薄。后来，有些企业主动调整战略，投入资源搞研发，最终赢得了市场，现在国内彩电业成规模的企业一般都可以自主生产机芯，没有机芯技术的企业基本处于行业边缘，或已被淘汰。

拼标准：典型案例是电信业。哪家企业处于行业领先地位，率先制订了行业标准，并拥有了一定的顾客群，后面进入的企业为了符合已有市场的规则，只能向标准制定企业购买使用权，并被标准制定企业牵着鼻子走，在竞争中处于弱势。

拼品牌：典型案例是奢侈品行业。同样一个包，功能用料做工等差距不大，但是由于品牌不同，LV、爱马仕等就可以比同类的包贵几十甚至上百倍；表面上是拼品牌，实际上比拼的是企业产品的功能、技术、质量、服务、美誉度等，是企业综合实力的较量。

拼价值：典型案例是智能手机行业，苹果公司拥有智能手机产业价值链的控制权，从引导顾客需求的市场营销、研发技术、生产供应链、物流、服务等整个价值链，苹果公司拥有无人匹敌的控制力，从而拥有了产品定价权和价值链各环节的定价权，获取了整个价值链的高端利润（最大利润），价值链上其他企业分享中低端利润；三星凭借自身实力成为智能手机市场的挑战者，联想、小米、华为等企业成为智能手机行业的追随者，但其产品利润率远低于苹果公司。

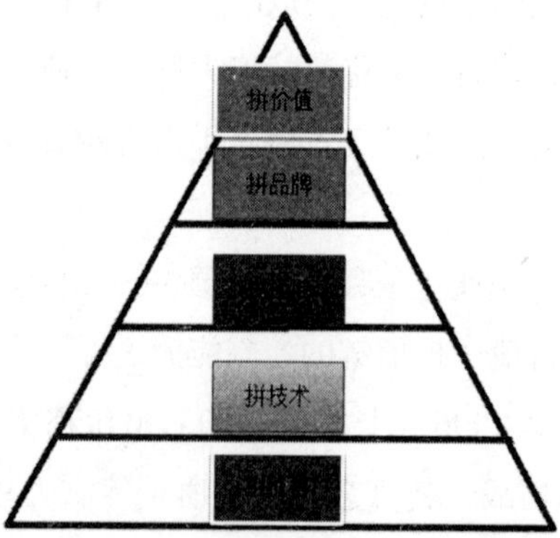


**企业的竞争层次**

从企业的竞争层次可看出，从上往下，上一层次的竞争都是包含下一层次的竞争，越往上，竞争要素和手段越丰富、竞争越激烈。一般小规模企业，一些为整机或成套设备配套生产零部件的企业处于拼价格、拼技术层次；一般具有规模和品牌，能够提供整机或整体解决方案的企业，都处于拼价值这一层次。

企业在上述某一竞争层次具有明显竞争优势，即为企业的核心竞争力。拥有核心竞争力的企业，是企业的一大亮点。比如某一房地产开发企业，由于地拿得比较早，虽然周边的地价已经很高了，但是企业的地价较低，具有成本优势，后期房子的售价可以适当低一点，这是其核心竞争力。比如万科，具有品牌价值与丰富的开发经验、物业经验，具有明显的核心竞争力。

但也要注意，市场是动态的，核心竞争力也是动态，不是一成不变的。比如：诺基亚公司从一个造纸企业，历经 100 多年的发展，曾经连续 15 年荣登手机市场占有率第一，是公认的传统功能手机行业霸主，其在手机功能上的技术优势，被公认为其核心竞争力。但是从 2008 年后，由于其对顾客消费偏好没有把握好，以前在功能手机市场上的技术、质量、品牌等竞争优势没有在智能手机上得到延续，被苹果、三星等公司在智能手机上超越，痛失行业领先地位。短短 5 年间，一个历经风雨的百年老店、傲视群雄 15 年的行业霸主，其市值蒸发近千亿美元，以不到原来零头的价格卖身。由此可见，市场竞争之激烈。曾经的行业领先者，如不能准确把握市场需求、判断顾客的消费偏好，不能在行业价值链上拥有控制力，不能为顾客创造更大的价值，很快就会丧失其核心竞争力，被市场无情抛弃。

信贷审查人员审查信贷客户时，要分析出客户所在的层次，才可能对其作出合适的定位和判断，找到企业的核心竞争力，制订出适合该企业的授信方案。

### （七）关联交易

#### 1. 关联方

根据财政部 2006 年颁布的《企业会计准则第 36 号——关联方披露（2006）》的规定：在企业财务和经营决策中，如果一方控制、共同控制另一方或对另一方施加重大影响，以及两方或两方以上同受一方控制、共同控制或重大影响的，构成关联方。

这里的控制，是指有权决定一个企业的财务和经营政策，并能据以从该企业的经营活动中获取利益。所谓重大影响，是指对一个企业的财务和经营政策有参与决策的权力，但并不决定这些政策。参与决策的途径主要包括：在董事会或类似的权力机构中派有代表，参与政策的制定过程，互相交换管理人员等。

**2. 关联交易**

我国新会计准则规定：关联方交易指在关联方之间转移资源、劳务或义务的行为，而不论是否收取价款。

关联交易在市场经济条件下广为存在，但它与市场经济的基本原则却不相吻合。按市场经济原则，一切企业之间的交易都应该在市场竞争的原则下进行，而在关联交易中由于交易双方存在各种各样的关联关系，有利益上的牵扯，交易并不是在完全公开竞争的条件下进行的。

关联交易客观上可能给企业带来或好或坏的影响。从有利的方面讲，交易双方因存在关联关系，可以节约大量商业谈判等方面的交易成本，并可运用行政的力量保证商业合同的优先执行，从而提高交易效率。从不利的方面讲，由于关联交易方可以运用行政力量撮合交易的进行，从而有可能使交易的价格、方式等在非竞争的条件下出现不公正情况，形成对股东或部分股东权益的侵犯。全面规范关联方及关联交易的信息披露非常有必要。

**3. 常见的关联交易类型**

在经济活动中，存在着各种各样的关联方关系，也经常发生多种多样的关联方交易。在会计准则中列举了 11 种常见的关联交易类型：

（1）购买或销售商品

购买或销售商品是关联方交易最常见的交易事项。例如，企业集团成员之间相互购买或销售商品，从而形成关联方交易。

（2）购买其他资产

购买或销售商品以外的其他资产，也是关联交易的主要形式。比如，母公司销售给其子公司的设备或建筑物等。

（3）提供或接受劳务

关联方之间相互提供或接受劳务，也是关联交易的主要形式。

例如：甲企业是乙企业的联营企业，甲企业专门从事设备维修服务，乙企业的所有设备均由甲企业负责维修，乙企业每年支付设备维修费用 50 万元。作为企业外部的报表使用者来说，需要了解这种提供或接受劳务的定价标准，以及关联方之间是否在正常的交易情况下进行。

（4）担保

担保有很多形式，以贷款担保为例，某企业生产经营中需要资金，往往会向银行等金融机构申请贷款。银行等金融机构为了保证所贷资金的安全，需要企业在贷款时由第三方提供担保。担保是有风险的，一旦被担保企业没有按期履行还款协议，则担保企业就成了还款的责任人。关联企业之间相互提供担保，能有效解决企业的资金问题，有利于经营活动的有效开展，但也形成了或有负债，增加了担保企业的财务风险，有可能因此而引发经济纠纷。

（5）提供资金

提供资金包括以现金或实物形式提供的贷款或股权投资。

例如：母公司利用集团内部的金融机构向子公司提供贷款，母公司向子公司投入资金、购入股份等。

（6）租赁

租赁通常包括经营租赁和融资租赁等。关联方之间的租赁合同也是主要的交易事项。

（7）代理

代理主要是依据合同条款，一方可为另一方代理某些事务，如代理销售货物，或代理签订合同等。

（8）研究与开发转移

在存在关联方关系时，有时某一企业所研究与开发的项目会由于另一方的要求而放弃或转移给其他企业。例如：B 公司是 A 公司的子公司，A 公司要求 B 公司停止对某一新产品的研究与试制，并将 B 公司研究的现有成果转给 A

公司最近购买的、研究和开发能力超过 B 公司的 C 公司继续研制，从而形成关联方交易。

（9）许可协议

当存在关联方关系时，关联方之间可能达成某种协议，允许一方使用另一方的商标等，从而形成关联方交易。

（10）代表企业或由企业代表另一方进行债务结算

这也是关联方企业之间比较普遍存在的一种关联交易形式。比如，母公司为子公司支付广告费用，或者为子公司偿还已逾期的长期借款等。

（11）关键管理人薪酬

支付给关键管理人员的薪酬也是一种主要的关联交易形式。因为企业关键管理人员之间构成了关联方关系。例如：企业支付给董事长、总经理等人员的薪酬，这属于关联交易，也应该适当予以披露。

**4. 信贷审查时注意事项**

（1）关联交易的真实性

真实的关联交易是指有真实交易动机，且符合营业常规的交易。虚假的关联交易不仅背离公司的实际利益，也常常隐藏着违规、违法等因素。比如有些公司虚构并不存在的交易来转移收入和分摊费用，或者通过相互拆借资金的方式调解利息费用。对上市公司而言，虚假的关联交易一旦发现，就会被严重处罚，公司的信用也会受到影响。因而，信贷审查人员应关注关联交易的真实性。

（2）注重关联交易的披露

上市公司对关联交易及时、深入、完全、准确的披露已成为公众投资者关注的焦点和监管部门的工作重点。非上市公司在关联交易披露方面普遍做得不够，只有坚持披露重于存在的原则，才能使公司更稳健地运行。信贷审查人员要时刻注意相关事项的披露，以免遗漏重大事项。

（3）关联交易的必要性与公平性

很多情况下，必要的关联交易多为公司存在及发展过程中不可或缺的行为，比如：综合服务协议、主营业务所赖以依托的购买或租赁协议等。这类关联交易也是公司持续性的关联交易，此时也要兼顾关联交易的公平性。如果存在明显的不公平行为，信贷审查人员要给予剔除、纠正。

（4）对企业管理层的影响

实践中，关联交易多发生在新、旧控股股东与其关联方之间。名义上，虽然控股股东与其他股东在权利质量上并无不同，只是数量上的差别；但实际上，控股股东比普通股东的权利更为优越。如果关联交易中存在有失公允的情况，往往损害的是中小股东的利益，如果此问题处理不好，会引起中小股东的不满。长此以往，可能使企业陷入诉讼的泥潭，轻则影响到公司的信誉、不利于公司的发展，重则给企业带来严重的问题，引发企业内讧。信贷审查人员在信贷审查中，也要关注关联交易中大股东的行为是否符合常规，如果偏离正常行为，需对项目进行重点关注。

（5）对企业资金往来的判断

关联企业之间资金拆借，往往会在其他应收应付科目里反映出来。如果企业有大额高频的资金往来，那么企业的资金很可能与其他公司相互拆借使用，导致难以判断企业的资金流向。尤其在同一集团内部，企业往往通过资金拆借来做大企业的资产与负债，以此造成企业资产规模较大的假象，以更好地到银行来贷款，这一点必须审慎对待。尤其是通过对大额关联交易的分析，可以看到这笔交易中是否存在重大利益输送，是否有失公允，是否造成贷款企业的资产流失。特别是金额较大的关联交易，需要深入分析。

总之，关联交易是不少企业把简单问题复杂化的手段，通过做大资产、做大收入，利用多个法人主体到银行融资，关联企业之间进行互保，成为不少企业的“阳谋”。银行信贷审查人员必须注意分析其资金往来、大额交易、贸易背景真实性等问题，分析其合理性。

### （八）资本市场

随着资本市场的发展，资本市场对企业的影响越来越大，主要体现在以下几个方面：

#### 1. 企业生产的产品越标准化，受资本市场的影响越大

越标准化的产品，生产企业生产成本方面的控制越重要，如：纸张、尿素

等产品，生产成本区别最大的是固定资产折旧、生产效率和财务费用，其他条件难以改变的前提下，一个行业内通过上市公司融资和银行融资渠道的客户，差异性很大。如造纸行业，该行业经过近三十年的充分竞争，设备技术、土建成本差异非常小，产品的同质化程度非常高，差别更大的是融资成本。假设生产同类产品的两个企业，总资产都是 20 亿元、资产负债率为 60%，企业的各项成本都一样。一个企业上市，从股市融资 3 亿元；另一家企业没上市，按利率 6% 计算从银行融资，十年下来，从股市融资的企业，节省的资金成本也有 1.8 亿元。我们通过表格分析如下，其中总资产的差别来自于融资成本消耗掉了企业的净资产所致。

**融资方式不同导致资产负债率的变动分析**

单位：亿元

| 项 目 | 非上市企业 | | 上市企业 | |
|---|---|---|---|---|
| 总资产 | 20 | 20 | 20 | 20 |
| 总负债 | 12 | 12 | 12 | 12 |
| 资产负债率 | 60% | 60% | 60% | 60% |
| 融资金额 | 3 | 3 | 3 | 3 |
| 融资利率 | 6% | 6% | 0 | 0 |
| 融资时间 | 5 年 | 10 年 | 5 年 | 10 年 |
| 融资成本 | 0.9 | 1.8 | 0 | 0 |
| 总资产 | 22.1 | 21.2 | 23 | 23 |
| 总负债 | 15 | 15 | 12 | 12 |
| 资产负债率 | 67.87% | 70.75% | 52.17% | 52.17% |
| 资产负债率变动 | 7.87% | 10.75% | −7.83% | −7.83% |

我们看到，一个资产负债率 60% 的企业，通过银行融资和资本市场（股市）融资，最终区别差别很大：通过资本市场融资来的钱，是企业的净资产，且不需要支付利息。而通过银行融资来的钱是负债，需要支付利息。长期来看，两种融资方式的差异，导致企业最终的资产负债率差别很大。

如果上市公司资产负债率 52.17%，就是一个各金融机构非常认可的企业；

如果非上市公司，资产负债率67.87%，甚至高达70.75%，可能就是银行躲避不及的客户，两者的偿债能力相差会非常大。

实际上，由于上市企业的品牌效应，其在社会上间接融资的成本往往低于同行业；上市公司的偿债能力强，能够获得更多融资，从而获得更快的发展速度；还有，十年内很多企业会通过增发、可转债等方式获得更多股权融资机会；多年下来后，生产标准化产品的公司是否上市，两者的差异非常明显。可以说，像生产文化用纸的非上市公司，在国内大量上市公司的市场竞争中，处于非常明显的劣势，过得非常痛苦。这一点，信贷审查人员需要深刻牢记。

**2. 企业产品越个性化，受资本市场企业的影响越小**

产品越个性化、越依靠品牌影响力销售的企业，其是否上市的差异越小。例如餐饮业，其销售依靠市场和口碑，和它竞争的企业成千上万，企业间竞争的差别在品牌以及是否适合当地的消费习惯，这就导致企业的融资成本和企业的盈利之间关联度越小，"湘鄂情"上市后很快退出资本市场，就是一个很典型的例子。

**3. 上市公司和非上市公司在财务报表处理上差别特别大**

企业为维护自身利益最大化和经营的稳定性，在维持财务指标的稳定性和连续性方面，上市公司和非上市公司的差异性非常大。总的来说，上市公司的报表会根据实际情况，加大企业盈利能力的波动性；非上市公司会尽量熨平不同年份盈利能力的波动性，主要原因如下：

（1）当股票市场好时，上市公司希望估值越高越好，只有估值高了，企业融资才方便，也可以套现。所以，在股市好的时候，上市公司会把报表做得相对更好一些，只有这样，才能博得最大的收益，对公司是最大的利好；当股市不好时，资本市场的融资功能减弱，很多企业会借机消化包袱，财务报表就会相对差一些。诚然，由于很多上市公司持有其他上市公司股票，其投资收益也会跟着股市的涨跌波动，无形中加大了企业的最终收益波动。

（2）非上市公司的主要融资渠道是银行，为从银行获得贷款的稳定和连续性，企业主观上会将财务报表保持更高的稳定性，在报表处理的时候就会削峰填谷。也就是行业发展好、企业状况好的时候，适当压低利润，以使企业在不好时，能保持一定的利润率，让报表看起来波动小、更有联动性，使得从银行融资的稳定性、连续性更强。

总体来看，一个行业内如果是生产标准化产品、标准化服务的行业，如果行业内有很多上市公司，未上市企业就过得相当难；如果是依靠品牌的行业，客户是不是登陆资本市场，两者的关联度不大。

**4. 审查上市公司需要注意的事项**

整体来说，上市公司处于行业的顶端，这类企业资产规模、技术水平、管理水平、筹资能力等相对突出。可以说，企业能否上市，一定程度上说明了企业的实力，股市帮助银行进行了一次客户筛选。但是，不能认为客户是上市公司就降低审查标准，审查需要注意的事项也很多：

（1）关注企业财务数据是否明显优于行业均值，尤其是盈利能力。

（2）关注企业的股权结构，如果股东变动过于频繁，需要注意管理层的风险。

（3）关注企业的股权质押情况。如果企业将自身大量股权用于质押融资，可能是企业现金流较为紧张，想通过股权质押融资的方式来缓解现金流的压力。

（4）关注企业的重大事项，避免遇到上市公司被 ST 或者被退市的情况。

（5）企业高管层是否出现辞职或重大变动。

（6）关注企业股价走势，股价往往是企业经营的一个晴雨表。

**（九）财务因素**

财务分析是企业分析中的定量分析部分，是信贷审查人员必须具备的基本技能。信贷审查人员如果不懂财务分析，就会面临“盲人骑瞎马，夜半临深池”的困境。

信贷审查中的财务分析，要本着抽丝剥茧的态度，去还原经济数据背后的经济行为，进而分析企业的经营能力与盈利能力，最终分析企业的偿债能力。在财务分析时，我们由宏观到微观分析。首先，我们要看《审计报告》中会计事务所的意见。其次，是财务分析的重要方法：比较法。通过比较，发现波动较大的科目，以及余额占总资产比例较高的科目，对该类科目进行重点分析。

最后，是对三大报表及财务指标的具体分析。

**1. 分析会计事务所对审计报告的意见**

审计报告必须是由具有从事审计业务资格的会计师事务所出具的法律文件，一般是由两名注册会计师签发。

无保留意见就是对所提供的财务报表核对相关账务后没有意见，也可以说是这份报表客观表述了企业的财务情况。又可以分为不带强调事项段无保留意见的审计报告（即标准无保留意见的审计报告）和带强调事项无保留意见的审计报告，两者相同之处：会计报表仍然是符合《企业会计准则》，在所有重大方面仍然公允地反映了企业财务状况和经营成果；不同的是，带强调事项的无保留意见的审计报告是注册会计师本着职业谨慎原则要求，需要对会计报表某些事项或内容作出说明或提示，以便报表的阅读者理解这些内容。

保留意见就是对企业所提供的财务报表某一部分有不同看法，但是对整份报表的意见还是比较客观表述了企业财务情况。对于此种类型的审计报告，阅读者一定要小心，引起充分重视，仔细阅读报告中相关提示和意见。

否定意见就是对企业所提供的财务报表有完全不同的看法，此报表不能客观反映企业财务情况。

无法表示意见就是注册会计师对此财务报表与相对应的账务无法发表意见。此种类型审计报告说明企业存在高度的风险性，企业会计报表已经没有任何阅读价值。

整体上说，从最优排序就是“无保留意见”大于“保留意见”大于“否定意见”大于“无法表示意见”，建议直接退回处理。

**2. 财务报表分析方法——比较法**

纵向比较法：纵向对比指和本企业的历史数据相比较。这里纵向比较可以是两期，也可以是多期，两者要结合起来一起用。审查时可以通过两期比较看波动情况，通过多期比较看趋势。两期比较时，关注波动较大的科目，是指近年余额变动较大的财务科目，财务科目大幅变动，往往表示企业有相应的经济行为。多期数据比较时，通过比较发现企业的经营趋势，同时预测未来，比如企业的收入逐年增长，净利润逐年下降之类的发展趋势。某一企业，2016 年

12 月报表数据显示短期借款 25 亿元，长期借款 10 亿元，没有应付债券；而 2015 年 12 月报表中短期借款 5 亿元，长期借款 30 亿元，应付债券 10 亿元。我们来分析一下，企业的应付债券到期偿还，且目前应付债券余额为 0，而企业的长期借款减少了 20 亿元，短期借款增加了 10 亿元，说明企业的负债结构出现恶化，外部借款主要以短期借款为主，企业的短期偿债压力很大。如果从损益表中发现企业的经营情况恶化，2015 年还是大幅盈利，2016 年因为行业不景气已经出现小幅亏损，那就要慎重了。极有可能是很多银行看不清这家企业的走势，或者说不看好企业的未来，因此采取短期借款的形式介入，便于在出现预警信息时及时退出。如果本行还在大量以长期借款的形式介入，一旦出现问题，则无法脱身。

再比如，某企业的固定资产在 2015 年为 2 亿元、2016 年为 10 亿元，固定资产大幅增加了 8 亿元，就要深入分析，企业是不是买了房子、设备等。如果是买了用来办公的房产，那么可以查看房产证，看是商业、住宅还是工业地产？买房子的资金怎么来的？其中自有资金是多少？多少来自金融机构的贷款？是哪家金融机构做的贷款？贷款的期限、利率、金额、还款方式等。如有必要，可以查看借款合同、购房合同、支付凭证等资料。如上分析，抓住这一点就可以深入分析企业的这一行为对企业造成的影响。

同时，对于同一客户，还需要比较发现，在同一时点余额占总资产比例较高的科目，即重大科目。这种情况在重资产企业中表现尤为明显，比如高速公路企业，其固定资产科目余额较高，且主要是道路。再比如有的企业短期借款占总负债的比重过高，而长期借款很少，这时就需要关注企业的融资结构是否合理，以及企业是否有足够的资金用于偿付到期的短期借款。

横向比较法：这里要说明的是，不同行业的资产负债结构有所不同，也要通过同行业的不同客户来进行横向比较。比如建筑行业、贸易行业客户的应收应付科目占总资产比例较高，而重资产类行业如重工业、港口行业客户的固定资产科目占总资产比例较高。要通过这种横向比较发现授信客户在本行业中的地位以及是否符合本行业的特点，进而判断企业财务数据的真实性、合理性。

### 3. 财务报表分析的资料

为了达到分析的目的，在具体分析之前应当充分掌握相关的数据和资料：

（1）企业 3—5 年经会计师事务所审计的财务报告。凡在深圳交易所上市的公司，过去 4 年的核心财务数据和指标，都可以直接查阅深交所网站（www.szse.cn）2009 年 2 月推出"上市公司信息服务平台（XBRL）"，在这个信息服务平台上有公司 11 个财务比例指标，三张报表基本数据。

（2）同一行业企业的相关资料，比如同行企业的报表、同行业技术指标、同行业企业平均财务指标等数据，这一点非常重要。

（3）同一行业协会、主管部门、监管部门公布的行业发展报告，行业最新统计数据，行业最新排名和市场调查情况。

（4）国家统计局、中国人民银行、发改委、商务部、海关等政府权威部门发布最新统计公告和数据等。

（5）其他社会知名机构对行业发展，社会经济发展分析评估报告等。

### 4. 关注三大报表

对三大报表的分析思路是：

（1）对资产负债表结构及主要报表项目进行分析；

（2）对利润表结构及主要报表项目进行分析；

（3）对现金流量表三类活动现金流量结构及主要项目进行分析；

（4）将三张主表联系起来分析。

具体如下：

（1）资产负债表分析

首先，通过资产负债规模及结构，初步判断企业整体情况。尤其要关注企业规模，资产规模可以从总资产里面看出。关注资产规模，是因为整体来说，大企业的抗风险能力要强于中小企业。其次，分别对资产结构、负债结构、所有者权益结构做分析，通过对具体财务科目的分析，了解企业具体情况。最后，用比较法去分析重点科目，由此判断企业的发展趋势。

（2）损益表分析

分析利润表，首先应分析当期的主营业务收入的变动及构成情况；其次，分析当期的利润总额及其构成；再者，就企业本期的利润率与行业均值进行横向比较，找出差距和努力方向；随后再将本报表最近几期的相关项目进行纵向比较，分析出企业的发展趋势。

（3）现金流量表分析

首先，应对现金流入和现金流出的结构以及流入流出比进行分析，判定现金收支结构的合理性。尤其要关注经营性活动净现金流，这部分数据显示了企业的盈利活动创造现金流的能力，是相对可控的一部分现金流。投资性活动现金流，要关注资金流动情况与企业在建工程的匹配情况。其次，筹资活动产生的现金流不可控，但保持正值说明企业具有一定的融资能力。往往在银行收回贷款的时候，筹资性活动现金流为负值。最后，利用现金流量表主表的数据结合资产负债表和利润表，通过经营现金净流入和投入资源的比值计算企业获取现金的能力。最后根据现金流量表附表的相关数据计算净收益营运指数和现金营运指数，据此判断收益质量的好坏。

**5. 主要财务报表分析**

（1）资产负债表

a. 资产科目

**货币资金：**看企业的货币资金构成，及企业有多少资金是可以自由支配的，有多少资金是不可支配的保证金（质押资金），有多少是其他不可支配资金。有的企业货币资金科目余额较高，但如果可支配资金较少，则企业的资金周转会存在压力。有的企业通过保证金开票，导致货币资金中有大量的保证金，需要关注。

**应收账款：**要关注企业应收账款的账龄，以及应收账款的债务人情况。这时往往会要求企业提供前五大债务人名称、金额、债务原因、回收的可能性等信息。审查时还需要关注应收账款是否有相应的坏账计提准备。

**其他应收款：**其他应收款是企业最容易藏污纳垢的地方，其他应收款中主要为履约保证金、垫付款项、代收款、关联企业之间的往来款、股东借款、政府建设基金等。尤其要防止关联企业之间的大额资金挪用，或企业通过做大应收来做大资产的情况。重点要关注该科目的合理性。

**存货：**存货科目主要是原材料、半成品、在产品、库存商品、未结转的工程施工。重点关注两点：一是存货的明细是否是企业主营业务中使用的；二是存货科目余额是不是占总资产比例较高。如果存货主要项目不是主营业务相关的，需要说明原因，这一块实际情况中也往往是与主营相关的。如果存货占总资产比例较高，则需要注意企业的销售情况是否正常，是否存在存货积压等情况，企业销售渠道是否通畅。存货变现的容易程度，是影响企业资金周转的重要因素，信贷审查人员要详细分析企业存货的种类和特点。例如：服装企业的存货中如果成品较多，该类产品如果滞销就会大幅度贬值，极有可能影响企业后续利润；黄金、铜等生产企业存货中该类产品的流通性好，价格跟随市场变化，不存在销售问题。

**固定资产：**固定资产主要是房屋及建筑物、机器设备、运输设备、办公设备、电子设备等。要注意固定资产的取得时间、折旧方法、使用年限、抵质押情况。如果主要的固定资产被抵押到银行去融资，这说明企业的融资能力有限，或者现金比较紧张。融资能力有限，是因为企业情况以及市场认可情况一般，需要抵押才能融到资。有的龙头企业盈利能力较强，市场认可度较高，往往可以信用的方式取得融资。资金比较紧张，是因为企业都需要把固定资产拿去融资，说明企业比较需要资金，当然这一块还需要结合企业的生产经营、货币资金情况来分析。

还应该关注固定资产是否已经过时、有账无物。

**在建工程：**要关注在建工程的实际情况，特别是如果有已经投入使用而未转入固定资产的在建工程，要关注未转入的原因，如数额较大，极有可能是为了少入成本（即：少了折旧费用和财务费用，因为相关利息费用仍可以资本化，计入在建工程，不计入损益表中的成本和财务费，进而虚增利润）美化报表，就要对企业的实际运营情况进行深入了解分析。

**长期股权投资：**如果是单一报表，企业对外企业投资要记入长期股权投资。如果是合并报表，那么合并范围内的企业就不需要纳入长期股权投资科目了，而那些未计入合并报表的企业就需要纳入长期股权投资科目。我们在分析财务指标时，往往会分析企业的合并报表，而在合并报表的情况下，纳入长期股权投资科目的企业往往是企业持股比例不到 50% 的或者间接持股的企业。企业通过对外长期股权投资，每年会根据被投资情况的情况收取相应收益，该部分收益会记入损益表中的投资收益中。

**投资性房地产：**往往包含已出租的土地使用权、持有并准备增值后转让的土地使用权和已出租的建筑物。下列各项不属于投资性房地产的有：自用房地产（应计入固定资产）、作为存货的房地产（应计入存货，主要是指房地产企业）。因此，要注意识别房产的使用情况。另外，需要关注本科目的计量方法，包括采用成本模式计量的投资性房地产和采用公允价值模式计量的投资性房地产。如果是采取公允价值模式计量的话，要关注房产的公允价值与实际情况是否相符，防止企业通过公允价值计量的方法虚增资产。

**无形资产：**主要是土地使用权、商标、著作权、专利权等。尤其是土地使用权情况，需要关注。部分平台类企业，政府将大量土地资产注入这类企业，但这些土地性质以划拨为主，难以变现。因此，需要关注无形资产的具体内容。

**预付账款：**主要是预付的工程款、预付分包款、预付的材料款等。预付账款较高，说明企业在与上游客户交易时处于弱势地位。预付账款较低，说明企业在与上游客户交易时处于强势地位。

**可供出售金融资产：**通常是指企业初始确认时即被指定为可供出售的非衍生金融资产，以及没有划分为以公允价值计量且其变动计入当期损益的金融资产、持有至到期投资、贷款和应收款项的金融资产。要注意其账务处理的合理性。

要注意，集团内一些核心企业被集团用作融资平台，通过核心企业大量对外融资，资金通过购买理财、信托资产等方式，转移到集团内其他关联公司使用，存在资金大额挪用的潜在风险。这时不能因为核心企业盈利能力强就大量给予贷款，要综合考虑集团的整体情况，给予合理的授信额度。

b. 负债科目

**预收账款：**作用与预付账款类似，用于说明企业在交易时的地位。预收账款较高，说明企业在与上游客户交易时处于强势地位。预收账款较低，说明企业在与上游客户交易时处于弱势地位。

**应付账款：**分析过程和应收账款类似。

**其他应付款：**分析过程和其他应付款类似。

**短期借款：**要分析短期借款中借款银行的情况，重点分析三个部分：

第一，授信银行中是否有大行参与，大的银行（如五大行、政策性银行、全国性股份制银行）参与说明该企业得到市场主要银行的认可。如果授信银行都是城商行、农信社、高息的信托与资产管理公司，这说明企业的市场融资能力一般。

第二，需要关注借款中信用借款、保证借款、抵押借款、质押借款的具体构成。如果企业主要是以信用的方式融资的话，说明企业较为强势，一般是龙头优质企业或国有企业，可以适当参照他行以信用的方式予以授信。如果他行主要是抵质押或保证的方式进行融资，那么要考虑本行的担保方式不得明显弱于他行，至少要于他行持平。

第三，要看企业的短期借款、长期借款、应付债券、应付票据等所有外部融资的总额中，短期借款所占比例。要根据企业的性质判断企业的长短期借款结构是否合理，如一家制造企业，90% 为短期借款，则一旦企业出现经营不稳定情况，或者银行抽贷、断贷，企业就会陷入资金紧张的局面。尤其是企业的可支配资金较少时，这种风险会更大。

**长期借款：**主要是项目借款和中期流动资金借款，分析过程与短期借款的分析过程基本一致，分析具体结构、大行参与情况，以及分析长期借款占外部融资比例。但还需要关注，长期借款的资金是否与项目对应。如果企业没有项目，做的也是中长期流动资金贷款，这说明银行对该企业比较认可。但是对于企业的在建项目，要分析是否有相应的长期借款资金相匹配，以及在建项目对企业未来的影响。如果没有长期资金去匹配项目，则企业很可能存在短贷长用的情况，就会面临非常大的还款压力。

**应付债券：**应付债券余额不为 0 的企业，即为发债企业。这类企业整体情况较好，如果外部评级较高，则企业的外部筹资渠道会比较畅通。这时，可以考虑企业的发债资金也是能够作为第二还款来源的。

**一年内到期的长期负债：** 指一年内到期的全部长期负债，计入流动负债的原因，是为了更好地计量企业的流动负债，反映企业的真实财务情况。

c. 权益科目

**实收资本：** 指投资者按照企业章程、合同或协议的约定，实际投入企业的资本。其来源可以为股东货币、非货币性资产投入，也可以为资本公积转入实收资本。实收资本为股东实际缴付但未超过注册资本的资金，若超过注册资本则超过部分计入资本公积。

**资本公积：** 指企业在经营过程中由于接受捐赠、股本溢价以及法定财产重估增值等原因所形成的公积金。在实际审查中发现，上市公司容易出现股本溢价的情况。其他企业尤其是民营企业，容易出现法定财产重估增值的情况，这时需要考虑资产增值情况是否合理（往往是公允价值法进行重估，这时要结合成本法以及周边类似物业的价值进行分析），以避免企业虚增资产。

**未分配利润：** 是企业历年未分配利润积累形成的，当年的未分配利润往往是上一年度的未分配利润加上本期净利润。有的企业近几年未分配利润过高，明显偏离正常情况，这样做的原因一是为了做大资产，二是为了增强企业的可担保额度，尤其是在分析担保人的时候尤其注意这一点。

**权益类债务：** 企业用可续期债券或永续债的形式，把外部融资计入所有者权益，起到了降低资产负债率的情况。在信贷审查时，要注意分析企业的真实资产负债情况，以及这部分债务支付的成本是否明显高于债务融资的利率。

（2）损益表分析

**主营业务收入：** 主营业务收入是企业利润的重要来源，是损益表分析的重点。

第一，要分析主营业务收入的具体构成。有的企业主营业务大幅增长，营业利润也没有明显变化，如某生产型企业2016年的主营业务收入为60多亿元，而2015年为40亿元，审查发现增长的20多亿元，基本都是毛利润极低的贸易收入。从这些数据看，这说明企业是在刻意做大收入，有可能是上级部门考核的需要，也可能是财务报表评级的需要，但这部分收入对企业盈利的影响较小，对最终的还款能力的提高作用也不大，信贷审查中要注意这些问题，不要为表面文章迷惑。

第二，分析主营业务收入的趋势。要纵向比较近几年的主营业务收入是增长、下降，还是基本持平。对于出现大幅增长或大幅下降的情况，需要仔细审查其真实原因。如是不是行业处于下行期，是不是企业的竞争优势在逐渐失去等，都需要深入分析。这一块就很好体现了宏观分析的重要性。

第三，要核实主营业务收入的真实性。通过企业的贸易合同、库存、行业地位、产品销售情况、产能、流水等形式进行核实。

**财务费用：**指企业在生产经营过程中为筹集资金而发生的筹资费用。包括企业生产经营期间发生的利息支出（减利息收入）、汇兑损益（有的企业如商品流通企业、保险企业进行单独核算，不包括财务费用）、金融机构手续费，企业发生的现金折扣或收到的现金折扣等。但在企业筹建期间发生的利息支出，应计入开办费；为购建或生产满足资本化条件的资产发生的应予以资本化的借款费用，在“在建工程”“制造费用”等账户核算。

（1）利息支出，指企业短期借款利息、长期借款利息、应付票据利息、票据贴现利息、应付债券利息、长期应付引进国外设备款利息等利息支出（除资本化的利息外）减去银行存款等利息收入后的净额。

（2）汇兑损失。

（3）相关的手续费，指发行债券所需支付的手续费（需要资本化的手续费除外）、开出汇票的银行手续费、调剂外汇手续费等，但不包括发行股票所支付的手续费等。

（4）其他财务费用，如融资租入固定资产发生的融资租赁费用等。

在信贷审查过程中，要对财务费用进行核实。对于刚开始做信贷工作的审查人员来说，往往看到企业有大量的长、短期借款及应付债券，但是企业损益表中的财务费用较低，表示难以理解。实际上财务费用涉及有息负债、资本化与费用化、货币资金的利息收入等。因此，有息负债虽然高，但是如果长期借款占刚性负债及银行负债的比例较高，且长期借款资本化的较多，那么财务费用可能会偏低。尤其是部分大企业往往会预留很多资金在账上，或者存了大量的保证金，那么这些货币资金的利息收入是可以抵扣财务费用的。因此，财务费用是一个涉及面较广的科目，审查的时候要注意核实，是否存在明显与资产负债表中信息不一致的情况。

**营业利润：**营业利润是企业最基本经营活动的成果，也是企业一定时期获得利润中最主要、最稳定的来源，更是归还银行贷款的重要资金来源。尤其是综合授信产品，营业利润更是贷款本息的第一还款来源。营业利润随着主营业务收入变动而变动。但要注意，对于劳动密集型企业，在企业收入出现大幅下降的时候，人工成本难以控制下来，除非大幅裁员或大幅降薪，这两点都难以办到。必须关注到这一点，因为人工成本会快速吃掉企业的利润，并且这类企业也难以快速转型。

**投资收益：**指对外投资所取得的利润、股利和债券利息等收入减去投资损失后的净收益。投资收益往往是资产负债表中长期股权投资科目中对外投资产生的投资收益，企业持有上市公司股权因此产生的股本利得，以及企业投资国债、企业债等债券获得的利息收入。实际审查中发现很多企业营业利润较低，但投资收益较高的情况，这时，可以让企业提供投资收益明细，或者通过审计报告去核实其中的投资收益情况。第一要核实投资收益是否真实；第二要核实投资收益是否稳定。

**营业外收入：**指企业确认与企业生产经营活动没有直接关系的各种收入。营业外收入主要包括：非流动资产处置利得、非货币性资产交换利得、出售无形资产收益、债务重组利得、企业合并损益、盘盈利得、因债权人原因确实无法支付的应付款项、政府补助、教育费附加返还款、罚款收入、捐赠利得等。

部分企业在大量亏损或经营困难的时候，通过固定资产如房屋、土地的处置，以及股权变卖的形式去获取资金，以保障企业正常的经营。这种情况下企业虽然处于艰难经营期，但企业还可以处置资产，需要关注企业的可变现资产情况，包括变现能力、总价值等。

当然，还需要关注到有的企业就是投资性企业，对于资产的态度就是低买高卖，这种情况下不要以为企业经营出现问题。尤其是集团合并报表的时候，集团有 AMC 板块，要视作企业的正常经营。

**所得税：**所得税是国家对我国内资企业和经营单位的生产经营所得和其他

所得征收的一种税。对于主营业务清晰的企业，具有较稳定的所得税率。因此，可以通过所得税来核实企业的利润总额与主营业务收入情况。还有，要关注企业的所得税税率，如果企业主营业务清晰稳定，但是根据企业提供的损益表中数据计算出的所得税税率波动较大，就需要核实具体原因。

（3）现金流量表

a. 现金流是企业的生命线

现金流对于企业来说就好比人体的血液，只有血液充足且流动顺畅人体才会健康。企业现金流充沛，常年保持现金流为正，这样的公司相对来说才健康。而一家公司现金流常年紧张，资产负债率过高，应收账款余额占了营业收入很大的比例，那么这样的公司就非常危险，一旦遇到危机，结果就难以预测。可以说，现金流是一家公司的生命线。

现实生活中，部分煤炭企业的煤炭开采成本已经高于其销售价格，但是为何这些煤炭企业没有关门停业呢？这是因为，虽然企业在亏损销售，但其大量固定资产折旧和现款支付货款，能给企业带来一定的现金流，这些现金流可以帮助企业渡过行业的寒冬。

b. 经营活动现金净流量反映出的财务状况

现金流量结构十分重要，总量相同的现金流量在经营活动、投资活动、筹资活动之间分布不同，则意味着不同的财务状况。一般情况下：

当经营活动现金净流量为负数，投资活动现金净流量为负数，筹资活动现金净流量为正数时，表明该企业处于产品初创期。在这个阶段企业需要投入大量资金，形成生产能力，开拓市场，其资金来源只有举债、融资等筹资活动。

当经营活动现金净流量为正数，投资活动现金净流量为负数，筹资活动现金净流量为正数时，可以判断企业处于高速发展期。这时产品迅速占领市场，销售呈现快速上升趋势，表现为经营活动中大量货币资金回笼，同时为了扩大市场份额，企业仍需要大量追加投资，而仅靠经营活动现金流量净额可能无法满足所需投资，必须筹集必要的外部资金作为补充。

当经营活动现金净流量为正数，投资活动现金净流量为正数，筹资活动现金净流量为负数时，表明企业进入产品成熟期。在这个阶段产品销售市场稳定，已进入投资回收期，但很多外部资金需要偿还，以保持企业良好的资信程度。

当经营活动现金净流量为负数，投资活动现金净流量为正数，筹资活动现金净流量为负数时，可以认为企业处于衰退期。这个时期的特征是：市场萎缩，产品销售的市场占有率下降，经营活动现金流入小于流出，同时企业为了应付债务不得不大规模收回投资以弥补现金的不足。

c. 经营活动现金流

现金流量表第一分类“经营活动的现金流量”是企业正常经营活动产生的现金流量，主营业务是这一分类的主要构成。主营业务突出、收入稳定是企业运营良好的重要标志，所以这一指标可以说是企业的脊梁。现金流入为正数，通常说明企业经营进入良性循环，销售带来现金流入，而现金流入越大，企业经营越稳健、越成功。当然也不能一概而论，从长期来看，只有当企业经营活动产生的现金流量大于零并在补偿当期的非现金消耗成本后仍有剩余，才意味着企业经营活动产生的现金流量已经处于良好的运转状态。

在经营活动现金流量分类中，要重点关注的是“销售商品、提供劳务收到的现金”，我们可以将它同利润表中营业收入总额相对比，以大致判断企业现款销售率。高收现率是企业经营管理者成功管理的结果，亦表明企业产品定位正确、适销对路，并已形成卖方市场的良好经营环境，尽管现金流入有可能包括前期因商业信用产生的应收票据或应收账款的收回，但这一因素可以不做太多的考虑，因为从较长一段时间来看（例如，两年三年或更长），除非经营环境发生重大变化，否则应收账款年平均收现率差异不会太大，这一差异对每年现金流量的影响也会抵消。

在经营活动的现金流量分析中，除分析“销售商品、提供劳务收到的现金”以外，“购买商品、接受劳务支付的现金”一项，还可用于成本分析。将企业主营业务成本与购买商品、接受劳务支付的现金相比较，可以知道企业实际成本是否过高，从而可以更加清楚地认识到企业目前所面临的形势是否严峻。

对于销售收到现金高而购买支付金额低，还需要分析是否存在销售收入虚假的情况。

最后，经营活动产生的现金流净额为正，也说明企业的经营正常，则经营活动在增加企业的既有现金，导致企业的现金趋于充裕的情况。如果经营活动产生的现金流净额为负值，则经营活动在消耗企业的既有现金，导致企业的现金趋紧的情况。

d. 投资活动现金流

公司的投资活动是指与公司原定期限在 3 个月以上资产有关的交易活动，包括公司长期资产的构建和不包括在现金等价物范围内的投资及其处置活动。

在观察现金流量表的投资活动产生的现金流量时，还应该仔细研究投资活动中的对内投资和对外投资的关系。通常情况下，公司要发展，长期资产的规模必须增长，一个投资活动中对内投资的现金净流出量大幅度提高的公司，往往意味着该公司面临着一个新的发展机遇，或者一个新的投资机会；反之，如果公司对内投资中的现金净流入量大幅度增加，表示该公司正常的经营活动没有能够充分地吸纳其现有的资金。公司对外投资产生的现金净流入量大幅度增加时，说明该公司正大量地收回对外投资额，可能内部的经营活动需要大量资金，内部现有的资金不能满足公司经营活动的资金需要；如果一个公司当期对外投资活动的现金净流出量大量增加，说明该公司的经营活动没有能够充分地吸纳公司的资金，从而游离出大笔资金，通过对外投资为其寻求获利机会。

如果公司的投资活动产生的现金净流量不大，只是对内投资与对外投资之间产生结构性变化，则比较直观。当公司对内投资的现金净流出量大幅度增长，即对外长期投资的现金净流入量大幅度增长，可能是公司获得了新的市场机会，一时不能从公司外部筹集到足够的资金，只有收回对外投资；反之，如果对外投资现金净流出量大幅度增加，说明公司正在缩小内部经营规模，将游离出来的资金对外投资，寻求适当的获利机会。

实际上在分析投资活动产生的现金流量时，还应该联系到筹资活动产生的现金流量来综合考虑。在经营活动产生的现金流量不变时，如果投资活动的现金净流出量主要依靠筹资活动产生的现金净流入量来解决，这就说明公司的规模扩大主要是通过从外部筹资来完成的，这意味着该公司正在扩张。

例如，某公司 2016 年经营活动现金流量净流入 5.7 亿元，同时投资活动的现金流量为净流出 5.2 亿元，说明公司正处于不断发展壮大之中，投资规模不断扩大。

信贷审查的时候，要通过现金流的情况来还原企业的经济行为。尤其是投资性活动现金流出较大的时候，往往说明企业正在进行重大项目建设，要分析企业在建项目的进度、投资情况、投资资金来源、该项目对企业未来的影响等。

e. 筹资活动现金流

筹资活动是指导致公司资本及债务规模和构成发生变化的活动，包括吸收投资、发行股票、借入和偿还资金、分配利润等活动。当一个公司对本期实现的利润减少向投资者分配或者不分配，实际上就相当于在向投资者筹集资金，所以，利润的分配活动也属于公司的筹资活动。

分析公司的现金流量表，从现金流量表上“筹资活动产生的现金流量”项目中，可以了解该公司的筹资活动。如果筹资活动的现金净流入量大幅度增加，则该公司在扩大其经营规模，说明公司现有的资金不能满足经营的需要，又获得了新的市场机会需要从公司外部大量筹集资金；如果筹资活动的现金净流出量大幅度增加，则说明本期大量的现金流出公司，该公司的规模在收缩。对上市公司来说，除了与其他公司所共有的贷款等间接融资功能以外，还有一项特有的在证券市场上直接融资的功能。如果某一会计期间，该上市公司实现了在股市上的融资，将使该期筹资活动的现金流入量大幅增加。

如果筹资活动产生的净现金流为正，说明企业筹资渠道比较通畅。如果筹资活动产生的净现金流为负，说明企业可能筹资渠道比较受阻。加上“可能”两字，是因为还有可能企业是处于稳定发展的企业，不需要太大投资，因而不需要筹资，反而还有可能有结余资金偿还债务、分配股利等，这个阶段的企业若想筹资是比较容易的。

要注意分析以下情况：当企业筹资活动产生的净现金流为正且金额较大的时候，要分析企业为何大量融资，以及资金来源、资金使用情况；当企业筹资活动产生的净现金流为负且金额较大时，说明授信银行开始抽贷，要注意分析企业是否有足够的资金去应对这种压力；或者说明企业盈利较强，在依靠净利润偿还银行贷款。另外，如果各家银行开始从企业退出的时候，是难以依靠某一家银行去支撑企业的融资需求的，信贷审批的时候要审慎对待。

**6. 财务指标分析**

财务指标分析是指总结和评价企业财务状况与经营成果的分析指标，包括偿债能力指标、运营能力指标、盈利能力指标和发展能力指标。

财务指标分析列表中，更能通过企业纵向的经营指标变化，发现企业经营的趋势。在分析这一块的时候，要深刻理解各个经济指标的计算过程和经济意义。市场上关于财务分析的书籍很多，在此不再赘述。

**7. 合并报表与母公司报表分析的逻辑**

财务分析的时候，需要对合并报表和本部报表两者进行分析。下面，我们以集团客户为例，分析合并报表和母公司报表的审查要点。

（1）母公司报表与合并报表的关系

母公司报表是以母公司个体作为会计主体进行报告的；合并报表的会计主体则包含母公司及其控制下的所有子公司（孙公司）。所以基本上，合并报表的过程就是：

第一，将母公司报表和子公司报表加总的过程；

第二，将集团内部交易事项抵消的过程。

比较合并报表和母公司报表数据，一般合并报表数据会大于母公司数据，因为将子公司的各项资产、负债加进来。但是如果出现越合并越小的现象，那就说明母公司与子公司之间进行了很多内部交易，子公司对外的交易小于抵消的数额，于是就越合并越小了。

（2）母公司报表的作用

a. 有利于分析母公司在集团中的职能

我们可以通过母公司中的损益表，看出公司本部的收入情况，进而看出母公司在整个集团中的职能。比如，一家大型制造型国企，母公司本部主营业务收入与合并报表中的主营业务相比，如果占比较低，说明母公司很可能只是管理职能，主要生产经营是子公司在负责；如果占比较高，说明母公司可能负责主要的生产经营，而子公司则负责配套的工作，如销售、配件、维修等。

一般来说，主要负责管理职能的母公司，其净利润主要来自子公司的分红或投资收益。

b. 有利于分析母公司在财务管理方面的作用

我们可以通过对母公司报表中的资产负债表，看出母公司本部的融资情况，进而可分析出母公司在集团财务管理方面的作用。比如，对于一家大型企业，母公司本部授信额度与合并报表中的授信额度相比，如果占比较低，说明可能子公司负责项目的建设融资、自身经营融资，甚至子公司可以向母公司融资，但是母公司也要收财务费用；如果占比较高，说明母公司很可能是一个投融资平台，集团的筹资主要由母公司来进行。这是因为，母公司层级较高，规模较大，相对子公司融资来说，母公司融资的资金成本较低，授信额度较大，因此更有优势。

上文中，授信额度可以用一个公式进行估算：授信额度 = 短期借款 + 长期借款 + 应付债券 + 应付票据的敞口部分 + 一年内到期的非流动负债里面的金融机构借款。母公司的授信额度，甚至可以从贷款卡查询中看出来，只是贷款卡中的数据往往少于实际情况。比如：征信数据更新较慢，或信托贷款未计入银行征信。

c. 有利于分析集团的重大事项

可以通过对母公司报表中的资产负债表，分析出集团的重大事件。比如，母公司原来实收资本 10 亿元，资本公积 30 亿元。2016 年 10 月，公司引入一个战略投资者 5 亿元，其中 1 亿元计入实收资本，4 亿元计入资本公积。这样，我们通过纵向比较法，可以根据 2015 年与 2016 年的财报，看出母公司报表中实收资本变为 11 亿元，资本公积变为 34 亿元。而如果看合并报表，很可能由于企业的下属子公司房产评估增值，导致合并报表的资本公积余额变化高达 10 亿元，其中 4 亿元战略投资者投入、6 亿元是资产评估增值。我们发现，通过对母公司报表进行分析，能更加清晰地看到战略投资者扩股增资这一事件对企业的财务影响，以及资金流的情况。

（3）合并报表的作用

合并财务报表反映的是母公司和子公司所组成的企业集团整体的财务状况

和经营成果，反映的对象是由若干个法人组成的会计主体，是经济意义上的会计主体，而不是法律意义上的主体。个别财务报表反映的则是单个企业法人的财务状况和经营成果，反映的对象是企业法人。

因此，合并报表反映出来的，是整个集团作为会计主体的财务状况和经营成果，我们可以通过合并报表看出集团的整体实力。

### （十）全国法院被执行人信息

为推进社会信用体系建设，对失信被执行人进行信用惩戒，促使其自动履行生效法律文书确定的义务，根据《中华人民共和国民事诉讼法》相关规定，最高人民法院制定了《关于公布失信被执行人名单信息的若干规定》，向社会开通“全国法院失信被执行人名单信息公布与查询”平台，社会各界通过该平台查询全国法院（不包括军事法院）失信被执行人信息。

在最高人民法院网查询全国法院被执行人信息的，可以直接在最高人民法院的“全国法院被执行人信息查询”专网进行查询。进入该网后，就可以根据被执行人的姓名、单位名称、身份证号码或组织机构代码证中的任一项进行查找，操作简单方便。最高人民法院的“全国法院被执行人信息查询”专网的网址：http：//zhixing.court.gov.cn/search/。进入页面如下：

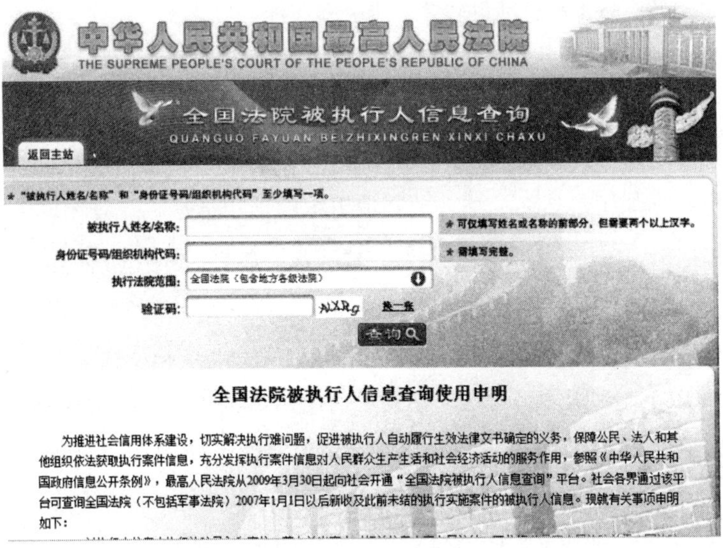

授信申请人、担保人、集团、实际控制人、法人代表都需要去查询全国法院被执行人信息。实际操作中，民企实际控制人（及其配偶）与法人代表（及其配偶）都需要查询，而国企只需要查询法人的被执行人信息，不用查法人代表。且一般情况下，查了全国法院被执行人信息，往往就需要查一下相应的征信情况。关于征信，后面单独介绍。

全国法院被执行人信息的查询途径有很多，除了国家企业信用信息公示系统等官方平台，其他如“企查查 APP”也可以查询。不过需要说明的是，全国法院被执行人信息查到的都是已经有法院执行判决结果的案件，但对正在诉讼中的案件，产生的原因可能查不到，需要客户经理调查清楚。

对全国法院被执行人信息，要看金额大小，看其对企业的生产经营会不会造成重大影响。如一家大型制造企业，年产值 100 亿，里面有一些 20 万—100 万元标的案件，其实对企业影响不大。还有就是分析案件的具体情况，如一家企业安装的广告显示屏质量不行，经常坏，就拖着一直没付相应的款项，后来被安装显示屏的厂家诉讼，金额也只有 100 万元，数额不大，对这样的标的额和相关因素，信贷审查中就可以不作为影响企业信用的重大事项。但如果标的额对企业的影响很大，就需要注意；或者金额虽然很小，但是数量较多，可能是企业的产品质量不高，涉诉较多，也需要关注。

### （十一）征信情况

征信在中国是个古老的词汇，《左传》中就有“君子之言，信而有征”的说法，意思是说一个人说话是否算数，是可以得到验证的。征信是依法收集、整理、保存、加工自然人、法人及其他组织的信用信息，并对外提供信用报告、信用评估、信用信息咨询等服务，帮助客户判断、控制信用风险，进行信用管理的活动。

中国人民银行组织商业银行建成的企业和个人征信系统，已经为全国 1300 多万户企业和近 6 亿自然人建立了信用档案。这也就是说，这些企业和个人从事经济金融活动的信用状况将被记录到“经济身份证”上，成为与本企业（本人）永远相伴的档案。如果逾期还贷或有其他违反合同的规定，那么“经济身份证”将被抹上灰色的一笔，今后向银行申请贷款就可能面临更加谨慎和挑剔的目光。

征信分为企业征信与个人征信。企业征信主要是收集企业信用信息、生产企业信用产品的机构；个人征信主要是收集个人信用信息、生产个人信用产品的机构。

关于个人征信，2009 年 10 月 12 日公布的《征信管理条例（征求意见稿）》中首次对于个人信用污点记录的保留时长进行明确，即信用不良记录 5 年之后将不再公布，犯罪记录公开的时效则为 7 年。但对于企业征信，目前民企暂未明确对于负面记录保存年限的问题。在国外，一般企业负面记录保留 5—7 年，破产记录一般保留 10 年，正面记录保留的时间更长，查询记录一般保留 2 年。这对查公司法人代表的信用很有意义。

上面已经提到，征信查询往往是与全国法院被执行人信息一起查询，并作为附件放到基础材料里面去的。对于个人，往往显示个人目前的银行贷款信息，如买房买车等消费贷款、个人经营性物业贷款、信用卡等，一旦有逾期欠息情况发生，里面都会负面记录。如果是小额的信用卡逾期两三天的情况，往往企业会解释为相应人员的工作比较忙，晚了两天。如果少量出现是可以接受的，如果大量出现可能说明自然人的信用记录不好，没有按时还款的习惯，其还款意愿值得商榷。

对于公司客户，往往上面会显示企业目前的关联企业，出账金额、贷款余额、贷款期限，已结清、未结清的逾期、欠息记录，企业的五级分类，里面的内容比较丰富，每一部分都值得注意一下。如果征信系统上企业融资额与资产负债表中的数据不一致，需要关注一下。原因可能是信托贷款没有列到征信里去，也可能是征信更新不及时所致。但无论如何，一旦企业出现逾期欠息情况，就需要关注。有些逾期欠息情况是因为银行的系统问题导致的，或者企业把钱打错了账户在第二天就归还了的，这类问题往往需要相应的银行出具说明，以佐证相关信息的真实性。

### （十二）外部公开信息

随互联网技术的发展，外部公开信息查询渠道很多，比如百度上面就有对一些企业的不良信息（企业拖欠民工工资），上市公司的公告里面提到的一些信息，全国企业信用信息公示系统里面有企业经营异常记录（尤其是列入经营异常名录信息较长，且未被移出）等情况，都需要信贷审查人员予以注意。因为客户会将这部分信息向客户经理隐瞒，或者客户经理调查不深入、不了解这些信息，将导致调查报告里面的信息有所缺失，而这部分缺失的重要信息在公开信息里面可能会有涉及，信贷审查人员不应该局限于客户经理提供的信息，应该扩大查询范围。

## 第六节　项目贷款审核要点

项目贷款审核要点，是指对于项目贷款进行风险分析的要点。对于项目贷款，主要从项目合规手续、项目工艺技术、项目资本金、资金覆盖情况、还款来源、市场分析、内部收益率、实地考察进行分析。因为项目贷款一般还款来源依靠项目自身，且新建项目涉及国家与行内政策、未来销售情况、现金流能否覆盖贷款本息，且往往项目贷款具有金额较大、期限较长、还款来源依赖项目自身现金流、合规性手续较多等特点，因此项目贷款往往审查起来相对于综合授信业务来说，难度大一些。

### （一）项目合规手续

项目进行开工建设，会涉及多个国家监管部门的审批手续。对于手续不齐全的项目，如果开工建设就属于违法建设，项目很可能会被政府勒令叫停。这里违法建设，是指在规划控制区范围内，未经用地、环评、建设、规划行政主管部门批准或违反建设审批规定的建设项目。违法建设项目往往会面临各种处罚，如责令停止建设、限期拆除、没收、责令限期改正、罚款，此时银行会损失惨重。比如房地产开发项目，需要国有土地使用证、建设用地规划许可证、建设工程规划许可证、建筑工程施工许可证，证件缺一不可。如果项目未取得建筑工程施工许可证就已经开始施工建设，就属于上面所说的违法建设了。如发生这种情况，就谈不上项目的后期回款情况了，银行也会遭受损失。

对项目合规性手续的完备性进行审查，是基本要求。如果项目的合规性手续不齐全，那么本行在审批的时候可以设置出账条件，要求出账前取得相关文件，以满足合规性要求。

项目主要合规性文件

| 序号 | 内容 | 出具机构 |
| --- | --- | --- |
| 1 | 可研报告 | ××研究院 |
| 2 | 项目建议书 | 发改委 |
| 3 | 可行性批复 | 发改委 |
| 4 | 用地预审意见或土地证 | 国土局 |
| 5 | 建设项目选址意见书 | 规划局 |
| 6 | 建设用地规划许可证 | 规划局 |
| 7 | 环评批复 | 环境保护局 |
| 8 | 施工许可证 | 县级以上人民政府建设行政主管部门 |
| 9 | 建设工程规划许可证 | 规划局 |
| 10 | 房屋拆迁许可文件 | 国土房管局（涉及拆迁的） |

### （二）项目工艺技术

项目工艺技术方案是指为完成项目产品或服务的生产过程，保证项目正常运行而采用的生产工艺技术或产品或服务生成的方法。信贷审查中要区分项目工艺是国际领先的还是行业即将淘汰的。一般领先的工艺技术，项目的总投入较大，但是具有技术优势，进而单位生产成本会降低，产品质量较高。尤其是技术密集型的项目，如特种材料行业、液晶显示屏行业，项目工艺技术更为重要。而对于房地产、建筑行业，相关工艺非常成熟，不同项目的工艺差别较小。此时，不用过分关注项目工艺水平情况，只需要关注企业的资质即可。另外，工艺先进的项目准入门槛相对较高，更有市场竞争优势。因此，在信贷审查中，应优先支持工艺先进的项目，对于工艺水平偏低、简单的开采性行业，尤其是国家政策开始限制的行业，需要严格把关。

### （三）项目资本金

#### 1. 定义

项目资本金是指在建设项目总投资中，由投资者（一般是股东）认缴的出资额，对于建设项目来说是非债务性资金，项目法人不承担这部分资金的任何利息和债务。投资者可按其出资的比例依法享有所有者权益，也可转让其出资及其相应权益，但不得以任何方式抽回。

**2. 出资方式**

项目资本金出资方式多样化，如货币出资、实物、工业产权、非专利技术、土地使用权及资源开采权。并且工业产权、非专利技术的比例，不得超过总项目资本金的 20%。

**3. 规定**

项目资本金的规定主要分为国家规定和行内规定。

（1）国家规定

《国务院关于调整和完善固定资产投资项目资本金制度的通知》(国发〔2015〕51 号）对项目资本金做了调整，各行业固定资产投资项目的最低资本金比例按以下规定执行。

城市和交通基础设施项目：城市轨道交通项目由 25% 调整为 20%，港口、沿海及内河航运、机场项目由 30% 调整为 25%，铁路、公路项目由 25% 调整为 20%。

地产开发项目：保障性住房和普通商品住房项目维持 20% 不变，其他项目由 30% 调整为 25%。

产能过剩行业项目：钢铁、电解铝项目维持 40% 不变，水泥项目维持 35% 不变，煤炭、电石、铁合金、烧碱、焦炭、黄磷、多晶硅项目维持 30% 不变。

其他工业项目：玉米深加工项目由 30% 调整为 20%，化肥（钾肥除外）项目维持 25% 不变。

电力等其他项目维持 20% 不变。

（2）行内政策

各行政策与国家政策一致，只是细节和标准不同银行有差异。

**4. 项目资本金的核实**

项目资本金是指企业按照国家以及行内要求投入到项目里面的资金。但是，信贷审查人员如何进行项目资本金的核实呢？

（1）看企业有没有出资实力

看企业的出资实力，就是看企业有没有能力拿出项目资本金，这是一个宏观的判断方法。出资实力的判断往往根据申请人的性质以及规模来确定，往往国企、政府、上市公司，以及大中型民营企业具有出资实力。信贷审查人员先确定项目总投资金额（一般数据来自于可行性研究报告或发改委批文），再确定本项目的资本金比例（一般来自于可行性研究报告或其他文件，但项目资本金比例需满足国家及本行的相关要求），将总投资金额乘以项目资本金比例，计算出本项目的项目资本金。对于项目贷款，往往项目资本金金额上亿元，实力较弱的企业难以拿出如此高额的自有资金。如果是中小型民营企业，需要注意项目资本金的来源，部分民营企业会从民间借贷或找其他企业借钱，去用作项目资本金，并因此埋下隐患。因此，必须核实企业实力与项目总投的情况，避免出现“小马拉大车”的情况。

（2）看财务报表

看财务报表，是一个简单的审核方法。项目资本金，往往是项目的注册资本，加上资本公积的资金，这两块资金是企业所有者权益的组成部分。如果这两块科目余额之和，高于项目资本金，且本部分资金已经投入到项目建设了，那么就满足项目资本金的要求。如果这两块科目余额之和低于企业已经投入的项目资本金，就需要密切关注企业所说的项目资本金是否为本行认可的资本金。比如，企业可能会通过股东借款或其他企业借款的方式，计入其他应付款里面，这部分资金也投入到项目建设了，是企业实际投入到本项目中的资金。但由于这部分资金，对于项目公司而言是债权，不满足项目资本金的定义，不能认定为项目资本金。特别是其他应付款中非本集团的第三方的借款，很可能是民间借贷，说明企业项目建设资金不足，需要民间借贷来满足银行项目资本金的要求，这样的项目有“小马拉大车”之嫌，并且本项目的杠杆太高了，未来民间借贷问题爆发，银行会陷入被动，建议不予以审批通过。

（3）看相关凭证

审查人员的每一个审查结论，都是要经得起考验，拿得出证据的。看相关凭证，即做证材料，是进一步验证项目资本金是否到位的步骤。做证材料包括验资报告、资金支付凭证、土地缴款凭证、土地证等。例如，项目公司提供了土地缴款凭证，并取得土地证，起码可以说明土地资金项目公司是支付了的，这部分资金可以计入项目资本金。企业支付的工程款凭证，里面有工程款金额，看项目的实际建设进度与支付的工程款是否相匹配。看相关凭证，是一个多方面交叉验证的过程。

### （四）资金覆盖情况

项目贷款因为还款来源主要依靠项目自身的收入，缺乏其他还款来源，因此资金覆盖情况很重要。项目的收入也即还款来源问题，重点关注两点：第一，项目能不能产生现金流；第二，现金流能不能覆盖银行贷款本息。信贷审查人员要在这两个问题的基础上，合理设置还款计划。

关于还款来源会在下一部分讲述。项目贷款要测算好企业每年本金及利息支出情况，还要测算好相应的净现金流情况，做到净现金流完全覆盖贷款本息。

比如房地产项目，要根据项目的销售计划制订分期还款计划，还要考核项目的销售计划是否合理，进而制定出适合本项目的分期还款计划。

比如经营性物业贷款，要测算每年的租金收入、管理费用，再扣除各项支出以后得到净现金流，再计算净现金流对贷款本息的覆盖情况。

对于一些项目，如果净现金流不能覆盖贷款本息，那就要看是不是有其他风险缓释措施，比如项目自身虽然不能覆盖贷款本息，但是政府每年有稳定的补贴，加进去以后能够覆盖本息；有的项目自身虽然还本付息压力较大，但如有省级大型国企进行增信，而大国企可以发债、可以通过政府补贴等各种途径来获取资金，进行本项目的本息支付。

### （五）还款来源

要分析还款来源，首先要考虑项目自身创造现金流的能力，分析客户是何种类型，如果是房地产企业，要注意项目所在区域、房产的业态，进而判断房产的销售情况。如果是生产型企业，要注意生产出来的产品的销售情况。项目贷款，尤其要关注项目所属行业的波动情况，以及国家政策的变化。

还款来源在第七节“授信方案”中详细进行分析。

### （六）市场分析

市场分析，就是预测未来企业生产商品的销售情况。有了销售就有了回款，有了回款就有了还款来源。可以看企业的下游客户的类别，以及下游市场的集中度。比如某一企业的下游主要是企业客户，合作时间较长，那么可以预测企业未来的销售是相对稳定的，而如果下游是零售商或个人，那么未来的销售情况是不稳定的。比如房地产行业，不能认为房子修好了就万事大吉，房子未来的销售情况很重要：一个地方的人口数量、消费水平、经济发展情况，决定着对房子的需求；当地在建房屋面积、库存房屋面积，这些都决定着房子的供给情况。有了对需求和供给的综合分析，才能判断未来该区域房产的销售状况，进而为授信项目的信贷审查提供判断依据。

### （七）内部收益率

内部收益率就是资金流入现值总额与资金流出现值总额相等、净现值等于零时的折现率。如果不使用电子计算机这一工具进行计算，内部收益率要用若干个折现率进行试算，直至找到净现值等于零或接近于零的那个折现率。内部收益率，是一项投资渴望达到的报酬率，是能使投资项目净现值等于零时的折现率，该指标越大越好。一般情况下，内部收益率大于等于基准收益率时，该项目是可行的。投资项目各年现金流量的折现值之和为项目的净现值，净现值为零时的折现率就是项目的内部收益率。在项目经济评价中，根据分析层次的不同，内部收益率有财务内部收益率和经济内部收益率之分。

对于项目贷款，内部收益率可表示最大能承受的利率。一般情况下，项目的内部收益率数据来源于可行性研究报告，但是可行性研究报告里面的内部收益率仅作为项目审批的参考。这是因为，内部收益率没有考虑到项目的销售情况，以及实际的成交价格等问题。

### （八）实地考察

项目实地考察，是指信贷审查人员与经营部门人员，到项目现场实地考察或与贷款申请人之间的人员进行现场沟通。

项目贷款因为金额大、期限长，风险也相对较高。如果信贷审查人员对于该行业研究不够深入，那么可以通过对项目现场实地考察以及与企业的人员进行座谈，来快速有效地了解项目情况以及企业的情况，进而做出更切合实际的判断。关于实地考察，后面有专门的章节进行介绍。

## 第七节 授信方案

信贷方案的制订，主要从信用评级、授信主体、授信金额、期限、币种、用途、利率、担保方式、支付方式、还款计划、出账条件、贷后管理要求进行确定。这部分内容涉及最终批单，因此信贷审查人员必须认真对待。

### （一）信用评级

**1. 定义**

信用评级是指本行对拟建立或已建立信贷关系的境内法人客户（包括直接授信客户和保证人在内的企业法人客户、事业法人客户、项目法人客户、金融机构法人客户、境内其他类法人客户等），基于大数据分析技术设计的内部评级模型，对客户的违约可能性做出初步判断，并引入专家经验完成判断结果的复核和确认，从而实现对客户偿债能力或履约可能性的有效风险区分。

**2. 作用**

信用评级是银行改变以往主要依靠人工判断企业资质和承贷能力的模式，通过对企业的基本面定性分析（非财务指标）以及对其财务报表数据的定量分析（财务指标），以一整套标准化流程来判断企业的资质情况，从而得出企业的信用等级和风险限额，并最终识别其违约概率。

（1）信用评级是对分支机构授权的重要依据

在各家银行的授权体系中，会根据不同信用等级的企业给予不同的权限。申请人的评级不同，那么同一个担保人最高担保额度不一样，抵押担保的可贷款额度也不一样。

（2）信用评级是确定授信方案的重要参考

银行对企业进行信用等级的分类管理和采用不同的营销对策，在贷款价格

（实际利率和其他费用等）方面实行差别化的对待。如很多银行对某信用等级以上企业可以给予信用贷款（不需抵押或担保），而对其他客户不同产品需要不同程度的担保和抵押。

（3）信用评级作为银行判断客户质量的重要参考依据

通过信用评级，有助于银行了解本行授信客户的质量，对未来整体贷款质量进行预判。在一个评级体系内，如果有的分支机构客户评级等级较高，那么该机构的客户质量相对较为优质，未来信贷资产质量相对较高；如果有的分支机构客户评级等级较低，那么该机构的客户质量相对较差，未来信贷资产质量相对较低。

需要注意，世界是动态的，客户自身和环境也不断变化，相关参数发生了变化，企业的信用等级随着行业、地域和企业本身的发展不断变化。因此，信用评级工作至少每年进行一次。

**3. 关于违约概率**

违约概率是指在未来一定时期内，借款人不能按合同要求偿还银行贷款本息或履行相关义务的可能性。违约概率是计算贷款预期损失、贷款定价以及信贷组合管理的基础，因此如何准确、有效地计算违约概率对商业银行信用风险管理十分重要。而信用评级，就是计算违约概率问题的。

违约概率的估计包括两个层面：一是单一借款人的违约概率；二是某一信用等级所有借款人的违约概率。即某一具体借款人的违约概率到底是多少，以及违约概率与信用评级的对应关系是否合理；相同信用评级的借款人违约概率是否稳定，是否能够真实反映所有客户的违约概率。

信用评级是一个系统化的工作，要对企业的基本面与财务情况进行详细分析，且依托于大数据分析，因此违约概率的计算，其实是对客户分析、概括以后体系化的评价结果。但需要注意，信用等级在审批时仅作为参考，不是进行授信审查判断的主要依据。

### （二）授信主体

审批中应明确给予授信的主体对象。

固定资产贷款和流动资金贷款的授信对象是企事业法人或国家规定可以作

为借款人的其他组织。

项目融资的授信对象是主要为建设、经营该项目或为该项目融资而专门组建的企事业法人，包括主要从事该项目建设、经营或融资的既有企事业法人。

关于授信主体，要关注申请人的客户类别以及其所属行业。部分行业或部分类别的客户按照国家规定不能融资或者限制融资。比如在审查政府融资平台融资时，就应该特别关注其合规性，要严格按照《关于进一步规范地方政府举债融资行为的通知》(财预〔2017〕50号)、《国务院关于加强地方政府性债务管理的意见》(国发〔2014〕43号)执行。

### (三)授信金额

授信金额的确定涉及很多方面，这里主要分析几个重要的问题：

#### 1. 融资需求

(1)项目贷款

审查项目贷款要考虑项目的总投资，企业的项目资本金以及销售回款(如有)情况。对项目贷款，总投减去项目资本金，再减去销售回款部分(如有)，剩下的就是企业的贷款额度。这里需要注意：如果贷款金额超过实际资金需求，企业很可能出现资金挪用情况；如果贷款金额不足，很可能项目无法按时完工，后期再追加投放贷款难度也比较大。

(2)综合授信

如果是流动资金贷款，首先要参考《流动资金贷款管理暂行办法》提供的方法进行测算。还可以结合企业签订合同的情况，确定企业的融资需求。

#### 2. 还款能力

银行发放贷款，是为了贷款到期以后顺利收回贷款本息，从而获取收益。因此，企业的还款能力尤其重要。

(1)项目贷款

对项目贷款的审查，首先要考虑项目自身创造现金流的能力。要区分各类企业的不同特点：如果是生产型企业，要注意生产出来的产品的销售情况；如果是房地产企业，要注意房产的业态、所在城市，进而判断房产的销售情况。

项目贷款，尤其要关注国家相关政策及项目所属行业的特点。

（2）综合授信

对综合授信的审查，要考虑企业的承贷能力，这就涉及企业的资产规模、净资产、资产负债率、营业收入、净利润等。

（3）关注第一还款来源

还款来源一般分为第一还款来源与第二还款来源。

第一还款来源，是借款人生产经营活动及与其相关活动，产生的可直接用于归还银行贷款的现金流量总称。对于项目贷款，第一还款来源是项目自身产生的现金流。

第二还款来源是指当借款人无法偿还贷款时，融资人通过处理贷款担保，即处置抵押物、质押物或者对担保人进行追索所得到的款项。

第一还款来源与第二还款来源的关系：第一还款来源是客户偿还银行贷款的主要资金来源，银行应把第一还款来源作为贷款发放的重要参考依据；第二还款来源仅仅是第一还款来源的补充。

信贷审查应重点分析第一还款来源，因为第二还款来源的抵、质押物处置往往成本较高，而担保人到时候是否有担保能力及担保意愿也存在较大的不确定性。尤其是互联互保情况下，一家企业倒闭往往产生多米诺骨牌式的连锁反应，导致相关企业因代偿而引发资金链断裂。如发生这种情况，第二还款来源更是“水中月，镜中花”。对第一还款来源严重不足的项目，信贷审查人员万万不可有依靠第二还款来源还款的想法，不要把银行做成典当行。

信贷审查人员不能有抵押物（特别是土地、房产）崇拜思想。因为抵押担保方式虽然会增加企业的违约成本，但往往抵押物的处置难度较大，很多情况下会面临被第三方查封、贷款主体不配合甚至搅局等情况。

**3. 担保方式**

担保作为银行授信敞口的缓释措施，影响着信贷审查人员对于审批敞口的最终决策。

（1）担保的主要类别

信贷方案中，担保使用最多的是抵押、质押、保证。

其中，抵押品，一般是房产、土地、在建工程；质押品，一般是动产、权利；保证分为一般保证和连带责任保证。

（2）担保的偿付能力

担保的偿付能力，主要取决于抵押物、质押品的价值与变现能力，担保人的代偿能力。对于担保的偿付能力较强的项目，可以适当提高授信敞口额度。

信贷审查人员要注意，不能有“抵押 > 质押 > 保证”的错误认识。抵押物的业态、区位等因素，影响着抵押物的价值及变现能力。质押品的品种、使用范围等因素，影响着质押物的价值与变现能力。保证人的可担保能力、担保意愿、实际担保能力等因素，影响着保证人的代偿能力。比如，一个项目，央企或上市公司提供担保，可能会比西部不发达城市的房产抵押更好。

但是，央企、上市公司对外担保的情况相对较少。一般项目是找实力并不强的第三方做担保，或者用房产做抵押。对于民营企业来说，如果申请人与担保人的经营情况一般的话，银行缺少风险抓手。因此，对于民营企业来说，银行偏向于做强担保业务，即用房产或土地做抵押，这样既能够提高企业的违约成本，又能在企业违约的时候处置有效资产，收回部分本金。

最后，特别强调一下，在分析抵押物的时候，要重点分析抵押物的用途、区域、人气及配套设施情况。尤其是抵押物所在的区域，对抵押物的变现能力影响很大。

（3）案例

一家企业总资产 5 亿元，收入 2 亿元，净利润 3000 万元，判断该企业在其分析领域有核心技术优势，上下游也比较稳定，未来行业发展前景较好。同时，企业提供北京三环附近的商业写字楼做抵押，评估价值没有明显偏高，价值 3 亿。我们来考虑一下贷款额度的问题。对于一年期流动资金贷款，如果没有该抵押物，可能贷款金额控制在一两个月的收入，即 2000 万—5000 万元之间；如果有该抵押物，贷款金额在 5000 万—7000 万元，是可以考虑的。如果企业做三年期流动资金贷款，额度可以再适当放大一些，甚至做到 1 亿元，从风险角度考虑，也是能够接受的。注意，当贷款金额较大的时候，可以设置贷款期限长一些，采用分期还款的方式，减轻企业的还款压力。

（4）注意事项

特别需要强调的是审查人员不能有抵押物崇拜心理。拿着抵押物的评估价值以及本行的抵押率要求来计算贷款额度，这种做法不可取。因为信贷审查中要重点关注第一还款来源，抵押物只是第二还款来源，并且抵押物在实际处置的过程中难度较大。对于大金额的抵押物，在资产处置时，可能还涉及难以找到买方的情况。这个问题在担保方式部分再详细说明。

**4. 同业授信情况**

信贷审查过程中，同业对该客户的授信情况，也是一个很重要的参考依据。对于一家规模较大企业，如果一个银行授信额度占比过大，可能会被企业绑架。一旦企业经营出现困难，银行就会陷入被动，难以退出。参考同业授信时，一个重要原则是：除非特别优质的客户，不做第一大授信行。

**5. 有的信贷审查人员喜欢在申请授信额度上砍一刀**

信贷审查工作中，不少信贷审查人员习惯性地在授信额度上砍一刀，这既有审查员个人的原因，也有现实的无奈。

（1）为什么有的信贷审查人员喜欢砍额度

第一，每一个授信项目都是存在一定的风险，信贷审查人员在审查岗位工作久了以后，容易形成职业习惯，对风险比较敏感，对经营部门和项目的实际情况考虑得较少。

第二，有的审查员逢项目就降低授信额度，有深层次的原因。对于信贷审查人员来说，砍额度似乎是一种最优选择。如果项目没有出现风险，皆大欢喜；如果项目出现风险，那么信贷审查人员砍了额度，表明自己对本项目的审查态度，也减少了审查责任。只不过，这种砍额度是一种规避责任的消极表现。

第三，经营部门上报的授信额度往往偏大。一是不少经营部门有“一口吃个胖子”的想法，想做大授信金额；二是有的经营部门摸准了审查部门可能要砍额度，上报授信时额度就偏大，主动给信贷审查部门留出降低额度的空间。

（2）需要砍额度的情况

申请人：申请人的承贷能力不足，还款来源不足，经营情况出现恶化，存在他行已经开始逐步压缩退出的情况。

融资需求：融资需求明显超过企业的资金需求。比如融资金额超过流动资金测算额度，融资金额超过项目建设所需资金。

抵押物：抵押物评估价值偏高，抵押物变现能力较差等。

担保人：可担保额度偏高，或担保人整体实力不强等。

质押物：质押物变现能力差，或质押物价值波动较大，需要砍额度以防范授信风险。

（3）不需要砍额度的情况

对于申请人承贷能力整体尚可，抵押物或担保人情况较好的项目，砍额度的意义不大。比如，某企业总资产 40 亿元、净资产 15 亿元、总收入 20 亿元，净利润 2.5 亿元、对外银行融资金额 10 亿元，授信额度最大的银行为某国有大行，金额 3 亿元。本次企业申请综合授信额度 3 亿元，提供某国家中心城市核心商圈的商铺做抵押，评估价值 6 亿元。经了解，企业经营情况稳定，没有负面信息，此时完全从风险的角度进行考虑，可以按照申请额度予以审批。有的审查员喜欢砍几千万元额度，其实，对于这样的项目，授信额度降低几千万额度，不会对项目的整体风险发生本质影响。最终的风险不在这几千万上，如果判断企业风险较大，项目予以否决；如果判断风险可控，就全额通过。当然，如果风险可控，出现需要砍额度的情况，需要根据情况适当缩减额度，但这种缩减额度与“砍一刀”的思维是不同的。

### （四）币种

国内企业的贷款币种一般是人民币，也有涉及外币的情况，如对外贸易或者产品销售到其他国家的企业。一旦涉及外币，就需要做好汇率风险的缓释，以防止外币与人民币的兑换比例出现大幅波动，进而影响到企业的利润情况。

贷款币种应尽可能与贷款项下交易所使用的结算币种及借款人还款来源币种相匹配，并充分考虑贷款币种与还款来源币种错配情况下所面临的相关风险及风险控制。使用外汇贷款的，还需符合国家外汇管理相关规定。

**1. 汇率风险的定义**

信贷审查中要考虑币种风险，即汇率风险，又称汇兑风险。汇率风险是指经济实体以外币定值或衡量的资产与负债、收入与支出，以及未来的经营活动可望产生现金流的本币价值因货币汇率的变动而产生损失的可能性。之所以称其为风险，是由于这种损失只是一种可能性，并非必然。

**2. 汇率风险的分类**

（1）交易风险；

（2）折算风险（会计风险）；

（3）经济风险（经营风险）。

**3. 汇率风险产生的原因**

（1）国际收支及外汇储备剧烈波动；

（2）利率；

（3）通货膨胀；

（4）政治局势。

**4. 防范外汇风险的主要方法**

（1）即期外汇买卖；

（2）远期外汇买卖；

（3）货币掉期外汇买卖；

（4）外汇期权买卖；

（5）资产负债平衡法；

（6）资金调度法；

（7）币种选择法。

**5. 面临汇率风险的企业**

（1）原材料需要进口的行业的企业，比如铁矿石、石油、大豆等原材料；

（2）设备需要进口的企业，比如高端科研、医疗、精密加工等设备；

（3）销售市场以国外为主的企业，比如圣诞节礼品、纺织、机电产品；

（4）以进出口为主的贸易类企业；

（5）外币贷款较多的企业。

6. 近年来我国汇率走势

2011—2017 年的美元对人民币汇率走势图

通过上表可以清晰地看到，美元对人民币的汇率由 2011 年的 6.7 下降到 2014 年的不到 6.1，下降幅度高达 8.9%；之后汇率一路上升到 2017 年的 6.9 以上，上升幅度高达 13.11%。进入 2017 年以后，汇率维持在 6.9 的高位波动。我们从 2011 年至 2017 年汇率的走势图直观地看出，美元对人民币汇率波动还是较大的，对相关用汇企业的经营造成的影响不容小觑，信贷审查人员应该加大对外汇需求较多企业的关注力度，防范汇率风险。

（五）期限

贷款期限是指贷款人将贷款贷给借款人后到贷款收回时这一段时间的期限。它是借款人对贷款的实际使用期限。

1. 贷款分类

按贷款期限的长短，可以将贷款分为短期贷款和中长期贷款。

（1）短期贷款期限在一年或者一年内（三个月以上，六个月以下为临时贷款），其特点是期限短、风险小、利率高，主要用于满足借款人对短期资金的需求。

（2）中期贷款期限都在一年以上（不含一年），五年以下（含五年），其特点是期限长、利率高、流动性差、风险大。

（3）长期贷款为五年以上（不含五年）贷款。

**2. 宽限期**

宽限期是指某一项目贷款，从第一笔贷款发放日至第一笔贷款本金回收日之间的时间段。在宽期限内，贷款的本金不用归还，但是利息还是需要按约定（一般按月、按季、按半年）支付的。

一般宽限期是项目的建设期。如某制造业企业的项目贷款，贷款期限为十年，项目建设期为三年，而这三年的建设期，因为项目在建设阶段没有产品生产出来，也就没有现金流回来，三年以后才开始归还本金，这三年可以为宽限期。项目宽限期一般仅针对项目贷款，且是项目贷款的建设阶段，这一阶段企业是没有销售回款的。但如果是综合授信，比如业务品种为三年期的中期流动资金贷款，那就没有宽限期了。

**3. 分期还款计划**

一般对于中长期贷款，银行内部会有专门的管理办法，约定贷款的本息归还情况，比如宽限期，比如本金与利息的归还频率。

分期还款计划，要与企业的回款相匹配，避免出现企业前期回款被挪用，后期没有资金去还银行本息的情况。还要避免贷款到期一次性还本的情况，尽量制订合理的分期还款计划，以免到期企业还本压力过大的问题。

分析还款后面会着重分析，这里不再赘述。

**4. 重组贷款的期限**

重组贷款往往也有期限限制，下面逐一说明：

贷款展期：短期贷款展期不得超过原贷款期限；中期贷款展期不得超过原贷款期限的一半；长期贷款展期最长不得超过三年。国家另有规定的除外。

借新还旧：借新还旧的贷款期限原则上不得超过原期限。

**5. 贷款期限的确定**

（1）要考虑企业自身情况

企业的情况千差万别，对上市公司，或者生产有竞争力产品、具有核心技术优势的企业，在市场规模有限的情况下，企业处在成熟状态、新建项目少，贷款主要以日常经营周转的短期贷款为主。但是，这样企业的议价能力较强，本行去做短期贷款可能不符合内部考核要求。这时，可以考虑给予企业中期流动资金贷款，同时贷款利率适当提高一点，这样也免去了企业每年续授信、倒腾资金的麻烦，也为企业提供了一笔能够稳定使用的资金，改善企业的财务报表，企业会加大与银行合作的意愿，银行会获得其他方面的回报（如更高利率、子公司的资金沉淀）。

（2）贷款期限要考虑项目情况

如项目建设期为三年，项目回收期为七年，贷款期限就要在十年左右，如果不考虑项目实际情况，将贷款期限设定为五年期限，企业尚无足够的资金归还银行的贷款本息，给造成企业还款压力较大的情况，会给客户带来较大的风险。

要注意贷款期限与项目回款期限的匹配。

（3）贷款期限要考虑他行贷款期限

比如某一笔贷款的金额特别大，需要金融机构做拼盘贷款。最后，他行基本上批的授信期限都是八年，而本行客户申报的贷款期限为十年，那么他行的贷款先到期，其他银行先退出了，本行最后才退出，这样的话相当于本行资金给他行资金做了劣后，那么本行承担的风险相对较高。此时可以考虑把本行贷款期限参考同业期限降为八年，甚至更短。

（4）要考虑企业的贷款结构

企业的贷款结构，很大程度上影响着企业的资金计划安排。比如企业的短期负债有 20 亿元、长期负债为 5 亿元、应付债券为 0，那么很明显，他行对这个企业的贷款主要以短期贷款为主，如果这家企业的生产经营情况一般，甚至有下滑的情况。那么，信贷审查时要考虑其他金融机构的态度，压缩、停止授信或者选择短期借款的方式介入，以防止他行收回贷款，把本行陷到里面。

信贷审查中对授信期限的确定，要看具体企业、具体项目，参考同业和企业的贷款结构等，还要看本行的政策和未来的利率走势，需要参考的因素很多，只有综合考虑，才能做出符合实际情况的判断。

**（六）资金用途**

贷款应该有明确、合理的用途。现行贷款用途主要是用于企业周转和固定资产更新的需要。

流动资金贷款，工业企业的贷款主要用于原材料储备、在产品和产成品存货的资金需要；商业企业的贷款主要用于商品存货的资金需要以及工商企业在商品销售过程中结算在途资金需要。

固定资产贷款，主要用于企业技术进步、设备更新的资金需要，企业新建、改造、扩建的资金需要，以及企业进行科技开发的资金需要（包括部分流动资金）。这里概括出来就是企业的项目建设，往往是项目贷款的资金需求。如果是项目贷款，就需要进行项目分析。后面会有详细说明。

另外，除了在允许范围内用于债务置换等特定用途的贷款，对于直接用于生产经营的贷款，贷款项下所经营业务应在法规允许的借款人的经营范围内，相关交易协议或合同要落实，如交易对手为借款人的关系人，更应认真甄别交易的真实性，防止借款人虚构商品或资产交易骗取银行贷款。必要时可结合分析借款人财务结构，判断借款人是否存在短借长用等不合理的贷款占用，了解借款人是否存在建设资金未落实的在建（拟建项目）或其他投资需求，防止贷款资金被挪用。

资金用途是否真实合理，是信贷审查的重要内容。如果资金用途不合理，贷款发放后就容易产生资金挪用等情况，这是未来贷款违约的潜在信号。

### （七）贷款利率

贷款利率是指借款期限内利息数额与本金额的比例。贷款利率的高低直接决定着利润在借款企业和银行之间的分配比例，因而影响着借贷双方的经济利益。

这里需要说明，信贷审查需注意风险与收益的平衡，要符合收益覆盖风险的原则。“高风险，高收益；低风险，低收益”是永恒的真理。

1. 一般期限越长，贷款利率越高，如三年期贷款利率一般高于一年期贷款利率；

2. 贷款品种的风险越高，利率越高，如项目贷款的利率一般比流动资金贷款利率高；

3. 贷款银行的资金成本越高，利率越高，如四大行的贷款利率普遍低于股份制商业银行；

4. 企业的风险程度越高，利率越高，如龙头企业贷款利率低于中小型企业贷款；

5. 高风险行业的贷款利率高于低风险行业，如房地产开发贷款的利率一般比自来水行业的利率高得多。

无论是国有企业还是民营企业，一旦出现巨额融资的情况，都需要关注利率风险。关于利率风险，可以参考前面已经分析的国企巨额融资案例中的内容。这里说的巨额融资，一是指金融机构贷款金额的数值较大；二是指贷款金额占总资产的比例较高。

### （八）担保方式

担保方式为保证、抵押、质押、留置和定金。确定担保方式时，涉及的问题也比较多。

**1. 所采用的担保方式应满足合法合规性要求**

担保人必须符合法律、规则规定的主体资格要求，担保品必须是符合法律规定、真实存在的财产或权利，担保人对其拥有相应的所有权和处置权，且担保行为获得了担保人有权机构的合法审批，并按法规要求在有权机构办理必要的抵（质）押登记。另，动产所有权变动以登记为准、动产所有权变动以交付为准。

**2. 担保应具备足值性**

保证人应具备充足的代偿能力，抵（质）押品足值，且变现能力强。

抵押物一般是由专门的评估公司进行评估，信贷审查人员要根据抵押物的具体情况合理推断价值是不是存在明显偏离的情况。如工业土地评估价值为每亩 200 万元，而周边刚刚交易的工业土地价值为每亩 50 万元，就存在明显偏差。

质押物主要是股权、上市公司股票、金融机构股权、动产、应收账款、其他权利。

（1）质押非上市公司的股权，主要是针对项目公司，这样便于在企业违约的时候，银行进行项目处置。

（2）对于上市公司股票质押，需要关注的方面较多：股票价格的变动情况，公司市盈率、市净率等指标也需要分析。另外，要关注申请人质押股票数量占质押人总股票的比例，比例较低说明企业可能在股票价格下跌的时候进行补仓；要关注申请人本次质押的股票的数量占总流通股的比例，比例较低的话，说明本次质押的股票的处置难度低，容易变现。

（3）金融机构股权，往往算是优质资产，但需要关注金融机构的各项指标，如不良率、资产规模、收入情况、净利润情况、历年分红情况等。

（4）动产种类较多，比如机械设备。追加机械设备质押，主要是针对制造业的企业，企业没有评估价值很高的土地或房产，追加动产质押只是提高本行风险抓手，以及企业违约成本的一种方式而已。

（5）对于应收账款，需要核实应收账款的真实性，并在人民银行应收账款质押登记系统进行登记。

采取保证担保方式的，需要关注担保人的可担保额度，以及真实的担保能力。因为可担保额度一般是按照固定的公式计算出来的，但是企业的净资产的真实情况，就需要审查人员具体情况具体分析，不能简单地参考财务报表上的数据。

**3. 所采用的担保应具备可控性**

银行在担保项下应拥有对借款人、担保人相应的约束力，对保证人或抵（质）押品具有持续监控能力。如抵押物为商业房产，贷后检查时可以随时查看；但是矿石等动产进行质押，很可能被企业移走或重复质押，不可控因素较高，如“上海钢贸”事件；蔬菜或活物一般不作为抵质押物，因为蔬菜容易变质，活物容易死亡。

**4. 关于土地、房产抵押的补充说明**

主要分析以下几点：

（1）抵押物的评估价值是否合理

要多角度去考虑抵押物的评估价值是否合理。当然，评估价值还是需要审查人员根据具体情况进行考虑的。

第一，要看评估机构是否是本行认可的机构，以及评估机构的资质情况。

第二，看抵押物的位置，是在一线城市还是在二、三线城市，是在所在城市的市中心还是郊区。一、二线城市的房产和三、四线，尤其是西部区域的区县的房产价值差别巨大。

第三，如果是正在出租的房产，要看房产的租赁价格。如租金很低但评估价值很高，就很可能存在问题。还要看抵押物周边的租赁价格，周围类似物业租赁价格很低但抵押物租赁价格很高，那么有可能是抵押物与租户签的假合同。尤其是关注抵押物周边的人气、交通及教育、公园等配套情况，这也从一定程度上反映出抵押物的价值。关于租赁情况，还有一点要说的是，审查人员在审查经营性物业贷款时，要防范个别企业操纵租赁价格以满足银行对相关指标的要求，因此，要看租户的具体情况，比如品牌店的租赁价格一般比较靠谱，但是小的餐饮、日常用品等租户租赁价格可能掺水。

第四，通过地图和房产内外部照片情况，看抵押物的具体情况。

（2）抵押物的变现能力

抵押物的变现能力，也需要从很多角度分析。

第一，整体来看，住宅、公寓的变现能力强于商铺、写字楼。

第二，一般来说，如果是净地，商住用地的变现能力要高于工业用地。对于已经有厂房及设备的工业用地，变现能力较弱。这时，如果企业自身盈利一般，风险缓释能力弱，如果用工业用地抵押，需要特别注意。

第三，要看抵押物的位置，是一线城市还是二、三线城市，以及在相应城市的具体位置。如果用于抵押的土地、房产（含商场或写字楼）位于一、二线城市核心区域，是具备快速变现能力的；在三、四线城市，变现的速度就会大打折扣。

第四，看抵押物的价值。对于价值不高的抵押物，变现速度相对较快。比如抵押物评估价值低于 1 亿元，抵押融资 5000 万元左右，如果贷款出现问题，在抵押物打折后，因总价不高，是相对容易找到愿意接手的下家。但对于价值特别大的抵押物，比如抵押物评估价值在 10 亿以上，甚至抵押物评估价值高达 20 亿以上的情况（部分二线城市里面的特大型商场、超五星级酒店等资产），就会由量变到质变，可能存在找不到有能力接手的企业。对于金额较大的抵押物，特别需要关注这一问题。

第五，看抵押物是否存在法律瑕疵。对于已经抵、质押或查封，甚至抵押物的实际所有人目前涉及金额较大的法律诉讼问题。

第六，看相关人的人品。比如在贷款出现问题的时候，银行要处置抵押物，但抵押物的实际所有人不予配合，甚至捏造虚假的民间借贷，让民间借贷者来查封自己的资产，以阻止银行处置抵押物。

（3）提供第三方抵押物的情况

对于第三方提供抵押物，但是抵押人却不提供担保的情况，也需要注意。特别是对于反馈信息难以落实的民营企业，如果做综合授信就更需要关注。这时，因为第三方没有提供担保，导致对第三方的分析不到位，进而忽视其信用风险。审查人员可以通过企查查、国家企业信用信息公示系统以及网络等公开渠道，对第三方进行核查，避免出现第三方抵押人自身经营困难，或涉及民间借贷，或有不良贷款记录等情况下，第三方找关联企业或上下游企业协助融资。如果这样，因为申请人为壳公司，不具有还款能力；而第三方提供抵押物，并且往往是资金的实际使用者，导致资金被第三方挪用。如果出现这种情况，那么放出去的贷款就很可能出问题，未来给银行造成较大损失。

**（九）支付方式**

贷款资金有两种支付方式：受托支付与自主支付。

受托支付是贷款资金的一种支付方式，指贷款人（依法设立的银行业金融机构）根据借款人的提款申请和支付委托，将贷款资金支付给符合合同约定用途的借款人交易对象，目的是为了减小贷款被挪用的风险。受托支付目前适用的情况是：贷款资金单笔金额超过项目总投资 5% 或超过 500 万元人民币。受托支付有利于银行监管资金的使用情况。受托支付使借款人对贷款资金的“自由”使用受到限制，从而有效解决贷款资金被挪用问题。这既是保证银行信贷资金安全的必要，也是监管部门的要求。

**（十）还款计划**

短期贷款，可以到期一次还本。

对于中长期贷款，往往银行会要求制订分期还款计划，分期还款计划涉及利息与本金的归还频率。一般利息是按月或按季支付，情况一般的民企更应该按月支付利息；本金是按季或按半年归还，如企业的实力较强，可以半年归还一次，如果企业情况一般，可以按季归还本金。

分期还款计划，要考虑到项目期限，要考虑到项目回款或企业经营的回款情况，要考虑企业的实际情况。如一家管理规范、经营稳定的大型企业，经营情况良好，几乎不会出现违约情况，如给予其 3 亿元 2 年期流动资金贷款，可以采取按季付息，按半年还本金、前期少还、余额到期偿还的分期还款方案。这里的前期少还，不是说不用归还，要符合本行或监管的管理要求。

### （十一）出账条件

审查人员应明确授信发放的前提条件，以作为放款部门放款审查的依据。出账条件是项目批复的重要内容，部分手续不齐全的项目可以先行审批，是贷款发放前企业的合规性手续补救的阶段。如果全部的合规手续都齐全了，说不定项目早在他行通过了。出账条件里面涉及办妥担保条件，资金支付方式，企业出具相关承诺，项目的合规性手续，资本金到位情况，等等。通过这样的条件设置，更有利于争取到目标客户。

例 1. 审查经营性物业贷款时，如果抵押物已经抵押给其他机构，授信申请中资金部分用于偿还他行贷款。因抵押物的唯一性，就需要在出账条件中明确：本行可先办理第二顺位抵押，然后资金受托支付给他行，他行解除第一顺位抵押以后，本行上升为第一顺位抵押。通过出账条件，要求银行、企业、其他银行签署三方协议，约定办理第二顺位抵押，以及还款后解除第一顺位抵押，解决了出账前无法办理第一顺位抵押的问题。

例 2. 审查房地产开发贷款时，项目资本金还差 2000 万才能满足行内文件要求，施工许可证尚未取得。那么，可以约定企业 2000 万项目资本金到位后，本行资金再予以发放。同时约定，取得施工许可证以后，本行再予以发放贷款。

### （十二）对贷后管理的要求

贷后管理是信贷管理的最终环节，对于确保银行贷款安全和案件防控具有至关重要的作用。贷后管理是控制风险、防止不良贷款发生的重要一环。客户的经营财务状况不断变化，可能在审批授信时客户状况良好，但由于行业政策的影响、客户投资失误的影响，上下游的影响（负面影响表现在原材料涨价和产品降价或需求减少等）会引起客户的经营财务状况发生较大不利变化。贷后管理就是要跟踪客户所属行业、客户的上下游和客户本身经营财务状况包括其商业信用的变化，及时发现可能不利于贷款按时归还的问题，并提出解决问题的措施。

信贷审查可针对借款人或担保人或集团及相关授信业务的风险特征，在授信方案中提出相应的贷后管理要求，约定贷款存续期间借款人的资产负债率、流动比率、速动比率、销售收入增减幅度、利润率、分红比率等相关财务指标提出控制要求，也可以就企业的在建项目或重大项目要求经营部门加强管理，就企业的重大事项如收购企业、引入战略合作者等情况要求加强贷后管理，也可就集团授信进行总额控制，并约定违约责任。

整体来说，贷后管理是本行贷款资金发放以后，对于未来的一些会影响到企业经营进而影响到本行授信风险的事项予以提示。信贷审查人员根据客户的实际情况设定一定条件，要求经营部门加强贷后管理，建立预警信息，进而有效地防范授信风险，保证信贷资金安全。

# 第七章　项目实地考察

古人学问无遗力，少壮工夫老始成。

纸上得来终觉浅，绝知此事要躬行。

——［南宋］陆游《冬夜读书示子聿》

## 第一节　项目实地考察的定义及必要性

### 一、定义

项目实地考察，是指信贷审查部门对项目现场情况的了解，以及与企业内部人员进行沟通等方式，以获取企业或项目的信息，进而对信贷风险作出判断的过程。

### 二、项目实地考察的必要性

#### （一）实地考察有助于消除信息不对称

俗话说“百闻不如一见”。信贷审查人员从调查报告中获取的信息，有时还不足以支撑信贷审查人员做出信贷决策。此时，信贷审查人员就要通过其他渠道获取信息，以帮助自己得出严谨的审查结论。实地考察，是一个重要的获取信息的渠道。实地考察给了信贷审查人员更直观地接触客户，了解企业领导层的管理思维和实际控制人的经营理念，感受企业的生产经营、管理的精细化、设备的先进程度，以及员工的精神面貌的机会，从而有利于消除信贷审查人员与申请人之间的信息不对称。上述这些信息，大多属于定性分析，是难以在调查报告中体现出来的。

### （二）实地考察有助于从客户那里获取行业信息

借款人往往在企业所处的行业经营了数年甚至数十年，会积累大量的关于本行业的知识和经验，尤其是对于国家政策、行业发展历史与未来、市场供需情况、本企业在市场中的地位与核心竞争力等情况。“金无足赤，人无完人”，审查人员不可能对每一个行业都非常熟悉，特别是一些细分行业，信贷审查人员积累的行业信息往往相对于信贷决策而言是不足的。实地考察项目，有助于信贷审查人员快速有效地从客户那里获取该行业的信息，更有助于信贷审查人员作出信贷决策。

### （三）通过实地考察能对项目形成整体认识

项目的现场情况对于信贷决策十分重要，需要实地考察才能对项目形成整体的认识。比如经营性物业贷款，最重要是核实项目的位置、租赁情况、商场里面的人流量、交通配套、租户类别等因素，信贷审查人员通过调查报告是难以对这些情况形成直观的认识。再比如房地产贷款，在各项准入条件都符合本行管理办法的前提下，项目的风险点在于房产未来的销售情况。而判断项目的销售，就需要到实地去感受项目的区位、周围基础设施配套（特别是交通、学校、超市、医院等）、周围人气、当地的经济发展水平、房地产去化（产品的销售及库存）情况、当地限购政策等。通过与项目的实际控制人座谈，也有助于信贷审查人员对项目建设方的实际控制人创业历程、经营理念、从业经验、未来计划等方面形成直观的认识。

对于金额较大的贷款，为防止“灰犀牛”事件，需要对企业更全面更细致的分析。此时，实地考察就显得尤为重要了。

## 第二节　实地考察项目的适用范围

信贷审查人员什么情况下需要去实地考察，什么情况下不需要去考察，是多方面因素共同作用的结果。不同的银行，甚至一家银行内部不同的分行，都有自己现场考察项目的规定和偏好。不同银行之间，有不同的信贷文化差异，如有的银行要求信贷审查人员不能直接接触客户，有的银行就没有这个硬性规定。

以下类别的客户，应该实地考察：

**第一，单笔（集团）敞口金额较大的项目需要考察，尤其是民营企业**

从预防“灰犀牛”事件的角度，以及审慎决策的要求，金额较大的民营企业项目，都需要信贷审查人员去实地考察。因为金额较大，就预示着一旦出了风险，银行将会面临的风险也越大。本着审慎性的原则，需要通过实地考察来对项目进行更加深入的分析。

**第二，依靠自身现金流还款的项目贷款**

房地产开发贷款、经营性物业贷款、水利火电项目、新建生产线等项目，其还款来源主要依靠项目未来产生的现金流。这类项目往往具有三个特点：一是金额较大；二是区域特点比较明显；三是项目的回款对项目自身的依赖性较大，第二还款来源相对不足。因此，要对项目的情况深入分析，以确保项目的风险是否可控。

**第三，异地项目**

由于异地项目前期信息获取不充分，贷后管理也难以跟上，建议审查人员对项目进行实地考察。

这里说一下大型国企的情况。如果是层级较高，规模较大，盈利较强的国企，可以不进行实地考察；如果是层级较高，规模较大，但是盈利能力较弱的国企，申请敞口金额又较大的话，可以进行实地考察，了解企业的经营现状，以及未来是否好转等情况。

**第四，难以决策或风险相对较高的客户**

如果信贷审查人员通过调查报告、反馈，与客户经理进行沟通以后，仍难以对一个项目进行决策，那么该项目的风险往往相对较高。对于这类项目，就需要实地考察，以获取更多直观信息，把自己有疑惑的地方一一摊开去解决。最终，判断风险较高的话予以否决，判断风险可控的话予以通过。通过实地考察以后，信贷审查人员才能对项目更有发言权。

# 第三节　实地考察项目注意要点

## 一、随行人员

随行人员不固定。实地考察项目，往往是经验丰富的信贷审查人员带着新手一起，或者是部门领导带着项目的审查人员一起，这个要看实际需要。经营部门一般也会陪同去，并做好企业与审查部门的引荐工作。

## 二、项目现场

项目现场主要是针对生产型企业或项目贷款，以及有土地、房产抵押的项目。项目现场讲究四个环节：一看；二听；三算；四定。其中，看什么，又分为三点：看人；看生产；看周边。

### （一）看

**1. 看人**

（1）员工工作风貌；

（2）员工数量及工资（估算人工成本）；

（3）员工的构成；

（4）员工的生活环境；

（5）看管理水平。

**2. 看生产**

（1）企业的技术工艺；

（2）产品的类别及竞争力；

（3）库存（原材料、产成本、半成品）；

（4）环保设备；

（5）看设备（根据设备的产能估算企业的总产量，核实企业提供的产量是否存在较大差异）；

（6）看水源；

（7）车间的整洁性；

（8）看物流、运输车辆；

（9）看流水、增值税发票、账务系统，核实经营真实性；

（10）看工作环境。

**3. 看项目周边（尤其是房地产项目或房产、土地抵押的）**

（1）看交通；

（2）看人流量；

（3）看配套（医疗、学校、公园）；

（4）看区位；

（5）当地的经济情况；

（6）当地房地产去化情况；

（7）当地房地产价格情况；

（8）商业房产出租情况；

（9）看周边类似物业的价值；

（10）看抵押物的取得方式；

（11）成交记录；

（12）限购政策；

（13）项目施工进度；

（14）项目现场。

**（二）听**

（1）项目简况；

（2）企业介绍；

（3）融资需求；

（4）资金缺口；

（5）环保情况；

（6）产品市场；

（7）行业地位；

（8）行业竞争；

（9）上下游情况；

（10）结算方式；

（11）产能及销售情况；

（12）企业规划。

### （三）算

（1）根据价格和销售情况，计算企业的收入情况；

（2）根据车间情况，计算产能情况；

（3）根据人数及工资，计算人力成本；

（4）根据车辆进出情况，计算销售情况；

（5）根据库存情况，计算库存价值与资产负债表价值是否相符。

### （四）定

（1）企业的整体实力；

（2）授信方案的合理性；

（3）抵押物的变现能力；

（4）企业经营的可持续性；

（5）还款来源是否有保障。

## 三、实际控制人

这里所说的实际控制人，主要是针对民企，因为实际控制人往往是企业的核心。通过与实际控制人沟通交流，看实际控制人的整体素质，看其经营思路、发展战略等，通过这些，往往就能看到企业的未来。因此，把实际控制人的情况单独说明，以突出实际控制人的重要性。

1. 看实际控制人创业过程；

2. 看从业经历（是否多行业经营，尤其是民企）；

3. 看从业经验（主营行业从业经营）；

4. 看企业未来发展战略；

5. 看精神状态；

6. 看管理水平；

7. 与当地政府的关系；
8. 看资本市场计划；
9. 看重大事件（重大项目以及战略投资者等）；
10. 看实际控制人名下其他资产（企业）情况；
11. 看其对管理团队的管理和对员工的尊重。

## 四、项目座谈

考察完项目现场以及与公司实际控制人交流后，还需要与企业人员进行项目座谈。项目现场主要是企业简单介绍，信贷审查人员被动接受信息，是信贷审查人员了解企业的过程。而项目座谈给了大家在一起平等沟通交流的机会，可以更深入地探讨一些问题。

1. 行业的发展现状及前景；
2. 竞争对手的情况；
3. 企业的盈利模式；
4. 企业的销售及回款情况；
5. 上下游交易对手情况；
6. 公司的管理层；
7. 对外融资情况；
8. 在资本市场的策略；
9. 员工待遇情况；
10. 重大战略调整；
11. 重大在建项目；
12. 竞争优势；
13. 国家政策；
14. 调查报告中疑惑的问题。

# 第四节 实地考察案例

## 一、某乳业公司

某乳业集团占据北纬40° 黄金玉米带及黄金奶源带地理优势，先后荣获多项国家、省、市各级政府及行业殊荣。2017年3月24日，由于受到美国浑水公司的狙击，该公司股价大跌85%，报价0.42元，盘中跌逾90%创历史最大跌幅，成交7.79亿，涉资4.53亿元。

据资料显示：该公司有70多家债权人，其中23家银行，十几家融资租赁公司，金融债权预计在120亿—130亿元。3月20日，债权银行突然接到该公司通知，称因故无法还本付息，发酵几日后，终于引发资本市场股价的塌方。

说到实地考察，不能不说浑水公司的调查方式。浑水公司对该公司的调查已持续几个月，调查人员走访了35个牧场，5个生产设施基地（其中包括1个中途停工的基地）和2个完全没有建设迹象的生产基地。此外，浑水公司的调查人员通过无人驾驶飞机对该公司基地进行选址，并聘请了三位乳业专家，其中两位在中国奶业领域有着深厚的背景。浑水公司和调查员在三个不同的省份，与苜蓿的供应商及进口商进行了谈话，结合该地区不适宜种植苜蓿、耕种地出现旱灾及洪灾的情况，判断出企业“其苜蓿为自给自足”的说法，存在造假嫌疑。

另外，根据浑水公司的调查人员与其下属牧场的工作人员进行的讨论，该牧场于2014年中期开始施工，2015年停产。同该地区的其他牧场一样，二道河子目前养殖着非挤奶奶牛；在非常寒冷的天气中，软侧壁也被降低以减少交叉通风。据浑水公司咨询的一个专家称，在试图以此方式保暖时，将面临湿度、有破坏性影响的氨和病原体增加的风险。种种迹象表明，企业情况并不如财务报表所展示的光鲜艳丽。

浑水公司采取的无人机拍摄、多区域供应商咨询、实地奶场考察，都很值得银行业人士去学习。只是银行信贷审查人士碍于业务流程、专业条件、岗位分工等方面的要求，难以针对某一个项目做如此深入的分析研究，尤其是这种全国性的企业。这就要求经营部门在调查环节做好尽职调查工作，不能把风险控制工作完全寄托在信贷审查部门身上。

## 二、现场组织生产的企业

银行审查人员要做实地考察的时候，客户经理一般会提前预约企业。某生产性企业，在与银行人员约好时间以后，就现场组织生产，而实际上企业已经停止运转一段时间了。企业提前做好准备工作，组织人员进行开工，设备运转起来了，产品生产出来了。但是，信贷审查人员在考察存货时，发现企业库房几乎没有存货，与财务报表中显示的上亿元存货明显不符，最终发现企业数据造假的情况。

## 三、某修路项目

分行上报的某一笔高速公路项目，起始地点为 A、B，主要是将矿产资源从生产地运出来。调查报告中介绍项目优势，货运需求大，未来收费可以覆盖贷款本息。但是实地考察以后，发现在道路的附近有一条非收费二级公路，而这条道路明显会分流高速公路的货运量，项目的科研报告明显虚高了未来的收益。这个信息是信贷审查人员在实地考察时才发现的。而实地考察时，发现报告中反映本高速公路的单位建设成本明显偏高，也是合理的，因为当地需要穿山架桥，成本因此相对偏高，不存在虚报总投及挪用资金的情况。

## 四、房地产类项目

这里讲两个案例，一个正面案例，一个反面案例。

先说正面案例。某企业存在一个金额较小的法律诉讼，存在多笔欠息记录，上报了经营性物业贷款授信。审查员在与企业实际控制人交流时发现，该法律诉讼是商场在安装设备的时候，找了 A 公司施工。完工使用后设备经常出问题，该商场就没按时给 A 公司工程款，于是 A 公司就诉讼本企业，目前正在庭外和解。而欠息记录是银行系统原因导致的，部分银行已出具情况说明。目前，集团唯一的资产是一个大商场，已经没有其他存量项目和土地，企业对外负债比较清晰，主营业务比较明晰。审查人员去现场时，发现抵押物挨着某一重点大学，很多学生到商场购物、吃饭、看电影；同时，抵押物离地铁口只有 10 米左右的距离，商场周边商铺全部开门营业，客流充足、人气旺。信贷审查人员看到这些，自然就消除了之前对该项目的疑虑。实地考察完毕以后，项目快速审批通过，后来企业还本付息一切正常。

再说反面案例。某房地产企业申请开发贷款，但是目前商场刚刚建设完毕，处于销售和招租阶段。信贷审查人员未打招呼悄悄地去了项目现场，发现由市区到项目现场距离达到 30 公里，且下了高速以后还要走一段凹凸不平的小道。到了项目现场，发现项目周边也在建设，但几乎没有人气。项目外面挂了很多招牌，但没有货运车辆和人员。信贷审查人员与销售人员聊天了解到，该企业在周边拿了很多地，周边在建项目很多都属于该集团。有的商业地产是采取售后回租的方式销售，优势是政府计划未来要将市区的家具城搬到这里。通过实地考察，可以看出项目位置没有优势、交通不便、集团在建项目过多、政府政策执行情况不明朗、项目未正式营业且人气较差，售后回租的方式也是政策所不允许的，因此该项目予以否决。

## 五、某劳动密集型企业

某机械公司属于劳动密集型制造企业，行业竞争激烈，利润率较低。经过到企业实际考察发现，企业在全国有 3000 多员工，人均工资 4000 元 / 月。因此，可以算出每年的大概人力成本为 1.44 亿。这样的企业，即便企业出现产能利用率不足的情况，也难以通过大量裁员的方式削减成本。在人力成本越来越高的情况下，这部分成本支出成为很多企业“吃钱”的无底洞。与企业财务人员沟通时，也验证了人力成本是企业一项硬性开支。人力成本偏高，是企业的一个重要特点。

另外，到企业的库房里面去查看库存，可以和相关人员交流企业的出口比例、主要有哪些下游客户、哪些产品是核心产品。如有必要，可以查看货物的出、入库单，核实产品的生产、销售情况。在生产车间，可以看到设备的开机率，在控制室看企业的整体运营情况，看工人的精神状态。考察途中可以看到企业的配套设施，比如篮球场、食堂、图书馆等建设、使用情况，这些都可以形成审查人员对企业的认识。如果与企业交流感到有难以落实的问题，可以通过外围了解企业的工资待遇及人员稳定性情况，避免企业拿到贷款不是用于经营，而是补发拖欠的职工工资。

## 六、某设备制造企业

该设备制造厂为中型制造厂，企业自主采购所需要的原材料，企业自主生产核心部件，然后组装出售。因此，企业的生产车间不是很大，员工数量也不是很多，企业的库存也不是很大。企业解释说是在收到订单以后才会组织采购和设备制造，因此存货较少。由于从生产现场难以核实企业的收入情况，可以让其提供纳税凭证，根据缴税凭证去核实企业的所得税缴税情况，再根据所得税税率计算出企业的营业利润数据，进而间接验证企业的收入情况。同时，要求企业提供部分大额购销合同，以进一步核实收入的真实性。

## 七、某矿产企业

某煤炭企业，根据其提供的数据，年产能达到 100 万吨，一年天数按 360 天计算。按此计算，每天产量为 100 万吨 /360 天 =2778 吨 / 天。一般的货车载重 20 吨，那么每天至少应该要运输 139 车。某调查人员为有效识别企业风险，就让村民在货运通道路边的树上安装了摄像头。由于项目在山区，道路难走，为安全起见货车都是在白天才拉货，货车的来去情况摄像头拍得清清楚楚。经过一个月的拍摄发现，企业的货车进出量平均每天只有 50 辆，因此与企业提供的数据差异巨大，有存在虚报营业收入的问题，予以否决。后来企业因为财务造假，最终东窗事发，出现违约情况。

实地考察的方式多种多样，随着交通的方便和通信工具的进步，银行信贷审查人员应该充分利用现代化的手段对企业进行详细考察，采取立体、多样化的方式对企业进行综合了解。只有这样，才不至于形成视觉盲点，才能对企业申请的业务作出准确的判断。

FOUND GREY RHINO

发 现 灰 犀 牛

# 逻辑篇

信贷审查的逻辑 / 重新认识“黑天鹅”事件 / 发现“灰犀牛” / 发现“灰犀牛”密度大的区域性金融风险 / 识得套路，见招拆招 / 信贷审查人员的管理

# 第八章 信贷审查的逻辑

不合乎逻辑的观点，只需一根绳索就可将它绞死。

——比勒尔

## 第一节 小心求证，大胆决策

“大胆假设，小心求证”是著名思想家胡适先生的名言，说的是做学问之道。而信贷审查工作需要做到风险与业务发展之间的平衡，是实践操作。信贷审查与做学问有相通之处。如果将胡适先生做学问的方法用到信贷审查工作中，需将原话倒过来，那就是“小心求证，大胆决策”。对于信贷审批而言，大胆决策是建立在小心求证的基础之上。

### 一、小心求证

#### 1. 为什么要小心求证

“谨慎能捕千秋蝉，小心驶得万年船。”小心求证在信贷审查工作中至关重要。

（1）信贷审查对银行的发展有较大影响

如果审批过于严格死板，那么审批往往就不通过，进而就无法发放贷款，而如果没有放贷、银行就没有利润，进而无法发展，而不发展是最大的风险；如果审批过于放松，就会导致风险较大的项目容易审批通过，甚至会出现违规审批的情况，引发授信风险或合规风险。同时，信贷无小事，银行很多授信往往是以亿元为计量单位，一旦出现不良，对经营部门、审查人员以及本行，都会造成较大影响。

（2）信贷审批对实体经济有影响

信贷审批工作直接影响着一家企业的项目能不能顺利完成，企业日常经营发展需要的流动资金能不能按计划到位。如果信贷审查中不了解实际情况，就会做出扶劣限优的情况，影响企业甚至实体经济的发展。

（3）审查结论必须严谨

信贷审查工作是银行经营部门发展与信贷风险控制的集中矛盾点。经营部门由于业绩压力和利润考核需要做项目，但信贷审查人员需要严格把关风险。由于经营部门与信贷审查人员思考问题站的角度不同，导致如果信贷审查人员想退回一个项目，必须拿出有依有据、逻辑完善的项目予以退回的理由（简称退卷理由）；如果信贷审查人员想审批一个项目，更要把握项目的风险。即信贷审查人员的审查结论，必须严谨。

鉴于以上几个因素，信贷审查人员在信贷审查工作中一定要小心求证。只有小心求证，信贷审查人员才能做到对经营部门上报的项目少误伤、少误判，做到风险可控的项目快速处理，风险不可控的项目要手起刀落、快速退回，不浪费银行有限的审批资源。

**2. 如何小心求证**

小心求证就是要求信贷审查人员要像福尔摩斯般拿着放大镜观察，沉心静气，仔细研读材料，从蛛丝马迹中发现问题，不放过一个细节。

（1）要仔细核对所有的材料是否齐全、完整、准确，这是基础工作。

信贷审查人员看资料要看到风险要点。比如看一家企业的基础资料，不能只看营业执照登记的企业性质、注册资本、营业期限等要素，更要看实际的经营范围是不是超出其应有的范围经营？各种证件是不是按时年检？验资报告、章程是否连续？企业在银行的融资行为是不是符合章程约定的融资程序？这些都需要审查人员仔细察看。

（2）要深挖调查报告背后的信息。

调查报告中的信息是客户经理提供的，但是报告中的风险点要靠信贷审查人员自己去挖掘。审查人员要多问几个为什么，要深挖调查报告中的一些细节，发现问题予以反馈：如果能够得到令人信服的答复，则可以说明企业数据还是有一定可信度的；如果数据推导出明显与事实不符的情况，就需要慎重对待。比如，一家企业前两个年度的营业收入是2.5亿元和2.8亿元，但是营业成本是1亿与1.5亿，可以看到企业的业务成本大幅上升50%，营业收入仅增长12%，因此营业成本的增长率远高于营业收入的增长率，存在异常。经审查发现，是因为企业的几大类产品毛利润率差别很大，其中A产品的毛利润较低，而B产品的毛利润较高，A产品与B产品都是企业的主要产品。但是，今年企业的A产品销量增长较快，而B产品的销量有所下滑，最终导致企业的营业成本大幅增加。

再比如，甲公司是一个年销售收入10亿元的贸易公司，应收账款余额为3000万元，其中一个客户为造纸公司，相应的应收账款余额为500万元。调查报告显示双方年交易额大约在5000万元，为同一种产品，而该原材料占造纸成本较低，只有2%，那么我们可以算出乙造纸公司的年销售额应该不低于5000万元/0.02=25亿元。产值25亿元的造纸厂应该是规模较大的企业，但是核查当地网站，没有该企业的信息，说明客户经理取得的基础资料很有可能是假的。审查员要求客户经理提供发票，企业始终提供不出双方的交易发票，最后项目予以否决。多年后，方得验证企业一直造假，圈进了一批银行。上述两个都是通过小心求证甄别出风险的案例。

（3）对一件事要多角度验证，才保证逻辑的正确性。

风险往往不是突然迸发的，在此之前会有很多蛛丝马迹反映出来。因此，对于信贷审查人员提出的疑惑，首先要多方面核实一下，通过逻辑分析，说明其是否具有合理性。假设企业造假，也很难将各个要点造得非常完美。比如一个企业，2015年将其某全资子公司出售，而这个信息会在财务报表中有多处反映：在2014年的长期股权投资科目里面，明细中有这个子公司，金额1000万元；2015年6月将子公司股权100%出售给其他企业，并取得股权转让款1500万元；那么企业2015年的12月的财务数据中，长期股权投资中就没有这家子公司了。而损益表中，企业会有投资收益500万元（1500万元-1000万元）。现金流量表中，“收到的其他与经营活动有关的现金流”1500万元。审查人员要学会让数据说话，通过多角度去验证这一事件的真伪。

（4）要多渠道搜集所审查项目的资料。

项目审查环节往往时间紧，同时调查报告中难以将所有问题给予反映，造成信贷审查人员对企业的真实情况难以深入了解，因此对审查环节造成巨大压力。但是，“世上没有不透风的墙”，只要肯下功夫，对企业被隐藏的信息，信贷审查人员就能找到获取相关信息的渠道。例如，信贷审查人员可以通过多种渠道去核实企业的情况，尤其是网络、上市公司公告、APP、行业内人员的建议、内部知情人士等。笔者曾遇到一个项目：一家民企与上市公司合作项目，该项目到本行申请贷款，且该项目之前已经在其他金融机构申请了部分贷款，但项目还有部分资金缺口。项目整体情况一般，审查要求上市公司担保，但是上市公司不愿意提供保证担保，审查因此陷入僵局。调查报告中没有写到上市公司对于该项目的态度，但是信贷审查人员从上市公司公告中查到部分信息，所谓的合作，是上市公司采取“明股实债”的方式给项目公司贷款，并每年收取高额利息，而这部分“明股实债”的资金已经到期，上市公司还因此制定了宽限期，过了宽限期要收取高额罚息。因此可见，民企与上市公司的合作其实只是表面的合作，上市公司不愿提供担保，之前“明股实债”的资金已经到期无法偿还，这也是重大预警信号，最后项目予以否决。这就是通过其他途径获取信息的力量。

## 二、大胆决策

### 1. 为什么要大胆决策

大胆决策，似乎不是信贷审查人员的行事风格，但大家知道，世界上没有完美的项目，只要贷款放出去，就存在风险，尤其是操作风险与市场风险、行业风险。可以说，风险时刻存在。因此，信贷分析无法做到面面俱到，所有列举的风险点也难以通过风险控制措施进行彻底的隔绝。信贷审查人员必须明白：达到审查决策条件即当决策。如果信贷审查中做到了小心求证，那么在实质风险可控的前提下，下结论时应该大胆决策；如果在拍板下结论时再瞻前顾后、畏手畏脚，必然会首鼠两端，无法顺利开展工作。

### 2. 大胆决策的原则

大胆决策要坚持一个重要的原则，那就是分析判断项目存不存在实质性风险。所谓实质性风险，就是说到期后，本行贷款是否发生损失。我们将这个问题拆分为三个小问题：第一，本行贷款期间，企业会不会破产？第二，如果企业没有破产的话，本行资金能不能顺利退出？第三，如果本行资金难以退出，本行会不会发生较大损失？

判断的逻辑：

第一个问题，如果企业破产的可能性很大，那么银行就不应对其发放贷款，只有破产概率较小的企业才能进入第二个问题考虑的范围。要判断企业会不会破产，就要看企业的可持续经营能力，进而应该去分析企业的市场地位，核心竞争力，所处行业的周期，以及市场的波动情况。

第二个问题，如果该企业不存在破产或者经营困难，银行资金可以顺利退出，那么就可以审批通过。要判断本行资金能不能顺利退出，就要看企业的盈利能力或者项目的回款能力，以及企业的再融资能力，这两种能力都可以保证本行资金顺利退出。特别要关注的是，如果大型国有企业依靠自身经营能力难以确保本行资金退出，但由于其融资能力较强，可以通过发债、其他银行融资等渠道来归还到期的银行贷款，也是认为本行贷款有一定的退出能力，但也要避免本行成为“接盘侠”。关于这种情况下的大国企，需要灵活掌握，具体问题具体分析。

第三个问题，如果企业没有破产，但到期归还贷款存在一定的压力，这就要看担保是不是足够强。也就是说，在第一还款来源以及外部融资都存在一定困难的情况下，就要看项目的担保方式能不能起到缓释风险的作用。如果担保方式较好，也是可以考虑的。

整体的逻辑思路是这样的：

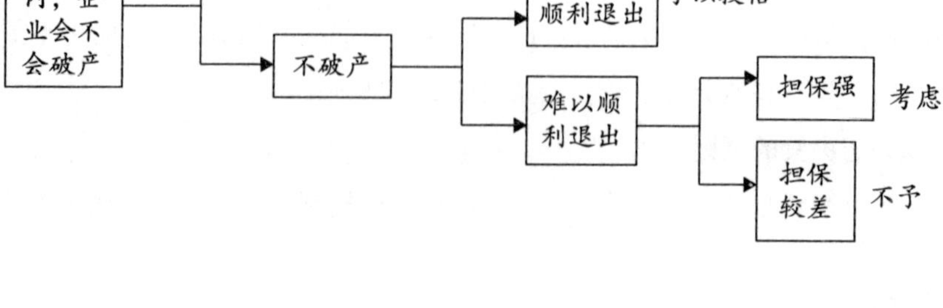

### 3. 案例分析

**案例 1：某铁路投资公司**

某省级铁路投资公司的一个项目公司要修一条城际铁路，项目总投资较大，项目现金流覆盖情况较弱，第一还款来源存在不足，但是该项目有省级的大平台担保。我们按照上面的思路进行分析：第一个问题，该公司会不会破产？通过分析，该项目公司及集团承担的是关于国计民生的铁路工程，集团未发生大幅亏损的情况，且政府每年都有一定金额的补贴资金到位，因此企业破产的可能性小。第二个问题，本行资金能否顺利退出？先看第一还款来源。很抱歉，项目自身收益较差，甚至付息压力都很大。再看第二还款来源，担保方为省级的大平台，由于该平台承担着该省的大部分铁路项目，每年能够从政府那里获得补贴，并且担保企业可以通过外部发债或者银行融资来获取资金，可以说，第二还款来源有一定的保证。通过以上分析可判断，该项目的实质问题就是省级大型平台的信用，能够有效缓释银行授信风险。并且，由于项目需求资金较大，银行可以拼盘融资，或者走银团贷款，进一步分散项目的风险。但要注意，本行敞口金额不宜过大，授信期限不宜过长，担保方式不弱于他行。

这里我们看重第二还款来源，是因为担保人是省级铁路投资公司，资产规模 2000 亿元以上，净资产 400 亿元以上，其发债资金高达 300 多亿元，外部筹资情况良好，抗风险能力较强。这种情况下第二还款来源的重要性，已经比第一还款来源还要强了。

**案例 2：某大型钢铁企业**

通过某大型钢铁企业的案例，看能不能回答我们的三个问题。第一，企业会不会破产？所在行业不是国计民生的垄断性行业，投入较大，关键是人员多，一旦行业处于衰退期，几万张嘴就让企业吃不消。并且由于企业的杠杆率较高，一旦银行压缩贷款就会导致流动性紧张甚至枯竭。另外，该行业是市场化竞争较为激烈的行业，非国计民生行业，企业出现问题政府难以兜底。先看第一还款来源，企业每年净利润较低，难以通过经营收入来偿还银行贷款。因此，企业存在一定的破产风险。如果审查人员还是不敢下决策，我们假设企业不会破产，再来看看第二个问题，本行信贷资金能否顺利退出？再看第二还款来源，从企业融资情况来看，2014 年银行收回贷款资金高达 20 亿左右，企业外部筹资难度越来越大，第二还款来源较弱。因此，如果本行给予授信，未来本行贷款将难以退出，甚至会出现重大损失。

## 第二节　如何防范“灯下黑”

### 一、定义

“灯下黑”原指照明时由于被灯具自身遮挡，在灯下产生阴暗区域，现引申为：人们对发生在身边很近的事物和事件没有看见和察觉。信贷审查的“灯下黑”，是指在大企业明亮光环下，对隐藏的风险视而不见。

### 二、分类

信贷审查审批中的“灯下黑”，主要分两种情况：

**1. 过度迷信大企业、上市公司**

不少信贷审查人员审查项目时，往往认为省级国企，层级较高，出了问题政府也会出面协调，实际上难度很大，比如某大型钢铁企业。同理，大家觉得上市公司管理规范，有外部规范的审计，尤其是提供二级市场的流通股做质押，即便企业不还钱了，银行把股票卖掉也能把贷款收回。但实际情况往往是，一旦企业无法还款，造成违约，企业的生产经营可能会陷入困境，进而引发被退市的声誉风险，导致股价大幅下滑，甚至被停牌，质押的股票一时又难以脱手，因此损失惨重。比如：某乳业上市公司就属于这类情况。

**2. 迷信国企的下属子公司情况**

正常经营的大国企，尤其是大型垄断优势的国企，其经营情况良好。该国企内部有规定，集团内经营情况良好的子公司，一律采取信用贷款。经营情况一般或者小幅亏损的子公司，采取保证担保贷款（一般是其他子公司）；经营情况较差的子公司，尤其是大幅亏损的子公司，可以采取母公司保证担保或资产抵押的方式进行贷款。那么问题来了，如果集团内某一个经营情况一般的全资贸易子公司申请信用贷款，应该怎么做？是不是看着其是大型垄断国企的子公司，直接审批通过？这个问题值得商榷。比如：上市公司中航飞机的下属子公司西飞集团进出口公司破产案件。

（1）法律要点

有限责任公司，是指根据《中华人民共和国公司登记管理条例》规定登记注册，由五十个以下的股东出资设立，每个股东以其所认缴的出资额对公司承担有限责任，公司法人以其全部资产对公司债务承担全部责任的经济组织。有限责任公司包括国有独资公司以及其他有限责任公司。《公司法》所称的有限责任公司是指在中国境内设立的，股东以其认缴的出资额为限对公司承担责任。我们可以清楚地看出，《公司法》规定“每个股东以其所认缴的出资额对公司承担有限责任”。因此，一旦该子公司出现问题，并且是信用贷款，大国企法律意义上所承担的责任仅仅是其认缴的出资额，而没有更多的救助义务。这一点，信贷审查人员一定要明白。

（2）要参考同业授信情况

如果他行介入国有大企业子公司授信，都是采取信用的方式，信贷审查人员可以参考他行的授信额度和贷款期限，适当予以授信，但金额不宜过大。如果大部分银行的贷款方式都是保证担保，只有个别银行采取信用方式。那么，信贷审查人员要独立判断，该追加担保就追加担保，不能因为本行营销难度大，就通过信用方式贸然介入。且对经营情况一般的贸易类公司授信期限不能超过一年，品种以流动资金贷款和银行承兑汇票为主。只有这样，银行才能随时保持主动性，在企业出现经营问题的时候，及时退出。

## 三、如何防止防范“灯下黑”

没有特殊经营能力的纯贸易类公司，尤其是一些大国企为了做大收入而成立的贸易公司，其与集团的主营没有太大的关系，信贷审查时要谨慎。这样的贸易公司，虽然股东背景很好，但是应考虑到股东仅承担有限责任，如果贸易公司出现问题，股东没有救助义务，特别是一旦审查不到位，特别容易形成“灯下黑”事件。这里之所以把防范“灯下黑”拿出来讲，是为了要提醒信贷审查人员不能迷信国企，不能迷信上市公司，不能因为背景好就放松了信贷审查的要求。

综上所述，大国企下属的贸易公司，甚至一些背景较好的大型国企、上市公司的非主营业务板块的子公司，如果做信用贷款需要审慎。信贷审查人员不能迷信国企背景，要时刻谨记大股东仅承担有限责任，要参考同业授信，要分析借款人情况，借款人在集团中的地位，要分析相关产品未来的行业发展情况，最终做出信贷审查决策，而不是简单的审批通过。信贷审查人员要注意借款人的实际情况，不能自我催眠，过度迷信部分企业，更不能自作多情认为与大企业建立了业务联系形势一片大好。信贷审查人员心中要时刻绷紧风险这根弦，防止出现“灯下黑”的情况。

## 第三节　续授信业务审查的逻辑

### 一、续授信的定义

企业在银行的上笔授信到期，且企业顺利归还银行的贷款本息以后，银行再次给予企业的授信，叫作续授信。续授信业务，可以提前续做，也可以到期再续做，看企业实际需要。

### 二、续授信的影响

#### （一）客户对银行资金使用形成依赖

由于多年的续作，银行的一笔短期贷款资金，很可能被企业当作长期贷款进行使用，发生短贷长用的情况。更有甚者，很多企业主观上认为，银行的这笔钱就是企业自己的钱，企业只需要支付利息就行了，因此企业对银行的资金形成依赖。这种情况一旦遇到银行收贷，企业的现金流就会紧张，进而引发信贷资金的风险。

## （二）经营部门对已有授信客户形成依赖

### 1. 业绩压力导致经营部门退出续授信项目难度大

银行内部的业绩考核持续存在，并且很多续授信项目是经营部门的压舱石，除非出现较大的不良预警信息，否则经营部门很少有动力去退出一个续授信项目。因此，从主观和现实条件来说，经营部门主动退出一个项目难度较大。续授信时，银行很容易对发生的预警信息视而不见。更有甚者，预警信息已经很强了，但是银行一收贷企业就死，导致银行被企业绑架，只有期望“以时间换空间”，等待企业经营能有所转机。但这个过程就像股市一样，往往越套越牢，最终银行更加难以脱身。可以说，在企业困难还没有爆发时，银行还有退出的时间窗口，但此时经营部门往往不愿意退出；而一旦出现较大不利因素，银行又很难退出。这种情况造就了银行信贷审查的困局。

### 2. 经营部门对客户相对熟悉

俗话说“做熟不做生”。对于经营部门而言，其对于续授信项目的融资主体相对熟悉。续授信客户给做存款，又按时还本付息，很多经营部门觉得营销这样的项目，总比去营销新项目要靠谱；并且，银行对续授信项目知根知底，企业的维护成本也相对较低。以上这些，都是经营部门以及审查人员不愿放手续授信项目的原因。

### 3. 有的项目已经骑虎难下难以退出

还有一种情况，就是银行续授信几次后发现，本行已经成了该企业最大的贷款银行，甚至发现银行已经被企业“绑架”了，想顺利退出难度很大。这时，如果要求客户还贷，企业可能反馈说经营困难，还不上。这种情况下，如果银行强行收贷，就会引爆一笔不良贷款。如果银行将贷款续作，或者新增部分额度，企业或许会起死回生。这种“饮鸩止渴”的处理方式很可能解决了一笔不良贷款，但可能换来了一笔更大的不良。如这样，经营部门往往骑虎难下，被客户牵着鼻子走，银行也会陷入被动。

## （三）信贷部门在续授信项目审批中存在的问题

### 1. 上级行放松续授信项目的授权

续授信项目，由于之前已经对客户做了筛选，风险相对可控。因此，鉴于对续授信客户已经做了一次风险把控，同时为了保证效率，上级行经常会把续授信的审批权力下放。特别是如果企业申请授信敞口金额不增加、授信期限不延长、担保条件不减弱、贷款利率或保证金比例不降低、担保人不变更、出账条件不降低、借款人和保证人年度信用等级不低于原审批时的信用等级、借款企业和保证企业的控股股东及实际控制人均未发生变更，审批的权限往往相对宽松。但是，经过几年的业务延续，客户的情况可能已经恶化，但碍于各方面的因素，基层有权审批部门往往会因为业绩的压力，忽视情况的变化，而审批通过该类项目，这是导致发生信贷风险的重要因素之一。

**2. 信贷审查人员相对放松对续授信项目的审查**

（1）审查时间不足

对于续授信项目，很多情况下，经营部门发起授信时时间已经很紧张，经过一系列流程下来，项目马上到期，留给信贷审查人员的审查时间很有限，导致信贷审查时间不足，难以深入分析。

（2）自身责任压力不够

信贷审查人员往往没有审批权限，最终的审批权限在贷款审查委员会或有权审批人，信贷审查人员只是如实反映项目的情况。因此，在这种审批权力在上级、审批职责在领导的思想，有意无意地减弱了审查人员对于项目风险的责任意识，忽视了一些预警信息。

（3）调查报告容易流于形式

对于续授信项目，经营部门在上次业务申报时已经做好了调查报告，个别经营部门开始投机取巧，只是简单更新一下财务数据，不认真落实贷前调查工作。如果经营部门没有下功夫对企业进行深入调查，只是更新一下财务数据、对新发生的重大事件落实不到位，最终贷前调查流于形式，调查的深度和广度不够，为后续工作留下莫大的隐患。

以上三点，容易导致信贷审查人员对于续授信项目放松要求。

## 三、续授信审批的原则

信贷审查人员必须树立一个意识：续授信业务要按照新增授信的标准进行

审批。

其实一家银行的不良贷款，往往是发生在续授信上面。对于新增授信，经过银行完善的信贷审批流程，层层风险把关，银行发生不良贷款的比例很低。一笔贷款发放了几个月就出问题了，这样的项目风险往往出在操作环节上，部分项目风险出在行业大幅波动、重大事项发生等难以预测的情况，历史数据表明，这样的项目还是非常少见的。真正的不良贷款，问题往往出现在贷款发放后的第二年或第三年甚至第四年时，行业进入到衰退期或者国家政策发生重大调整，企业所处的环境、行业地位、竞争优势可能已经发生了很大变化，或者企业在这段时间有重大对外投资，甚至已经积聚了大量风险。但是，由于上级行对续授信授权上的放松，导致下级行有权限审批此类业务。而下级行又有着较大的业绩考核压力，需要考虑业务发展的问题，因此容易出现按照新增授信审查标准可能予以否决、而按续授信审批通过的情况，最终错过退出时机，导致风险爆发。

银行不能在续授信的过程中被企业绑架，也是续授信时需要注意的问题。很多项目都是贷款金额越做越大，银行承担的风险也越来越高，最终发生企业拿银行新增的贷款去付利息的情况。信贷审查人员应该清楚：银行不是慈善家，是要盈利的；银行也不是企业的股东，不能和企业共生死。信贷审查人员在审批续授信业务时，心中要紧绷一根弦，防范和企业共生死这类事件的发生：一旦发生这种情况，银行将会处于很被动的状态：银行收贷、企业就死，银行不收贷、企业可以熬两年，期待“以时间换空间”。但拖得越久，银行的授信资金越大，处置的窗口期也逐渐关闭，从而银行进入了死循环。最终，甚至出现了企业转移资产，本行抵押物被查封，导致银行沦为冤大头。

同时，银行“垒大户”的思想作祟，是对续授信风险辨识不够的重要原因。与本行的合作情况良好的续授信项目，贷款本息也都正常，经营部门很容易有“垒大户”的思想，想通过把某一集团的授信额度做大，以此集团为突破口，来完成本部门的经营指标。最后，大户可能垒成了，银行也被企业“绑架”了。

如果续授信项目当作新增授信进行审批，会大大降低续授信的风险。因此，信贷审查人员必须树立一个意识：续授信业务要按照新增授信的标准进行审批。审查人员要充分揭示风险，给有权审批人员或机构以决策的依据。

## 四、续授信的补充知识——过桥资金

对于续授信项目，由于银行审批、出账流程的原因，从企业归还银行贷款到企业从银行再次拿到贷款资金，往往有一个时间差，短则几天、长则数周。这段时间，企业可能自身没有那么多的资金用于倒贷，于是从社会上找资金临时用于偿还银行资金，等银行资金下来以后再还这部分社会资金。这就是社会上常被提起的过桥资金。

过桥资金的出现，银企双方都有原因：

**1. 企业怕银行抽贷**

有的企业已经出现困难，但唯恐让银行知道企业经营压力大以后抽贷，往往主动找过桥资金来归还银行贷款，从而隐瞒企业经营困难的情况，以顺利从银行融到资金。企业待银行贷款发放后，再将银行贷款资金归还过桥资金。

**2. 个别银行有意设套收贷**

虽然大部分银行有大局观，但不排除个别银行在收贷时，害怕企业不还款，经营部门让企业先把贷款还上，并承诺本行会继续给企业发放贷款。甚至个别银行做笼子给企业设套，给出授信批单让企业安心还款。但企业一旦把钱还上，银行就找各种理由搪塞企业，不再发放贷款，导致企业资金计划被打乱，资金链出现问题。如果企业归还银行借款的资金是拆借社会上的，那么还会背起高额贷款利息，连累企业的经营。

**3. 企业与银行联手演戏**

在发生续授信的时候，企业往往难以一下子拿出这么多资金用于归还银行贷款，毕竟预备这样一笔资金对于企业来说，没有发挥资金的效益最大化。这种情况对于中小型民营企业较为常见。但是企业不能按期归还银行贷款本息，银行就要将该事件视作预警信息，调整企业的五级分类情况，并且逾期欠息也会对企业的征信造成不良影响，阻碍企业后续融资。此时，企业与银行合作，让企业从外面拆借同等金额的资金，用于归还银行的贷款，然后企业从银行获得贷款，再把贷款资金归还拆借的资金。这样企业虽然经营困难，但是还本付息正常，银行的信贷资产就变成正常贷款了。

关于“过桥资金”，近期《人民的名义》里面大风厂片段有深刻描述，这种资金俗称“水钱”。过桥资金，往往是解决拆借者短期资金急需的问题，拆借时间短则数日，长则十天半月，具有使用时间短、利息高、需求急三大特点。拆借资金的提供者往往是民间借贷公司、民营企业、理财公司等。拆借资金的利率因地区和拆借时间、拆借资金市场供需情况而有所差异，如有的地方民间拆借成本最低是每天2‰，同时要求四天起借。这样操作，往往是银行提前完成信贷审批，在企业贷款还上以后马上就走出账流程，大大缩短续授信的时间差。并且，企业拆借资金的时间比较短，还是可以接受的。但是，资金拆借大大提高了企业的融资成本，尤其是在目前市场资金缺乏的情况下，高额的资金拆借成本，是企业续授信时默默忍受的伤痛。

企业通过过桥贷款归还银行贷款，这是企业资金紧张经营困难的最直接信号，往往也是银行容易知晓的信息。信贷审查人员不应该忽视这个信号，相关决策层应该根据这个信号作出进退决策，而不是漠视这个风险信号，任由“灰犀牛”横冲直撞。

## 第四节　独立决策审批与集体决策审批的逻辑

### 一、分级审批

贷款分级审批制是依据《贷款通则》第41条规定：建立分级审批制，贷款人应当根据业务量大小、管理水平、贷款风险度确定各级分支机构的审批权限，超过审批权限的贷款，应由上级审批。后来，这一制度被纳入《商业银行法》第35条：商业银行贷款，应当对借款人的借款用途、偿还能力、还款方式等情况进行严格审查。商业银行贷款，应当实行审贷分离、分级审批的制度。

法律确立这一制度的目的在于避免人情贷款、以贷谋私等危及贷款安全的行为，保证银行信贷款资产的质量。贷款分级审批的基本要求是商业银行应按其分支机构资产或负债规模和结构的不同，以及考虑各自经营管理水平的高低，确定与其状况相适应的贷款审批权限。

## 二、按人数划分分级审批的模式

贷款分级审批制，按照参加审批决策人数分为以下三类：单人决策审批、双人决策审批、集体决策审批。

### （一）单人决策审批

单人决策审批是指由一名专职信贷审批人，在其个人授权权限内通过审阅申报材料，作出审批结论的方式。其中专职信贷审批人也称独立审批人。

**1. 优点**

（1）随时可以进行项目审批，便于决策，效率高；

（2）只需独立审批人同意即可，便于下级部门沟通；

（3）人工成本较低；

（4）对优缺点都比较明显的项目，更容易把握市场机遇。

**2. 缺点**

（1）单人审查，若审批人经验不足或疏忽易造成信贷风险；

（2）权力过于集中，易造成寻租现象；

（3）审批人一人承受各方压力，容易妥协；

（4）过于专业的行业而审批人又不熟悉的项目，审批时不宜充分揭示风险；

（5）对审批人的综合素质要求较高。

**3. 对独立审批人的要求**

（1）具有长期的审批经验或营销经验；

（2）具有较强的应急能力以及协调能力；

（3）能够掌握信贷审批的灵活性与原则性；

（4）具有较强的抗压能力。

4. 适用范围

（1）简单的综合授信；

（2）复杂程度一般的项目贷款，如房地产开发贷款、经营性物业贷款、修路修桥项目；

（3）交易结构简单的项目；

（4）金额较小的授信项目；

（5）已经流程标准化的授信产品，如小企业信贷工厂；

（6）上级部门审批以后，需要调整保证金比例、利率等不涉及实质风险的项目；

（7）银行作为承销方且不持券的发债项目；

（8）信用等级认定。

### （二）双人决策审批

双人决策审批是指由 1 名贷款审批牵头人和 1 名专职信贷审批人分别独立审阅申报材料，独自做出审批结论，根据两人投票汇总结果，出具审批结论的方式。

双人决策审批兼具单人决策审批与集体决策审批的优缺点，但实际操作过程中更偏向于单人决策审批。

### （三）集体决策审批

集体决策审批是指首先由贷款审批牵头人和专职信贷审批人分别独立审阅申报材料，并于之后以召集多人参加信贷审批会议形成审批结论的方式。各家银行略有差异。

1. 优点

（1）听取各方意见，从各角度对项目进行审查，便于充分揭示风险；

（2）匿名投票，便于表达真实审查意见；

（3）集体决策，便于抵挡各方压力，提高审批的独立性。

2. 缺点

（1）参与决策者人数较多，多人意见汇总，耗时较长；

（2）集体决策成员相对级别较高，对下属单位来说项目沟通难度较大；

（3）消耗大量人力物力；

（4）对优缺点都比较明显的项目，集体决策容易丧失市场机遇。

**3. 适用范围**

（1）单笔或集团金额较大的项目；

（2）交易结构复杂或项目复杂程度较高的项目；

（3）金额较大的异地项目。

## 三、按审批权限集中度划分分级审批的模式

授权审批，是指上级根据具体情况，将一定的授信业务审批权限下放给下级的审批方式。授权审批可以体现以客户为中心的理念，提高审批效率，但在风险控制上有一定欠缺。若采取授权审批方式，必须科学设计岗位间的制衡机制，如派驻风险经理平行作业。授权审批又可以分为三种授权审批方式：

### （一）按层级授权

1. 董事会；

2. 风险委员会；

3. 关联交易委员会（涉及关联交易）；

4. 总行贷款审查委员会（如为一级分行，则行长行使否决权；如为总行贷款审查委员会，则有首席风险官行或分管信贷的行长使否决权）；

5.（授信、小企业、个人）牵头审批人；

6.（授信审批部、个人业务部、小企业贷款部）专职审批人，或分行贷审会；

7. 支行行长。

### （二）根据风险管控能力授权

在同一层级内，不同的机构授权也不尽相同。风险管控能力强的经营单位，总部授权的权限相对较大；管控能力弱的经营单位，总部授权的权限相对较小。

例如在现代商业银行，为考虑市场竞争，总行一般给予一级分行较大的授权。但在一个银行内部，各个一级分行的授权并不是一致的。对于一些资产质

量较差（如不良贷款占总资产比例较高）或管理不规范（如存在授信资金挪用情况、违规操作情况严重）的一级分行，总行给予的授权往往较小。另外，对于资金需求量大、信贷市场较为发达的地方，如北上广，总行往往从效率及同业竞争的角度考虑给予较大的授权。

需要补充一下关于同城支行或二级分行的情况。同城支行或二级分行到一级分行进行项目申报，往往需要较大的人力、时间成本。同时，有大量项目是由一级分行或总行审批通过到期续作的项目，为做到风险控制与效率的平衡，一级分行可以给予同城支行或二级分行转授权。但转授权中新增授信的额度较小，进而控制新增风险，同时又保证了存量项目的审批效率。

**（三）总行集中审批**

有的银行根据自己的情况，规定不论业务风险大小、金额大小一律都由总部进行集中审批。此种方式虽能有效避免因授权导致信贷审批失控，但是牺牲了效率，在实际操作中较为少见。

## 四、完善信贷审批机制，实行专家决策制度

无论采用哪种贷款分级审批模式，最终都要落实到具体的信贷机制与审批人。现代商业银行为更好地防范信贷风险，需要完善信贷审批机制，实行专家决策制度。

**1. 要保证贷款审批决策的独立性**

保证贷款审批决策的独立性，才能保证审查的科学性、原则性和真实性，才能提高贷款审批决策质量。非审查部门不要干涉审批，不要给予审批部门以不必要的压力，以免影响独立审批，避免出现审批结果不能真实反映审批人审查意见的情况。

**2. 人员配置及考核**

按照审批信贷业务的工作量，合理配备风险经理（专职信贷审批人）并实行必要的资格准入制，如在专业技能、学历、工作经历、道德品质等方面进行考核，取得资格后竞聘上岗。同时，建立专职信贷审批人约束和激励考核机制，按其岗位对审批决策贷款所承担的责任与相应的职级待遇挂钩，定期进行

工作业绩量化考核，作为晋升和奖惩的依据，以不断激励专职信贷审批人提高自身素质以及贷款审批的质量和决策水平。

3. **引入外部专家**

银行根据信贷业务的需要，实行内外结合的办法，按项目具体情况来聘请外部行业（项目）的资深专家参加，对项目提供相关的信息。专家主要分析项目的发展前景、特点和主要技术参数，以及存在的技术、市场、法律等方面的风险，提出规避和防范风险的建议，为行内贷款审批人提供决策参考意见。目前，国内这种情况还较少。

## 第五节　重组贷款审查的逻辑

### 一、重组贷款的定义

重组贷款是指银行由于借款人财务状况恶化，或无力还款而对借款合同的还款条款做出调整的贷款。

银行通常对问题贷款采取的重组措施包括以下方式：贷款展期、借新还旧、还后贷（又称还旧借新）、减免或全减利息罚息、减免部分本金、债转股、以物抵贷、追加担保品、重新规定还款方式及每次还款金额等。

中国人民银行 2001 年 12 月正式颁布的《贷款风险分类指导原则》第七条规定：需要重组的贷款应至少归为次级类；重组后的贷款假如仍然逾期，或借款人仍然无力归还贷款，应至少归为可疑类。

### 二、重组贷款的原因

1. **借款人无力偿还到期贷款本息**

在市场经济的激烈竞争中，一些企业因自身经营管理不善或受外部经济、金融、社会、行业等不利因素的影响，导致盈利能力下降，甚至发生经营亏损，资金周转困难，难以按时偿还到期贷款本息，这是产生重组贷款的基础。但实际情况是，如果银行要求企业破产清偿债务，则偿债率往往较低。

**2. 贷款银行出于保全资产的动机**

在多数情况下，银行深知，申请执行借款人抵押物或破产，对自身并非有利。首先是抵押物变现存在困难，各项变现费用支出、价值损耗折扣难以估计。即使借款人进入破产程序，也会因为诉讼费用高、清算时间长、过程复杂、执行难度大等，需要耗费大量人力物力财力，极少能如数收回贷款本息。出于保全资产的目的，贷款银行往往同意做出部分让步，最大限度地维护债权、控制风险、减少损失。尤其是银行通过重组贷款的模式，帮助企业渡过难关，从而更好地保障本行信贷资产的安全。

**3. 政府对经济结构调整和干预保护行为**

一定时期内，政府为了进行经济结构的调整、减轻企业负担、促进经济增长，同时为了维护社会的稳定、避免矛盾激化，特别是地方政府从保护地方整体经济利益的角度出发，牵头组织企业的债务重组工作。地方政府往往会利用行政手段，要求各家银行不抽贷、不压贷，减免利息，促成债权人和企业达成和解协议。由于政策导向的影响和经营环境的限制，银行不得不牺牲局部利益，引发了重组贷款的大量产生。

## 三、重组贷款的特点

**1. 主体**

重组贷款的主体必须一方是贷款银行（债权人），另一方是借款人（债务人）。

**2. 前提**

重组贷款必须在原贷款合同的基础上修改还款条件。

**3. 双方让步**

重组贷款必须以增强借款人的还款意愿，承诺清偿全部或部分债务，同时贷款银行做出权益让步，以减免部分债务、推迟实现债权或变更债权实现方式为代价。

4. 三个有利于

重组贷款必须有利于增强借款人的经营能力和发展后劲，有利于维护贷款银行的债权、降低金融风险，同时有利于维护国家经济金融安全、保持社会稳定。

## 四、重组贷款的原则

1. 有效重组原则

贷款重组能够对降低信贷风险和减少贷款损失产生积极效果，重组贷款的贷款风险必须不高于或低于原贷款风险，禁止实质风险没有改善的形式重组。如 1 亿元流动资金贷款重组到一个资产 1.5 亿元净资产仅 0.5 亿元的贸易公司，虽然原来的授信主体、担保人、抵押物都在，但并没有实质降低风险，这类贷款重组不符合要求。

审查重组贷款的时候，如果原来的担保人脱保或抵押物变更，都将引发后期无法预测的风险。因此，一般会要求原来的担保人、抵押物不变或明显优于原抵押物，敞口金额适当降低，以控制项目风险。

2. 适当宽让原则

对于贷款重组，银行可以在政策允许的范围内实行一定的宽让，以利于贷款的回收。适当宽让，主要是指银行收益或风险上的宽让，而不是合规方面的宽让。比如，银行根据规定可减免利息或本金、调低贷款利率、调整还款计划，给予企业更长的融资期限。但是，项目的合规性是底线，不容突破。

3. 规范操作原则

贷款重组必须严格按照规定的条件和程序进行操作和审批。各家银行都有对各细分品种进行重组的管理办法，并有责任认定、资产认定、审批程序等流程，信贷审查人员必须按相关规定严格执行。

## 五、重组贷款的有所为与有所不为

重组贷款是由于借款人财务状况恶化，或无力还款而引发的，但不是银行对所有的“借款人财务状况恶化，或无力还款”客户都可以进行贷款重组。重组贷款要有所为、有所不为。

### （一）有所为

1. 针对暂时经营困难、流动性暂时短缺的客户，这样的客户银行适当支持以后会逐步经营正常；

2. 有银行认可的抵押物；

3. 原借款合同或担保合同存在法律上的缺陷，或其他潜在风险，需要弥补的；

4. 可收回部分贷款本金或利息，且贷款担保效力不低于原担保；

5. 优化担保措施或融资主体；

6. 通过重组贷款可以降低贷款风险。

### （二）有所不为

禁止重组贷款的情形，是指企业出现诚信问题、进入破产、出现严重的难以解救、涉诉等情形。对这些企业需要尽早处置，早处置还能多收回一点残羹剩饭，晚了可能连刷锅水都没有。这样的项目，处理起来要“宜早不宜迟”。

1. 借款人逃废债务或恶意欠息；

2. 借款人已进入破产程序；

3. 借款人已严重资不抵债、濒临破产，且没有政府提供财政支持或新的投资者介入；

4. 处于诉讼或执行程序中的贷款；

5. 风险分类为损失类的贷款；

6. 其他法律法规和政策规定禁止办理贷款重组的情况。

## 六、重组贷款的形式及影响

重组贷款的形式，即“对借款合同还款条款做出调整”的方式。这些方式往往是贷款银行与借款人修改原还款条件，以其他形式进行债务偿付：如同意借款人延长贷款偿还期限、先偿还全部利息再延长贷款偿还期限、延长贷款偿还期限但要加收利息等；或是在修改原还款条件时，附有或有条件（或有收益、或有支出）。重组方式，在目前情况下是比较多见的，如贷款展期、转贷、借新还旧、调整还款方式等。重组贷款以不严重损害贷款银行的债权利益为前提。

重组贷款既给予借款人一定的筹措资金缓冲空间，又适当化解了银行的贷款风险，是银行降低不良额和不良率的重要手段。重组贷款治理是银行信贷治理的一个重要组成部分，必须做到集中、规范、有序，才能将银行的经营风险和资产损失降低到最小限度。实际工作中，重组贷款的风险环节和要害控制点，主要集中在非现金资产、债转股等偿债形式方面。

## 七、重组贷款的具体品种及审查要点

### 1. 贷款展期

贷款展期是指借款人不能按期归还贷款，在贷款到期前向银行提出申请，经双方协商同意，延长原借款合同贷款期限的行为。逾期贷款不得展期。

贷款展期不得低于原贷款条件：短期贷款展期不得超过原贷款期限；中期贷款展期不得超过原贷款期限的一半；长期贷款展期最长不得超过三年。

贷款到期就要归还，是企业必须遵守的信用原则，也是银行加速信贷资金周转的前提条件。如企业遇有特殊情况，确实无法按期还款时，应提前向贷款银行申请展期，说明情况，经银行审查同意后，可延长还款时间，但需办理展期手续，否则按贷款逾期处理。

贷款是否展期由债权人即银行来决定。抵押贷款、质押贷款、保证贷款进行展期或借新还旧的，还应当由抵押人、出质人、保证人出具同意本次担保的书面证明。已有约定的，按照约定执行。

**审查要点：**

（1）操作要合规，符合流程；

（2）注意展期有没有征得保证人、抵押人、出质人的同意；

（3）注意展期期限；

（4）展期时，属抵押、质押贷款的，还须按法律规定到有权登记部门办理抵押、质押登记或变更登记手续，要注意抵押物不要脱保；

（5）为利于资产处置，建议抵押资产进行强制执行公证；

（6）担保条件不低于原方案；

（7）原则上不得办理全额展期；

（8）设置分期还款计划。

**2. 借新还旧**

借新还旧是指贷款到期（含正常贷款到期，展期后贷款再次到期，以及借新还旧后贷款再次到期）后不能按时收回，又重新发放贷款用于归还部分或全部原贷款的行为，是商业银行在贷款的发放和收回过程中经常采用的操作方式。从其本质上讲，借新还旧业务是对原借款合同中贷款期限、利率等条款的变更，其实质内容是对借款期限法律契约上的延长。

**优点：**借新还旧有利于商业银行盘活、收贷任务的完成，克服了诉讼时效的法律限制，进一步明确了债权债务关系，并有可能要求融资主体完善或加强担保，弱化即期贷款风险。

**缺点：**借新还旧业务，在一定程度上对社会信用产生负面影响，企业“有借有还”的信用观念进一步弱化；在某种程度上掩盖了信贷资产质量的真实状况，推迟了信贷风险的暴露时间，沉淀并累积了信贷风险；在办理新贷款的手续上，隐含着相当的法律风险。

**审查要点：**

（1）借新还旧贷款期限原则上不得超过原期限；

（2）出账前不得欠息；

（3）确保本次项目方案优于原方案；

（4）制订可行的还款计划。

**3. 还旧借新（还后贷）**

还旧借新是指借款人用自有资金偿还原贷款后，因生产经营需要，向金融机构重新办理借款的行为。

**审查要点：**

（1）要核实企业归还贷款的资金来源，是否是拆借来的过桥资金；

（2）企业归还银行贷款以后，要考虑是否发放本次贷款，不能不加辨别地审批通过。

**4. 减免或全减利息罚息**

借款人与银行签订借款合同时，借款合同约定了罚息条款。按照规定，银行可对两种情况计收借款人的罚息：一是逾期贷款（借款人未按合同约定日期归还的贷款）；二是借款人未按合同约定用途使用贷款（银行通常称为“挤占挪用贷款”）。

减免或全减利息罚息是银行减轻企业利息负担的一个措施。部分企业前期与银行合作情况良好，陷入暂时性资金紧缺时，银行可以考虑给予适当支持。但需要注意操作的合规性，避免出现道德风险。

减免或全减利息罚息不涉及信贷安全风险，只是银行的收益少了一些。

**5. 减免部分本金**

减免部分本金，即银行减免借款人的部分本金。该措施同减免或全减利息罚息相似，银行的本金少了一些。

**6. 债转股**

债转股是指依法组建的金融资产管理公司，通过收购银行的不良资产，把原来银行与企业间的债权、债务关系，转变为金融资产管理公司与企业间的股权、产权关系。债权转为股权后，原来的还本付息就转变为股利或分红。金融资产管理公司实际上成为企业阶段性持股的股东，依法行使股东权利，参与公司重大事务决策，但不参与企业的正常生产经营活动。在企业经营状况好转后，金融资产管理公司再通过资产重组、上市、转让或企业回购形式回收这笔资金。

债转股并不意味着国家或有国家背景的金融机构把企业的不良贷款认下来，而是淘汰旧的生产能力、调整产权结构、促进技术设备更新，以及在全社会的空间实现资源优化配置等目的。

**意义：**

（1）集中解决在经济发展中起举足轻重作用的大型、特大型国家重点企业；

（2）支持承担国家重点项目的企业减轻债务包袱，促使其尽早达产达效，产业升级；

（3）围绕国有大中型骨干企业的脱困，促使亏损企业中符合条件的企业扭亏和转制。债转股后，企业不用还本付息，负担随之减轻；同时资产负债表也趋于健康，便于企业获得新的融资。而且，债转股触及企业的产权制度，推动企业尽早建立新的经营机制；

（4）债转股兼顾了财政、银行、企业三方面的利益，社会震动小，容易得到各方支持。银行债权变股权，没有简单勾销债务，而是改变了偿债方式，从借贷关系改变成不需还本的投资合作，又减轻了企业还债负担，银行也获得了管理权，资产安全获得保障。这种债务重组方案，有利于在较短时间内收到解脱银行和企业债务症结的成效。

**案例：北京水泥厂**

1999 年 9 月 2 日，中国信达资产管理公司与北京建材集团共同签订了北京水泥厂债转股协议书。北京水泥厂也由此成为中国首家债转股试点企业。

北京水泥厂是日产 2000 吨水泥的国有大型骨干企业，但该厂过去在投资建设期间，曾向建设银行贷款 5.1 亿元人民币，到 1998 年底本息总额已达 9.68 亿元。过重的债务负担，使这家工厂的生产经营面临着严重困难。

北京水泥厂的母公司北京建材集团经过与信达资产管理公司的友好协商，在对北京水泥厂进行资产评估、企业财务评价的基础上，就北京水泥厂债权转股权的原则、转股金额、股权回购等问题达成了一致意见，并确定了转股方案。

据悉，实施债权转股权后，北京水泥厂 1999 年就可实现扭亏为盈。自 2000 年起，每年可实现利润 2000 万元以上。资产负债率由原来的 80.1% 下降为 32.4%。同时，企业通过资产剥离，减员增效并成立由北京建材集团和信达资产管理公司为股东的有限责任公司，建立现代企业制度，完善公司法人治理结构，促进企业经营机制的转换，使企业步入良性循环。

**审查要点：**

（1）注意法律风险；

（2）注意政策风险；

（3）注意操作风险；

（4）企业未来经营情况；

（5）权衡企业破产 VS 债转股的优劣；

（6）择机退出。

**7. 以物抵贷**

以物抵贷是银行在无法以货币资金收回贷款时，为降低信贷资产风险，而将债务人事先抵押、质押给债权银行的财产或者其他非货币财产折价归银行所有，用以偿还银行债务。

债务人不履行到期债务，银行作为抵押权人或质押权人依法拍卖或变卖抵、质押财产，并以变现所得优先受偿的，不属于以物抵债范围。

**审查要点：**

（1）要制定和完善以物抵债管理制度；

（2）维护管理好现存抵债资产；

（3）选择卖出时机和方式，及时处理抵债资产；

（4）政府及有关部门应给予支持。

**8. 追加担保品**

追加担保品是指银行如果在贷后检查中发现借款人提供的抵押品或质押物的抵押权未落实，或担保品的价值由于市场价格的波动或市场滞销而降低，由此造成抵押物不足值，或保证人保证资格或能力发生不利变化，可以要求借款人落实抵押权益或追加担保品。

（1）抵押人行为使抵押物价值降低

根据《担保法》第五十一条规定：如果抵押人的行为足以使抵押物价值降低的，抵押权人（银行）有权要求抵押人停止其行为，并要求其恢复抵押物的价值，或提供与减少的价值相当的担保，即追加担保品，以达到原借贷合同规定的价值。

（2）借款人风险增大

如果由于借款人财务状况恶化，或由于贷款展期使得贷款风险增大，或追加新贷款，银行也会要求借款人追加担保品，以保障贷款资金的安全。

**审查要点：**

（1）对于追加的担保品，也应根据抵押贷款的有关规定，办妥鉴定、公证和登记等手续，落实抵押权益；

（2）注意敞口额度不能过度放大；

（3）不能有抵押物崇拜，要关注第一还款来源；

（4）关注抵押物价值、变现能力。

**9. 调整还款方式**

调整还款方式是调整还款计划以及付息方式。对于一些目前经营状况恶化，尤其是情况严重、短期难以恢复的企业；或者企业状况一般但有一个预期较好的项目，项目需要一定时间才能有回款。对这两类授信，可以调整还款方式，帮助企业走出经营困境，保障银行信贷资金安全。

**审查要点：**

（1）避免集中归还，以免到期风险集中度过高；

（2）还款计划与企业的回款相匹配；

（3）还本周期与付息周期要符合相关管理办法；

（4）判断企业能否救活，如不能救活则在本行调整还款计划期间可能面临抵押物查封、企业涉诉等问题，不得调整还款计划，而应该立即收回。

## 八、重组贷款审查注意事项

重组贷款是银行处置问题资产的一种模式，有着异于正常贷款的流程。如重组贷款，需要有权部门对问题资产进行责任认定，才能开展信贷审批工作。同时重组贷款往往是与时间赛跑的游戏，尤其是展期贷款要求在贷款到期前审批完结，对业务的时效性要求很高，如不能及时处理，前期的所有工作都要作废。因此，信贷审查人员要注意，重组贷款有着异于正常贷款的注意事项。

**1. 注意法律风险**

重组贷款项目一般是出现重大预警信号的项目，此时必须注意法律文件、抵质押登记等法律问题，以免留下纰漏，给企业或不法分子留下操作空间，进而给银行造成损失。

**2. 注意操作风险**

担保、公证、合同签订等环节，都有可能出现操作风险。尤其是重组贷款，出不得半点纰漏。如展期贷款，属抵押、质押贷款的，还须按法律规定到有权登记部门办理抵押、质押登记或变更登记手续，因此要注意抵押物不要脱保。问题贷款，很可能外面牵扯民间借贷，企业既然出现如此强烈的预警信号，很可能资产被查封，导致抵押物脱保的情况。

**3. 注意与原方案的比较**

重组贷款项目，一个很重要的审查要点就是本次方案较原方案是否优化。是否优化要看融资主体、抵押物、期限、还款计划等问题。有担保优化、归还部分本金、弥补原方案的瑕疵等情况，有利于银行缓释风险，都算是方案优化。

**4. 抵押物（担保人）不愿意提供担保的问题**

展期需要征得保证人、抵押人、出质人的同意。

关于借新还旧，《担保法》规定：主合同当事人双方协议以新贷偿还旧贷，除保证人知道或者应当知道的外，保证人不承担民事责任。新贷与旧贷系同一保证人的，不适用这一条款的规定。因此，需要看担保人有无变化，如果有新担保人，需要新的担保人知晓，该笔贷款用于借新还旧；否则，容易出现脱保的情况。

**5. 避免走过场式的形式审查**

由于重组贷款时间紧、信贷资产已经出现较大预警信息、企业经营恶化难以正常还本付息、有权部门已对问题资产进行责任认定，信贷审查人员对于重组贷款的审查承担的责任不大。因此，信贷审查人员可能存在审查懈怠，只是简单地做一下财务数据分析、审查报告整理工作，审查把关不严格，有可能导致风险状况进一步恶化。审查人员要了解企业的实际情况，有效甄别企业的风险程度。

重组贷款有所不为，因此信贷审查人员要把握“不为”的尺度：企业出现诚信问题、进入破产、出现严重的难以解救的问题、涉诉等难以救活的情形，要及时采取措施，而不是盲目地审批通过。

贷款重组第一个原则就是有效重组原则。对于部分无挽救希望的企业，特别是行业处于下行期，涉及民间借贷较多，有资产被查封情况的企业，银行应该采取果断措施，因为这类企业连“以时间换空间”的操作都实现不了，拖着只会承受更大的损失。对于这类客户，如果银行适当压缩授信额度或及时处置资产，银行还能收回大部分本金。而如果“等”“靠”拖下去，很可能遇到抵押物被查封、企业大幅亏损的情况。有的银行为了化解不良，用新增贷款的方式处理，敞口金额越做越大，最终导致更大金额的不良。需要警惕这种“银行与企业共存亡”的想法。因为如果企业情况未发生实际好转，甚至发生行业持续性亏损，那么不断以贷付息的做法就犹如饮鸩止渴，甚至错过最佳的处理时机。等到民间借贷爆发、抵押物被查封、资产处置难度加大，将导致银行出现更大的损失。

## 第六节　类信贷业务与传统信贷业务审查的逻辑

### 一、类信贷业务与信贷业务的区别

类信贷业务，往往指同业项下的类信贷业务，也就是所谓的同业非标准化债权资产业务，即包括买入返售类科目，实际指利用资金业务外壳做了融资类信贷业务。特别是其买入返售类票据、信托收益权等，表面为资金业务实为信贷业务，实际是逃避了监管层关于信贷规模的控制。

信贷业务，又称为信贷资产或贷款业务，是商业银行最重要的资产业务，通过放款收回本金和利息，扣除成本后获得利润。

两者的区别：信贷业务是商业银行将资金直接投放给授信客户，并由商业银行从事贷后管理工作。简单地说，就是授信客户的获取以及贷后监管、债权债务关系，都是商业银行与客户之间产生直接关系。类信贷业务，又分为两类：一类是非银行金融机构（比如证券公司、信托、基金公司、融资租赁公司）将授信客户推荐给商业银行，由非银行金融机构负责项目端，而由商业银行负责资金端。这样，非银行金融机构通过收取通道费、财务顾问费、管理费等方式获取收益，而商业银行出资金且承担相应的风险，并收取相应的利率。这种合作方式比较常见，如银行与证券公司合作简称银证合作，银行与信托公司合作简称银信合作，银行与基金公司合作简称银基合作。非银行同业机构推介的项目，已经成为商业银行信贷资产的重要来源。当然，商业银行在营销人员充足、风险资产充足的情况下，也会由营销部门找项目，然后本行出资金；另一类是银行让非银行金融机构做通道，这样的项目非银行金融机构往往只收取 1‰—3‰的通道费，收费较低。这类业务其实质还是信贷业务，只是形式上和类信贷业务相似罢了。

## 二、类信贷业务的起源

从市场需求方面来看，我国资本市场的直接融资工具发展较慢，对于真正符合条件的融资主体，其实相对缺乏融资渠道，从而形成了“场外融资”的大量需求。高息的民间融资、影子银行、非标债权等模式应运而生。

从商业银行的动力来看，在我国利率市场化推进过程中，资金的价格在同业和跨界的竞争中迅速提高，银行的利差迅速收窄，只有通过扩大规模来维持利润水平。但是，国内银行业的信贷规模要受到存款准备金、贷存比（2016年已取消）、资本充足率等指标的限制，同时表内信贷资产还要受到经济资本占用等指标的约束，最后表内的利差收入还要受到贷款减值准备等项目的调剂。所有这些，使得传统表内信贷业务的扩张难以为继。

从 2010 年起，我国的影子银行迅速扩张，信托公司业务遍地开花，主要的业务模式就是银信合作，由银行设计和发行信托产品募集资金，信托公司再将资金对接到有资金需求并愿承担高利率的客户。这些客户往往是由于各种政策限制，银行正在退出或无法介入的客户。在与信托公司的合作中，影子银行较高的资产价格给了银行巨大动力，但银行表内的信贷业务无法接纳这些资产，于是银行开始尝试利用信贷资产转让，或者信贷资产理财——即后来的非标债权，用理财资金对接资产，从而将资产出表。

针对银行表外业务的大量扩张，监管层加大了监管力度。如要求信贷资产收益权转让必须全额计提拨备，占用经济资本等。银行创新出了各种方法，利用买入返售、远期回购协议，以及自有资金池的灵活错配，银行将表外的类信贷业务从资产负债表中挪走，或者称之为表表外业务。

随着监管越来越严，尤其是MPA（Macro Prudential Assessment）的推出，类信贷业务面临巨大的监管压力。MPA考核资本和杠杆情况、资产负债情况、流动性、定价行为、资产质量、外债风险、信贷政策执行等在内的7大方面，涵盖了14个指标。MPA的评估对象是各银行业金融机构，按月监测、季末评估，按照一系列打分最后分为A、B、C三档，并实施激励约束措施。近期，激励约束措施主要包括实施差别准备金利率等。

MPA体系更为全面、系统，通过综合评估加强逆周期调节和系统性金融风险防范。从以往的关注狭义贷款转向广义信贷，将表外理财、债券投资、股权及其他投资、买入返售资产等纳入其中，有利于引导金融机构减少各类腾挪资产、规避信贷调控的做法。央行将表外理财纳入MPA考核后，将全面反映银行体系的信用投放和货币派生状况，降低期限错配和杠杆率，最终达到降低系统性风险的目的。

## 三、类信贷业务与传统信贷业务的特点

类信贷业务与传统信贷业务的特点差异比较多，下面列表说明。

类信贷业务与传统信贷业务的区别

| 序号 | 类信贷业务 | 传统信贷业务 | 说　明 |
|---|---|---|---|
| 1 | 信贷资产不入表 | 信贷资产入表 | 信贷资产入不入表的问题，也是上面已经提到的。类信贷业务就是躲避监管不入表而产生 |
| 2 | 业务流程具有变动性 | 业务流程标准 | 类信贷业务涉及资管、投行等业务，如定增、发债、产业基金等，操作流程略有不同。但是传统信贷业务标准较为流程化 |
| 3 | 灵活度高 | 灵活度低 | 类信贷业务的期限、担保措施、权利义务都可以商定，如期限为3+1+1，如担保措施为阶段性担保，灵活性较大。传统信贷业务的品种如房开贷、流动资金贷款，产品较为固定，灵活度较低 |
| 4 | 风险高 | 风险低 | 类信贷业务给了企业更多的可操作空间，同时企业银行面临着较大的法律风险，并且类信贷业务可以投股权，因此类信贷业务风险较高。而传统信贷业务难以变通，操作规范，风险相对较低 |

续表

| 序号 | 类信贷业务 | 传统信贷业务 | 说明 |
| --- | --- | --- | --- |
| 5 | 固定 + 分红（如有） | 固定收益 | 类信贷业务可以有债权 + 股权的模式，因此有固定收益 + 分红的模式，但不一定有股权投资，也不一定要有债权投资，两个至少一个即可。而传统信贷业务只是借贷关系，收益固定的利息即可 |
| 6 | 收益较高 | 收益较低 | 高风险即高收益 |
| 7 | 监管政策变动较大 | 监管政策变动较小 | 类信贷为逃避监管而生，而监管层对类信贷业务也时刻保持警惕，如《证券期货经营机构私募资产管理计划备案管理规范第 4 号——私募资产管理计划投资房地产开发企业、项目》对于私募资管计划投放房地产行业就有了限制，而在这之前就没有。传统信贷业务是成熟的业务模式，监管层很少对他们专门制定政策 |
| 8 | 各方关系复杂 | 借贷关系较简单 | 类信贷业务，可以是借贷关系、可以是股权关系，同时类信贷中可以约定从某一年期末一方有 ×× 权力这样的条款，权利义务关系多变，各方关系复杂。而传统信贷业务双方只是传统的借款关系，比较简单 |
| 9 | 法律风险高 | 法律风险小 | 类信贷业务，涉及的主体较多，各方的权利与义务关系复杂，要注意法律风险 |
| 10 | 涉及主体较多 | 涉及主体较少 | 类信贷业务中，各方权利义务都可能涉及，如有限合伙企业中涉及优先 LP、劣后 LP、GP、资产管理人、资金托管方、增信方等，涉及的主体较多。而传统信贷业务只是借贷关系上加上担保关系，涉及主体较少 |
| 11 | 有通道费和财务顾问费 | 无其他费用 | 企业付出的成本一定时，如果是传统信贷业务，该部分成本就是银行的收益。如果是类信贷业务，企业付出的成本里面包含着通道费用、财务费用（如有），扣掉这部分以后才是银行的收益 |

## 四、类信贷业务审查要点

### 1. 交易结构

类信贷业务的交易结构，往往涉及较为专业的法律问题、各方的权利义务关系。因此，往往需要由总行相关部门（如投行、资管）进行设计并认定，而不是信贷审批部门进行认定。

因此，对于交易结构，信贷审查人员还要从审查的角度再次进行分析。如果发现不合理或存在重大潜在风险情况的时候，要及时反馈给经营部门，及时调整，而不能只是简单的“拿来主义”。

**2. 交易各方的权利义务关系**

交易各方的权利义务关系，也是交易结构审核时重点关注的问题。审核交易各方的权利义务关系，需要注意本行的义务是否过大，并因此导致较大的潜在风险。毕竟银行是风险厌恶者，不能在交易结构的设计中扩大了授信风险。尤其是股权投资的时候，必须注意。

**3. 收益与风险的匹配情况**

在做类信贷业务的时候，银行承担着较高的法律风险、操作风险，需要相对较高的收益。对于一些承担着股权投资的风险，而只是享受了债权投资的收益的项目，需要及时调整收益。

**4. 授信期限与项目的匹配情况**

类信贷业务往往是针对项目的，因此要考虑项目手续的齐全性，现金流覆盖情况，授信期限与项目周期的匹配情况。

**5. 需要注意法律风险和操作风险**

由于类信贷业务涉及多方主体，权利义务关系较为复杂，且相应的承诺、阶段性担保、差额补足协议等为非格式文本，甚至需要签订多方协议的，存在较大的法律风险和操作风险。

**6. 本行授信资金的退出机制**

本行授信资金到期以后，如何退出是个问题。如果银行资金投入的债权，需要关注增信方，这里的增信包括抵押、保证、质押，也包括差额不足承诺、阶段性担保、按比例提供保证担保；如果银行资金投入的股权，退出方式往往是第三方回购本行资金相应持有的股权份额，那么就有必要考虑第三方的回购实力了，并且分析时按照担保人的逻辑框架来分析 。

**7. 税收问题**

银行成立有限合伙企业、契约型合伙企业，或者最终资金投放的方式是股权，银行获取收益时需要缴纳所得税。因此，要考虑税收情况。

# 第七节　冷静对待新兴高利润行业

## 一、新兴高利润行业的定义

信贷审批的一个重要原则就是“要冷静对待新兴高利润行业”。因此，我们很有必要研究一下什么是新兴高利润行业。

新兴高利润行业是指新产生行业或者用新的经营方式获取超过合理利润幅度的行业，其具体界限和认定通常由有权机构（物价部门、法院等）根据同种商品、同档次服务在同一地区、同一时间的相对价格水平认定，但普通消费者也不难根据社会常识和生活经验作出合理判断（有人认为超过 50%，甚至超过 100% 足以被视为暴利）。

## 二、高利润行业分类及案例

有人分析：中国十年来高利润行业主要集中在化妆品、日用品、饮料、白酒、药品、保健品、通信、软件、小家电、汽车；而十年前则是烟草、金融业、石油天然气、出版业、煤炭、房地产、汽车制造等行业。下表列出了白酒、金融等部分上市公司的几个财务指标。

**部分上市公司的几个财务指标**

时间：2015 年 12 月 31 日　　　　单位：亿元

| 行业 \ 财务信息 | | 营业总收入 | 营业利润 | 营业利润率 |
|---|---|---|---|---|
| 白酒行业 | 贵州茅台（600519） | 334.47 | 221.59 | 66.25% |
| 金融行业 | 工商银行（601398） | 6976.47 | 3595.35 | 51.53% |
| 高速公路行业 | 山东高速（600350） | 69.55 | 36.69 | 52.75% |
| 互联网行业 | 腾讯控股（HK00700） | 1028.63 | 362.16 | 35.20% |
| 港口行业 | 天津港（600717） | 154.02 | 20.79 | 13.49% |
| 白色家电行业 | 格力电器（000651） | 1005.64 | 135.16 | 13.44% |

大部分传统行业内的大型企业，利润率5%—6%，甚至更低。在《2012年中国企业500强的利润排名》中，制造业企业利润率为2.90%上下。和这些数据比起来，上表中的行业可算是暴利。

这里首先要声明的是，虽然上表中部分行业所举企业的营业利润率较高，但并不一定构成暴利行业。格力电器、贵州茅台、腾讯控股这些企业获得超高利润回报，靠的是掌握本行业核心竞争力与品牌优势，只是行业内少量客户所具有的特点，而不具有核心竞争力与品牌优势的企业经营情况就不是很好。比如白酒行业的金种子酒（600199），其2015年营业总收入17.27亿，营业利润0.53亿，营业利润率仅3.06%，利润率较低。需要说明，这类企业属于各家银行积极介入的客户，但这类客户融资成本较低，且自身资金充足，融资需求较少，且可以通过低成本发债融资解决资金问题，股份制银行与城商行等金融机构往往难以介入。

下面我们对高利润行业加以区分，主要分为五类：

**1. 垄断性的行业**

因为垄断优势而产生高利润，且属于这些行业的几乎所有客户都具有这种特点。如高速公路行业、港口行业。这一类行业是各家银行积极介入的客户，但这类客户融资成本较低，且自身资金充足，融资需求较少，且可以通过低成本发债融资解决资金问题。

**2. 消费者对品牌的群体行为而导致的高利润行业**

比如化妆品行业、儿童早期教育行业、化妆护理及瘦身或减肥等美容行业、保健品行业、寺庙行业、婚纱摄影行业。消费者的群体行为在短期内或许能让生产厂商获利，但从长期来看，群体行为也容易造成市场泡沫，最终受到巨大损害的是生产厂商。

我们以纽交所上市公司新东方为例，其2015年年报显示营业总收入12.47亿美元，营业利润高达1.54亿美元，营业利润率高达12.34%。这类企业需要区别对待，比如新东方算是拥有本行业品牌优势与核心竞争力，是在市场中经过多年历练，赶上了中国大量人员出国以及中高考、少儿教育而催生本行业蓬勃发展。这种企业属于优质客户。

再看看婚纱摄影行业。中国约有 45 万家婚纱影楼、摄影公司、图片社和摄影工作室，相关行业的人员近 500 万，中国婚纱摄影业已成为当今最具前景的产业之一，且竞争与机遇同在。与婚宴、喜糖等婚庆项目相比，婚纱摄影的利润空间较大，利润率在 30%—40%。有人做过分析，一套万元套系婚纱照的成本也只有 2000 元左右。利润率之高，令人咂舌。“一生只结一次婚，一次就要最好的”，这种消费者群体行为导致这一高利润行业。

**3. 信息不对称导致的高利润行业**

以医药行业为例，根据药品零售价格与生产成本之比，众多药品的零售价在生产成本的 3 倍以上，将药品列入高利润行业，似乎一点也不为过。药品价格高，对于医药企业而言是虚的，大部分的差价没有归入生产企业利润账户。据有关人员调查，药品从出厂到最终到消费者手里，企业目前大概只有 15% 的利润，剩下的都是在流通领域和医院里。

眼镜行业更是如此。在北京，折射率 1.56 的镀膜镜片，在商家的价格单上，一般约为 300 元，折射率 1.61，镜片约为 600 元，折射率 1.67，镜片售价约为 800 元。而在江苏丹阳，最普通也是配得最多的折射率 1.56 加绿膜树脂镜片，每副批发价仅为 8 元；1.56 黄金膜的树脂镜片每副 19 元，折射率 1.61 的非球面树脂眼镜片每副 21 元。中小型眼镜配镜公司、中小型医药企业，往往属于高利润企业。不过这类企业往往由于企业未成规模，下游客户不索要发票，导致财务不透明，很多处于家庭小作坊、夫妻店阶段，或存在激烈竞争，银行介入时要谨慎。

**4. 新兴行业以及政策支持导致的市场急剧扩大**

太阳能行业是新兴行业，同时国家给予大量政策方面的支持，催生出了江苏某大型光伏制造企业和江西某大型光伏制造企业（以下简称江西 ××）这两大巨无霸，最终其轰然倒塌，给银行造成数百亿元损失。

江西 ×× 企业，创造了不少神话，从 2005 年 7 月注册到 2006 年 4 月投产，只花了 9 个月的时间，用了不到两年的时间在纽交所上市，2008 年即成为中国 500 强，收入 120 亿元以上；2009 年硅片产量达到全球市场份额的 20%，2010 年销售收入突破 200 亿元。但是，2011 年多晶硅市场行情逐渐崩溃，江

西 × × 企业运营链条开始走向崩盘，其当年三季报负债率首次达到 227%，但江西 × × 企业却依然没有停止其高负债模式下的危险扩张。

2012 年之后的江西 × × 企业已经陷入借新还旧的债务循环续命的“假死”状态。除了依靠政府以及与债主谈判，公司几乎没有更多有效的办法，作为一家上市公司，由于公司严重亏损，投资者对公司信心降低，再融资也无法进行，公司缺血的状况持续，而且难以止血。

最终，江西 × × 企业重整计划已经被法院强制执行，银行自认亏损，成为冤大头。昔日的江西 × × 企业堪称新能源明星大厂，一度跻身全球最大多晶硅片制造商。然而，从创下中国企业在美国最大的一次 IPO，再到强制破产，天堂与地狱，江西 × × 企业仅仅花了 10 年的时间。某内部人士透露：目前，国内一流的多晶硅企业，制造一公斤多晶硅，约需要 80 千瓦时的电量，其电费大约是 0.7 元 / 千瓦时。按照目前生产 1 公斤多晶硅的成本 30 美元来计算，其实，电费占总成本三分之一左右。但是，当地政府往往为了促进当地太阳能行业的发展，采取了电价优惠的措施。以江西 × × 企业为例，2011 年之前，企业曾享受过 0.32 元 / 千瓦时左右的优惠电价，而当时的新余正常工业用电电价约在 0.5 元 / 千瓦时。2011 年 12 月，企业享有 0.48 元 / 千瓦时的优惠电价，而此时新余正常工业用电的电价约在 0.58 元 / 千瓦时到 0.61 元 / 千瓦时。可见，企业享受了较高的电价优惠待遇。同时，国内为支持光伏行业的发展，将产品的出口退税率调高到 17%。但随美国时间 2012 年 10 月 10 日，美国商务部仲裁中国光伏企业倾销，反倾销税率为 18.32%—249.96%，反补贴税率为 14.78%—15.97%；2013 年 6 月 4 日，欧盟委员会宣布，将从 6 月 6 日至 8 月 6 日对中国光伏产品征收 11.8% 的临时反倾销税，税率将升至 47.6%。至此，欧美市场基本上向国内关闭了。国内光伏企业到了“不得不接受残酷现实”的最后关头。

随着产品出口受阻，赛维陷入资金链断裂、债务恶化的生存经营危机，股价已从 2008 年的 40 多美元 1 股跌至 2012 年的 1.2 美元 1 股，市值缩水 90% 以上，2012 年 3 月末，赛维的资产负债率进一步攀升至 87%。更为重要的是，企业的现金流几近枯竭。2012 年，企业一季度财务数据显示，公司损亏 1.85 亿美元，成为当时光伏企业中的亏损之王，并于 2014 年 3 月 21 日被纽交所暂停后，黯然离场。

天堂与地狱，一步之遥。这种情况下的高利润行业，需要关注行业风险。

**5. 市场新的玩法导致行业非理性繁荣**

“上海钢贸事件”是一个特别典型的案例。该事件的发生，是市场新玩法导致的行业非理性繁荣现象。追根溯源，表面上是银行发明了新型产品联保制，以及一整套业务模式，而企业则玩起了重复质押甚至造假的游戏，并付以高额利息造成行业繁荣的假象；实际上是企业将资金挪用到房地产、股市等高风险高收益行业中，最终事件爆发，造成几百亿元贷款损失。

具体情况如下：2000 年之后，中国钢铁行业高速发展，到 2013 年，粗钢产量达 7.79 亿吨。钢铁贸易成为十多年来的一门大宗生意，吸引各路资本介入，也产生了很多所谓的业务创新。特别是 2008 年国家 4 万亿基础设施建设刺激后，基础设施建设、建筑行业、机械加工、汽车行业等相关行业高速发展，钢材产业链上的参与者都有不菲的利润，市场上资金也充足，只要搞到货，就能赚钱、融资，进入门槛比较低，成为一个快速发展的暴利行业。

但是，钢铁贸易需要较大的资金量来支撑，钢贸商很自然就想到银行；实际上，银行看到钢贸行业的火热发展，也看中了钢贸商。银行通过厂商银的模式，将钢贸商采购钢材的资金支付给上游钢厂，钢材质押给银行。钢贸商销售钢材时，先把钱打给银行，从流程设计上来看，这种操作思路还是很可靠的，起码银行从始至终要么把货抓在手里、要么把钱收回来，安全可控。

因此，这种操作模式对各方都是有利的：银行扩大放贷量，激活市场，赚取利润；钢贸商完成了杠杆融资，解决一直以来最大的困扰；钢厂也更好地维护了与代理商之间的关系。早期尝试的银行在其中得到了丰厚的回报，便带动了更多的银行参与其中。

行业暴利，必将人人追逐。

钢贸行业给银行造成这么大的损失，应该超出了银行的行事风格。一个不争的事实是，东南某县仅在上海一个地区就有 8 万人从事钢贸行业，这也是上海钢贸小圈子里的共同秘密。最早起步的人在钢材贸易中取得成功之后，便亲戚传亲戚、朋友拉朋友，到上海做钢贸生意。钢材行业与做包子馒头不一样，介绍个亲戚来做包子，做得不好顶多关门回家，钢材涉及环节众多，操作资金量巨大，若是仅靠一腔热血和朋友帮扶而入行，事情就不这么简单了。

事实上，银行在与钢贸商合作的过程中，难以投入过多精力监管，为了分散风险，银行搞出了担保、联保制度；钢贸商为了拿到资金也乐意配合，加之钢贸从业者多数都是亲戚或是朋友，所以很快就自发成立了以五户为一小组的联保体，且此刻大量的担保公司也相继应运而生。银行正是基于以上各种担保制度的保障，逐步放松了对实体货物的监管。

然而，此时钢材已经逐步进入产能过剩阶段。此时，美国次贷危机引发的金融海啸正在向全球蔓延，全球经济一体化下的中国也深受影响，出口贸易、投资需求、房地产市场等各方面都受到阻碍，钢铁行业也是受此影响的行业之一。进入 2008 年下半年后，我国钢铁工业的消费需求减弱，钢材价格大幅回落，经济效益明显下滑，行业发展遇到了前所未有的困难。钢铁工业发展中面临的不利局面持续恶化。2009 年 1—2 月，全国规模以上钢铁企业由上年同期盈利 255 亿元转为净亏损 7.7 亿元。覆巢之下，岂有完卵？过去一钢难求的情景不复再现，钢价一路走低。

这时，一面是银行火热的资金涌入，另一面却是钢材价格疲软。钢铁贸易已无利可图，此时手握重金的钢贸商在思考如何更好地利用资金优势取得更大回报，资本运作是最容易上手的一门生意，他们将资金投入到房地产、股市等其他回报率更高的行业。当部分人因此获利，消息便不胫而走，带动更多的钢贸商投入进来，变得一发不可收拾。钢材逐渐成为了辅助品，融资、投资成了钢贸商的经营方向。

最终，2012 年 8 月份被爆出的“××物流事件”，上海钢贸事件爆发。据不完全统计，自 2011 年起，钢贸行业因债务问题银行坏账达几百亿元。这场追逐暴利的疯狂行动就此终结。

## 三、暴利行业的信贷审查逻辑

信贷审查人员收到项目以后，对于行业的分析很重要。如果发现企业利润率较高，就需要小心以下几点：

### （一）对企业所属行业是否是暴利行业加以判断

如果是依靠企业自身核心竞争力，或者品牌优势等因素导致的利润率较高，且这种高利润率不是行业的普遍现象，那说明该项目是优质项目，其所属的行业并不是暴利行业。

如果企业利润率较高，且是普遍现象，那么企业所属行业就是暴利行业。

### （二）暴利行业分类及信贷审批策略

（1）如果企业是依靠垄断优势，比如金融、高速公路等行业，那是因为国家赋予的行政垄断，具有明显的排他性，这类企业不在此讨论范围之内。

（2）如果企业所属行业是因消费者的群体行为而导致的暴利行业，比如美容行业、婚纱摄影行业，那就要考察该行业未来的发展态势。因为这种行业往往是有大量的中小型企业介入，增加行业供给，一旦供给大于需求时，其暴利属性将受到极大冲击。比如某一地区有大量美容医院新开业，比如某一区域已经一条街都是教育行业或婚纱摄影行业，就需要审慎了。当然这类企业也不是不可以做，只是这种行业往往是一阵风刮起，接着一阵风就有可能全部倒下，需要千万慎重。

（3）如果企业所属行业是信息不对称导致的高利润行业，那么未来由于竞争的加剧、信息的透明化，这种行业会越来越少，其营业模式也难以为继。

（4）如果企业所属行业是新兴行业或国家政策支持导致的高利润行业，需要重点关注国家的政策变动情况，以及该行业的快速发展情况。警惕政策变动风险，以及行业飞速发展导致的产能过剩风险。

（5）如果企业所属行业是非理性繁荣行业，那就需要特别小心。上面所讲的“上海钢贸”事件，就是血淋淋的案例。这类暴利行业，需要多加防范，应该多途径了解行业的情况，比如到税务局了解本行业的企业缴税情况。比如上海银监局 2011 年公布的一则数据曾被广泛引用：截至 2011 年 6 月末，上海用于质押的螺纹钢总量是螺纹钢社会库存的 2.79 倍，说明银行在对抵押品检查和管理上存在很大问题。

### （三）异常暴利行业往往伴随着高利息支出

异常暴利行业由于利润率较高，因此可以承担更高的利息。利息支出承受能力，往往不同的行业差异很大。比如房地产行业利息承受能力较强，可以接受高利率，在2014年之前曾达到年利息高达15%左右；建筑行业利息承受能力一般，可以接受中等利息，6%—7%为宜；制造业普遍产能过剩、利润率低，承担不起高额利息支出。因此，如果一家企业给出较高的利息，那就意味着企业的利息承受能力较强，而由于风险与收益的平衡，这种高额利息也意味着较高的风险。前几年，部分银行较为激进，大量做房地产行业项目，收取高额利息；随着房地产行业的疲软，国家调控力度的加大，以及商业房产供大于求，出现企业销售不畅，资金难以回流，导致大量不良贷款的出现。

**（四）利润率异常行业往往是一阵风式的客户量暴涨**

由于行业的非理性繁荣，或者行业周期处于供给远低于需求，在当下阶段新进入者会有大量超额收益，因此会吸引大量新进投资者。因此，如果信贷审查人员收到经营部门的大量项目集中在某一个行业，而这个行业的融资利率又特别高，就更应该小心了。

自古以来，“买卖之间十点利”，如果是没有特别市场准入门槛的完全竞争性行业，一旦市场净利润率超过社会平均利润率，必然导致竞争者蜂拥而入。作为信贷审查人员，冷静对待高利润行业，特别是新兴行业中的高利润现象，一定要反复想一想整个行业的市场容量有多大？存量多大？在建的增量有多大？未来的情况会是什么样？银行的贷款进去后，能否安全收回？

## 第八节　对其他渠道推荐的客户审查的逻辑

随着我国金融业的发展，非银行金融机构越来越多。毋庸置疑，最大的资金来源还是银行，很多非银行机构的发展依赖于银行是不争的事实，加强与其他金融企业合作，也是银行发展的必要。但是，银行在发展过程中通过其他金融渠道获得信贷客户，甚至让其他实力较弱的机构为客户提供担保，实际是银行营销不利、审查不自信的体现，具体分析如下：

## 一、银行通过其他金融机构获客

### （一）担保公司推荐的客户

前些年，银行与担保公司合作较多，特别是与民营担保公司合作一些传统行业的项目。总的算下来，银行与担保公司的合作，可以说是一种掩耳盗铃的行为。因为从客户筛选以及风险识别方面来看，商业银行对宏观经济走势以及行业发展趋势有着更准确的判断力，特别是银行严谨的内控制度、强大的人力资源支撑、全面的信息获取渠道，以及丰富的风险识别能力和完善的贷后管理体系。让一个在各方面都明显弱于自身的民营担保公司为银行去防范风险，无异于痴人说梦。

以西南某省的担保行业为例。在经济上行阶段，担保公司将资本金用以投资、拆借，从而谋得资金使用的差额利润。当时，担保行业在政策的支持下，成了“赚钱多，来钱快”的行业，也成为资本竞相追逐的领域。这种逐利性放大到“病态”阶段，则是2009年后火爆的房地产和矿产开发。据当地融资担保协会数据显示，2013年，该省担保类商业企业的注册资本金为400亿元，而业务融资额也增加到了2300亿元。但随2012年后房地产和矿业以及实体经济不再火爆，很多通过担保公司放出去的资金没法收回，从民间借贷的资金和利息也无法兑现，担保公司遇上“腹背受敌”的局面。其中，不乏违规操作、抽逃资本金等行为。

某省融资性担保行业的龙头企业（注册资金9亿元，省担保行业协会的副会长级单位）××信用担保有限公司，2014年7月实际控制人和公司财务总监一起失联。受“××担保跑路事件”影响，当地民间金融风险集中爆发，那些融资理财担保公司简直如“秋风扫落叶，利斧劈朽木”般消失殆尽，很多已陷入完全瘫痪的状态，由于信誉全无，银行业对担保公司业务基本停止，整个担保行业风声鹤唳，极度恐慌。担保公司破产了，但留下的是那些欲哭无泪、倾家荡产的普通投资者和银行的坏账。

当然，对于一些国有的担保公司，授信主体是有发展前景的高科技公司，且有相应的协议安排，适当做一些这样的业务，也无可厚非。一句话，还是要选择好交易对手以及授信主体。

担保公司担保和联保圈，属同一类问题，如果一个区域担保行业畸形快速发展，一旦出现实体经济不行的时候，担保公司就会因代偿能力不足而破产，进而引发链式反应，导致该地区集中爆发问题。这种问题，不爆发时皆大欢喜，爆发时犹如洪荒之力，难以抵挡。

### （二）保险公司推荐的贷款客户

银行已经和保险公司合作多年，比如银行代卖保险业务，保险协议存款业务。[保险协议存款业务是指商业银行以自有资金（或理财资金）直接投资保险/资产管理机构设立的保险资产管理计划，并持有到期，保险公司以资产管理计划存入资金需求行作为保险协议存款的业务。保险协议存款业务中，具体吸收保险协议存款的银行由出资银行指定，出资银行同时指定存款利率和期限，保险公司或保险资管公司在业务交易中仅起到通道作用。]但是，有的银行与保险公司合作获得信贷客户的业务模式值得商榷：以保险公司作为切入点，让保险公司推荐自然人贷款客户，自然人每人贷款金额不超过100万元，金额较小。每笔贷款需要5%的保证金，作为银行的风险缓释资金。同时，贷款人要在保险公司买一份贷款保险，一旦贷款人无法到期还本付息，由保险公司代付。这样做，有些银行认为好处多多：第一，不用花费本行的人力物力成本去获取客户；第二，可以大量集中获客；第三，可以达到监管部门对于小微、零售客户贷款的要求；第四，有存款沉淀；第五，一旦还不上款还有保险公司代付，看似风险可控。

然而，想法很美好，现实很残酷！

笔者曾看到的一份保险公司与银行签署的中小企业贷款保证保险业务合作协议，里面对银行与担保公司的合作内容、责任、投保事项、理赔事项等都有明确约定。其中甲方（银行）的责任明确有“甲方应根据内部规定做好对借款人的贷后检查工作，在贷款期间内，如发现借款人还款风险增加，应及时书面通知乙方（保险公司），并和乙方共同采取可以减少或消除上述风险的必要、合理的措施”。保险公司通过大量推荐贷款客户，短时间内获得了大量的贷款保险，保险金收了不少。可贷款到期无法按时偿还、银行找到保险公司要求进行代付时，保险公司往往会拿出保险协议，里面白纸黑字要求银行加强贷后管理、银行应及时发现风险并及时提示保险公司。最后，往往是保险公司说银行没有尽职、未加强贷后管理，在客户出现风险预警时没有及时告知保险公司，导致保险公司无法按照银行要求进行赔付。正常情况下，保险公司一开始对小额的给予赔付，一旦出现赔付大于收益的时候，往往就不予赔偿。到这时，银行欲哭无泪，后悔晚矣！

### （三）P2P公司推荐的客户

前些年，P2P公司行业发展速度很快。从业人员由2014年1月的17.19万人到2016年3月的286.09万人，P2P平台投资人数以惊人的速度膨胀。有些银行想和P2P公司合作，共同开展业务：第一是互联网金融，高大上；第二，短期大量获客；第三，降低营销成本；第四，获得高息回报；第五，获得存款沉淀。看起来很美好，实际是和P2P公司合作，其实是把银行的风险控制手段转手让给了P2P公司。因为，往往融资需求者在正常通道受阻以后才会去找P2P公司融资，这就决定着P2P公司推荐的客户都是风险相对较高的客户。这样的高风险客户，决定着这些客户的整体风险程度较高，这是授信客户的结构性问题，难以通过风控手段化解风险。

据统计，2016年3月，国内累计出问题的P2P公司就达到3984个，单月更是新增88个问题平台。2016年4月，“××系”多家相关联的公司涉嫌非法吸收公众存款和非法集资诈骗犯罪，又一家大型理财平台轰然倒地。据其公布的数据，截至2016年2月10日，××系合伙人的投资总额已突破340亿元，涉及总人次超过13万，其中60岁以上投资人就超过2万。这些都是血淋淋的例子。可以说P2P公司是一个风险频发的雷区，银行应该审慎介入，甚至严禁介入，而不是头脑发热一头扎进去，最后落个泥足深陷、难以自拔的后果，甚至带来严重的声誉风险。

### （四）中介推荐的小微客户

前几年，“信贷工厂”的概念很流行。

“信贷工厂”意指银行像工厂标准化制造产品一样对信贷进行批量处理。具体而言，就是银行对中小企业贷款的设计、申报、审批、发放、监测等业务按照“流水线”作业方式进行批量操作。在信贷工厂模式下，信贷审批发放首先要做到标准化；在贷款过程中，客户经理、审批人员和贷后监督人员专业化分工；最后，为了监控风险采用产业链的调查方法，从不同角度对借贷企业进行交叉印证。

据不完全统计，中国国内中小企业现有4000万家，约占全国企业数量90%多。但对银行来说，中小企业单笔贷款额度小、风险高，消耗大量的人力物力，长期以来银行感到对小企业贷款“不划算”，而信贷工厂帮银行解决了这一问题。信贷工厂主要讲究标准化、流程化、批量化，因而审批效率大大提高。同时通过标准化的操作，预防了违规操作的发生，有效预防了风险。

但是，信贷工厂这一套模式搞出来以后，银行如何获取客户就成了问题。而总行又给各家分行较大的业务考核指标，有的分行就出现了让中介帮忙去推荐客户。于是中介公司帮着小企业做流水、做财务报表、整理税务，然后拿着这些小企业去银行融资。中介公司知道银行的操作标准，知道什么样的企业可以贷款，相当于知道了银行的软肋，然后大量推荐客户，客户也大量融资。中介从企业那里收费，银行给中介公司提成。而最终贷款到期的时候，由于小企业抗风险能力较差，行业波动对小企业影响很大，甚至这些客户里面有虚假客户，于是中介推荐的大量客户无法还本，导致银行出现大量不良贷款。

## 二、银行通过其他金融渠道获得客户甚至担保的原因及分析

### （一）衙门心理

目前，我国的直接融资市场尚不发达，中小企业如果想要上市或者发行债券的难度较大。而银行是资金提供方，且操作合规，资金成本相对较低。因此，银行营销人员觉得如果企业有融资需求，会主动来找银行合作，自己守株待兔就可以了。这是一种典型的衙门心理。

目前，我国银行业竞争趋于白热化，已然形成金字塔形态势。据统计，目前有三家政策性银行、五大国有股份制银行、一家邮政储蓄银行、十二家全国性股份制商业银行、一百四十余家城市商业银行、二百余家农村商业银行、

一百九十余家农村合作银行、六百余家村镇银行、二千二百多家农村信用社。银行业梯度分化明显，数量较多，竞争较为激烈。在这种情况下，好企业是银行争相营销的对象，一般企业属于银行找企业与企业找银行之间，而差企业属于企业找银行的地位。

部分银行人多年形成的坐等客户上门的心理没能及时调整过来，还以为是十年前银行坐地赚钱的时候。要知道，“天上不会掉馅饼，地上只会有陷阱”。对于银行来说，主动找银行进行融资的企业，是需要认真筛选的，因为优质客户往往已经有银行介入了。目前，银行的存贷利差越来越小，还面临着不良贷款不断增多的压力，可以说银行业已经到了亟待转型的时候了，更不能有衙门心理。

### （二）懒惰思想

通过分析，笔者认为对借助其他渠道获得客户，很多情况下是懒惰思想在作祟。因为银行的信誉度较高，本来不缺客户。部分营销部门可能觉得其他渠道来获取客户快速高效，能迅速走量，快速取得更好的业绩。其实，这种思想非常危险，很多情况下是不负责任的做法，信贷审查人员更需要非常审慎，要知道客户来源的方式。除非对方有确定的消费场景，具有不可替代的作用，银行和他们合作，能够取得稳定的现金流和担保预期。如果不是这样，通过其他渠道获取客户的方式，相当于银行把本行的风险控制手段以及风险偏好拱手让给其他机构。从道理上来讲，是说不过去的。

### （三）对自身风险审查及风险处置能力不自信

银行对借助其他渠道获得客户，其实也是一种对自身风险审查及风险处置能力不自信的体现。这一点在担保公司推荐客户中体现得更为明显。

有一些中小企业，申请流动资金贷款，担保方式就是担保公司担保。我们如果扣除担保公司的因素，那就是相当于给企业放了一笔信用的流动资金贷款。目前，银行对民营的中小企业贷款，是需要抵质押或者第三方企业进行担保，单纯的信用，银行不敢做。但是，担保公司给担保，银行就可以做，这种情况的发生，实际是银行对自身风险审查及风险处置能力的不自信。

本来，银行完善的组织架构、主管部门的监管，所有者与管理层的分离，其风控措施是相当严密的。多年的业务流程和对风险控制经验的积累，导致其对风险的把握能力应该是相当强的。而担保公司的所有者与经营层为一拨人，其风险控制能力和内部管理能力无法和银行同日而语。银行既然要做这样的客户，为什么不把利润也赚过来？反而让担保公司去吃中间利差，还要收取客户的保证金，是不是有其他原因，不得而知。同样贷款条件银行予以否决而通过担保公司担保予以审批通过，作为银行审查人员来说，确实是一个黑色幽默。其他渠道推荐的客户亦然。个人认为，作为信贷审查人员，要冷眼对待其他渠道推荐来的客户，不要陷入盲目相信纸面协议的东西。

## 三、如何对待其他渠道推荐来的客户

正如我们的标题所说，对于其他渠道推荐来的客户，银行应该采取冷眼对待的态度，但这个冷眼对待不是不合作，是要有选择的合作。对于有实力的消费信贷公司，有良好的风控制度、有真实的消费场景，经过筛选是可以合作的。如最近建设银行和阿里巴巴的合作、工商银行和京东的合作，两者的强强联合，能够起到“1+1>2”的作用。银行应该对自身的风险管理体系、组织架构、信贷审查能力、风险处置能力保持自信，更不能有衙门心理；经营部门要实打实地做好营销工作，稳步推进、不求快求量，不要有走捷径或者懒惰思想；信贷审查人员要保持自己独立的风险鉴别能力，深入思考这种业务模式是否合理、风险是否可控，而不能认为有风险控制能力较差的其他公司提供增信，就产生懈怠心理。只有这样，才能不断强化银行的风险控制能力，不断筛选优质客户，保持银行业务的良好发展。银行还要明确一点，与其他机构进行合作可以，但是双方建立合作的基础是资金合作、业务合作，而不是风险合作。不能不承认，上面分析的担保公司、P2P 企业、中介公司等，他们的风险控制能力都远低于银行。要明确业务归业务，风险归风险，这两件事必须严格区分开来，银行有着金融行业最强的风险控制能力，不能“拿着宝贝要饭吃”，更不能丧失自身的优势。

# 第九节 信贷审查的趋势

趋势是指事物发展的动向，在金融交易市场表示股票、期货、外汇运动的方向。不与趋势为敌，是金融市场上一个成熟操作员的必备素质；认知信贷审查的趋势，是对一个信贷审查人员的基本要求。

信贷审查的趋势是指银行根据经济大环境及技术的变化趋势，对业务方向和业务操作方式做出的调整，导致信贷审查的方式、过程和结果发生变化的方向。“天下大势浩浩荡荡，顺之则昌逆之则亡”，银行面对的经济环境不断变化，如果信贷审查方面不随之改变，势必会导致车不对路，落后于同行发展的情况。总起来看，信贷审查方面有以下发展趋势：

## 一、信贷审查自动化

2000 年，高盛在纽约总部的美国现金股票交易柜台雇佣了 600 名交易员，现在只剩下两名交易员“留守空房”。香港高盛投行部的经理刚去纽约参加完他负责的某快递公司的上市敲钟仪式，回到香港就被裁掉了。现在美国华尔街的金融人才在大规模往西岸科技公司迁徙。LinkedIn 的数据显示，Google 4.75 万员工中，有 1200 人曾经在全球排名前十的投行工作过；Apple 至少有 750 名员工来自投行 ;Uber 的员工中有 10%—15% 来自金融行业，其中 5% 更是来自高盛。

美国金头摩根大通专门设立了技术中心，聘用约 4 万名技术员，专攻大数据、机器学习和云基础设施，半年多前推出合约分析智能软件 COIN，可代替律师及信贷人员审查合约文件，将原本每年所耗费的处理工时约 36 万小时，缩至短短几秒钟内就能完成。而且，不仅错误率大大降低，它还不用放假。

2017 年 5 月，德勤财务机器人推出，网上也发出《德勤财务机器人上市，这得逼死多少财务人》的帖子，引发热议。可以说，信贷审查的财务因素审查工作已经被机器人逐渐取代，如果“德勤财务机器人”被改进以后用于信贷审查工作，这将大大缩小信贷审查人员的工作量，进而缩小银行信贷审查人员的需求量。

互联网的发展不仅仅打通了信息孤岛，大数据的应用也日渐普及。网商平台的发展，已经将个人、小微企业贷款的审批自动化。随着“互联网”的发展，更多企业数据的真实性会越来越高；银行信用等级评定的完善，对企业授信限额的自动测算，使得银行自动化审批程度会越来越高的趋势是不可更改的。原来完全依靠人工的信贷审查方式，已远远不能满足时代的需要，信贷审查人员要随时准备应对这种危机。

## 二、信贷项目投行化

传统的项目贷款、综合授信业务，已经难以满足企业融资的需要。相对于传统业务而言，投行业务更能适应企业的融资需求。投行类业务具有以下优势：可以进行股权融资，以降低企业的资产负债率；期限相对灵活，比如融资期限设置为 3+3 年；融资成本相对较低，比如发债的成本一般会低于正常的授信业务；企业获得外部评级，并有发债记录，更有利于企业的融资；交易结构更加灵活，投行业务借助优先级 LP、劣后级 LP 的安排，权利与义务可以协商，更具有灵活性。

商业银行投资银行业务主要包括债券承销、结构化融资、资产管理、资产证券化、银团贷款、并购贷款、财务顾问七大类业务。

商业银行公司业务投行化，并非仅是大力发展投行业务，而是秉承投行思维，以客户为中心，综合运用银行、信托、租赁、资管等金融媒介，以及贷款、投资、理财等资金渠道，在合理缓释资本和信贷规模等约束的基础上，为客户提供整体解决方案的经营模式。

公司业务投行化，将助推银行商业模式实现由“产品为中心”向“客户为中心”，由“以贷引存”向“以解决方案引存”，由“信用中介”向“服务中介”的转型升级。

信贷审查人员要树立投行思维，为客户提供资金的渠道包括表内贷款、直接投资、表外理财和非银行资金等。除融资外，商业银行还可充分发挥专业、渠道、信息等优势，为客户在股权投融资、实业投资、并购、机构理财、现金管理等方面提供服务，既满足客户多元化需求，又增加中间业务收入。

## 三、业务产品多样化

单一的授信产品，比如流动资金贷款、项目贷款，已经难以满足企业的融资需要。一些大型的企业，往往有发债需要，上市公司有定向增发需求，兼并企业有并购贷款的融资需求，也有综合授信需求。前几年一直比较火热的供应链融资，其实也是在讲这个问题。对企业的上游做银承或流动资金贷款，在企业建厂阶段予以项目贷款，对企业的下游做保理融资，对产品的国外贸易做信用证、代收代付等业务，只有这样才能增加企业对本行的黏性。还有，在生命周期的不同阶段，企业融资需求也不一样。

银行业务品种不限于：贷款、贸易融资、票据融资、融资租赁、透支、各项垫款等表内业务；以及票据承兑、开出信用证、保函、备用信用证、信用证保兑、债券发行担保、借款担保、有追索权的资产销售、未使用的不可撤销的贷款承诺等表外业务。

近年来，信贷业务品种的多样化趋势越来越明显，这就要求信贷审查人员对于各个业务产品的特点、风险点、客户准入、操作流程等，都有一个清晰的把握。

## 四、信贷业务国际化

随着世界经济一体化程度的加深，我国企业走出去的步伐不断加大、国际化会成为未来较长一段时间内的发展趋势。近年来，海尔、美的、复星等企业的海外并购，最终的资金来源往往离不开银行。同时，更多的企业开始走出去，通过海外市场融资，这些大量的海外业务通过银行来运行，因此信贷项目国际化的比重越来越高，趋势也越来越明显。

从 2014 年到 2016 年，由中国投资方发起的海外并购交易，无论是数量还是金额，均呈现出逐年递增的态势。据统计，2016 年中国资本在海外的并购规模更是创下了新高，全年中资共发起了 729 宗海外并购交易，较 2015 年同比增长 73.16%，其中有 500 宗披露了交易金额，共计约 3318.74 亿美元（约合

2.28万亿元人民币），较2015年同比增长94.28%。2016年，中资企业海外并购确定性交易（签约与交割）的披露金额达到1509亿美元（约合1.04万亿元人民币）。随着“一带一路”的推进，我国资本会更多地走出去。信贷业务国际化已经成为不可阻挡的趋势。

## 五、担保方式信用化

当下的中国银行业，竞争越来越激烈。第一，我国的金融资产越来越多，信贷资金整体过剩，目前银行业整体处于优质资产荒的阶段。第二，银行的客户也出现了两极分化，强者越强、弱者越弱。产能过剩行业，比如钢铁、煤炭、有色金属等行业，银行对其授信越来越小心；中小型的民营企业，由于涉及担保圈及民间借贷问题，且整体抗风险性较弱，不良率较高，银行对其授信也越来越谨慎。最终，银行信贷资金的堰塞湖涌向了国有企业（尤其是层级较高的大型国企）、大型民营企业、上市公司等领域，这些客户成为各家银行争相授信的对象。这导致了以下两个结果：一是这类客户融资成本较低，有的甚至基准下浮；二是担保方式信用化，子公司授信时，有的母公司都不给担保，这一点对于大型国企特别明显。

担保方式信用化，是各家银行竞争的结果。因为，目前大多数融资主体是有限责任公司，从法律角度来说，有限责任即有限清偿责任，指投资人仅以自己投入企业的资本对企业债务承担清偿责任，如发生资不抵债破产情况，多余部分责任自然免除。因为对于优质客户来说，需要从哪家银行提款，要考虑各家银行给出的期限、金额、利率、担保方式，基本上是哪家银行给出的条件优惠，哪家银行的授信被优先使用。这也倒逼银行信贷审查时要更加注重第一还款来源，不能有依赖第二还款来源的心理了。同时，担保方式信用化，也要求各家银行加强审批，因为一旦融资主体破产了，银行将处于极度弱势的地位。

## 六、业务同业交叉化

随着业务品种的复杂化，融资市场竞争越来越激烈，各金融机构间不再是单打独斗、与邻为壑。原来，各银行之间合作的业务较少，银行与信托、证券等行业更是几无往来；而现在同一笔项目，可能涉及券商，涉及信托、股权投资等企业，这种同业交叉的现象越来越明显。比如企业要发债，往往需要券商一起合作承销；一些 GP、LP 的交易结构，往往涉及信托，需要成立信托计划，银行资金去买信托受益权。比如信托、基金介绍的优质项目，银行往往会走一个通道，信托、基金在其中收一笔财务顾问费。在很多情况下，企业的一笔融资的完成，需要多个金融机构协同创造、合作共赢，业务同业交叉化的趋势越来越明显。

## 七、批后监督及时化

目前，大多数银行基本都实行了信贷审批的系统化，内部督查部门会直接从系统里面看到各级审批机构的在审和已审项目，进而实现了批后监督的及时化。尤其是部分机构完善、自动化水平高的银行，监督部门通过对项目的实时督查，能够及时掌握项目的审批情况，对于不符合行内要求的或存在重大风险隐患的项目，监督部门可以及时制止，从而防范风险。通过批后监督及时化，实现对全行审批工作的有效监督，保证阳光审批。这有效预防了下属分支机构的越权审批情况，尤其是解决了部分机构为了发展业务而忽视风险的问题。同时，通过督查的方式，能够提高信贷审批部门的审批质量以及审批时效。

知趋势，判明天，指导当下。这是对于信贷审查的趋势进行了解的目的与意义。

# 第九章　重新认识“黑天鹅”事件

我永远不可能知道未知，因为从定义上讲，它是未知的。但是，我总是可以猜测它会怎样影响我，并且我应该基于这一点做出自己的决策。

——纳西姆·尼古拉斯·塔勒布《黑天鹅》

## 第一节　“黑天鹅”事件的定义

“黑天鹅”事件是指非常难以预测，且不寻常的事件，通常会引起市场连锁负面反应，甚至造成颠覆性的后果。

在发现澳大利亚的“黑天鹅”之前，17 世纪之前的欧洲人认为天鹅都是白色的。但随着第一只“黑天鹅”的出现，这个不可动摇的信念崩溃了。“黑天鹅”的存在预示着不可预测的重大稀有事件，它在意料之外，却又改变着一切。人类总是过度相信经验，却忽视了一只“黑天鹅”的出现就足以颠覆一切。

## 第二节　“黑天鹅”事件的特点及研究的意义

一般来说，“黑天鹅”事件是指满足以下三个特点的事件：意外性、重大影响，以及虽然它具有意外性，但人的本性促使我们在事后为它的发生编造理由，并且或多或少认为它是可解释和可预测的。

考虑到我们可以按照“知识库 + 思想方法 + 归因能力 = 授信结论”的逻辑进行信贷审查工作，加上银行自身严格的内控制度、层层把关，信贷项目出现风险的情况还是属于小概率事件。但对于一些单笔或集团融资金额较大的项目，项目不确定性因素太多，引发项目风险的因素也不可控。而一旦出现信贷资产的风险问题，将会对银行产生较大的影响，有时甚至会造成“舆论”影响。这类项目符合“黑天鹅”事件的特点。研究“黑天鹅”事件，对于信贷审查方面来说，比较有意义。

## 第三节　历史上著名的“黑天鹅”事件案例

### （一）纽约交易所爆发“黑色星期二”

1929 年 10 月 29 日 10 点钟，纽约证券交易所刚开市，人人都在不计价格地抛售，交易大厅一片混乱，道·琼斯指数一泻千里，股价指数已从最高点 386 点跌至 98 点，跌幅达 22%，《纽约时报》指数下跌 41 点。当天收市，股市创造了 1641 万股成交的历史最高纪录。被称为纽约交易所 112 年历史上“最糟糕的一天”，这就是史上最著名的“黑色星期二”。这是美国证券史上最黑暗的一天，是美国历史上影响最大、危害最深的经济事件，其影响波及西方国家乃至整个世界。此后，美国和全世界进入了长达 10 年的经济大萧条时期。

而在此之前的 20 世纪 20 年代，资本主义世界处于相对的稳定时期，进入飞速发展的黄金十年。谁也想不到飞速发展的镀金时代会以这种方式戛然而止，并进而间接引发了二次世界大战。

### （二）× × 证券公司乌龙指事件

2013 年 8 月 16 日 11 点 5 分，上证指数三分钟内暴涨超过 5%。有媒体指出，指数异动是由于某大型证券公司乌龙指引起的，但市场并不相信，指数继续上涨。

中午，该证券公司声称“乌龙指”子虚乌有。午后开市，该证券公司停牌。

至此，此次指数异常波动被确认为该证券公司“乌龙指”所导致。该证券公司操作失误后给股市大幅波动的跟风者、该证券的股东、券商的客户、该证券的自营业务等人群均造成很大损失。

**（三）巴林银行倒闭事件**

1763年创建的巴林银行，是世界首家“商业银行”。20世纪初，巴林银行荣幸地获得了一个特殊客户：英国皇室，奠定了其显赫地位。1995年2月27日，英国中央银行宣布，具有233年历史的英国商业投资银行——巴林银行因经营失误而倒闭，原因竟是一位叫李森的交易员引起的。

尼克·李森被称为国际金融界“天才交易员”，曾任巴林银行驻新加坡巴林期货公司总经理、首席交易员，以稳健、大胆著称。在日经225期货合约市场上，他被誉为“不可战胜的李森”。1994年下半年，李森认为，日本经济已开始走出衰退，股市将会有大涨趋势。于是，李森在未经授权的情况下大量买进日经225指数期货合约和看涨期权。然而“人算不如天算”，事与愿违，1995年1月16日，日本关西大地震，股市暴跌，李森所持多头头寸遭受重创，损失高达2.1亿英镑。李森为了反败为胜，再次大量补仓日经225期货合约和利率期货合约，头寸总量已达十多万手。要知道这是以“杠杆效应”放大了几十倍的期货合约。当日经225指数跌至18500点以下时，每跌一点，李森的头寸就要损失两百多万美元。

“事情往往朝着最糟糕的方向发展”，这是强势理论的总结。

2月24日，当日经指数再次加速暴跌后，李森所在巴林期货公司的头寸损失，已接近其整个巴林银行集团资本和储备之和。据统计，巴林银行因此而损失10多亿美元，这一数字已经超过了该行8.6亿美元的总价值。

巴林银行面临覆灭之灾，不得不求助于英格兰银行，希望挽救局面。然而这时损失已达14亿美元，并且随着日经225指数的继续下挫，损失还将进一步扩大。因此，各方金融机构竟无人敢伸手救助巴林这位昔日的贵宾，巴林银行从此倒闭。

尼克·李森的顶头上司彼得·诺里斯说：“所有金融机构的管理层都应该从李森事件中吸取教训，意识到用人的风险所在。巴林银行存在着内部管理机制的诸多不足，一直没有及时发现李森的犯罪行为，而当发现时却为时已晚。所以，我认为教训是，应该随时保持极高的警惕性。”这个案例中，我们看到了一个历史如此悠久、体系如此完善的著名投资银行，竟因为一名员工的错误而导致破产。这只看似“黑天鹅”事件的巴林银行事件，其实是由于内部管理失控导致监管不到位而引起的。

## 第四节　银行信贷方面被称为“黑天鹅”的事件

近几年，随着经济下行，银行面临的风险事件增多，一个个信贷风险事件的爆发，引得金融机构人员措手不及，往往被称为“黑天鹅”事件。例如：我国大型设备制造企业，始建于 1958 年，是中央直接管理的大型企业集团，是国家重大技术装备国产化基地和我国最大、最重要的新能源装备制造基地之一。企业拥有一个上市公司，8 个科研院所，11 个事业部、子公司和子企业。截至 2011 年末，企业占地总面积约 482 万平方米，总资产 265 亿元，在册职工 13264 人。

2010 年 2 月，集团旗下优质资产 ×× 重型装备股份有限公司踏入资本市场。但自 2011 年起，这家公司就连续三年出现亏损，预计 2014 年亏损的局面依旧无法扭转。连亏四年意味着，即使 *ST 二重不主动退市，也会遭到强制退市，后 ×× 重型装备股份有限公司选择主动退市，并于 2015 年 5 月 21 日摘牌。究其原因，是在 2008—2009 年间，随着国家一系列重大项目的建设，企业也投入巨资加大配套项目和相关设备生产能力建设，企业负债率迅速上升。然而项目还未完成，就遇到了下游市场断崖式下跌。当时，企业每年的债务达到 100 亿元左右，但是每年营业收入不足 50 亿元，债务不堪重负，已经资不抵债了。

2011 年以来，受宏观经济下行影响，重型装备行业处于周期低谷，此后 4 年，这家集团累计亏损近 146 亿元。2013 年 7 月，经国务院批准，该集团无偿划转给中国 ×× 工业集团有限公司。至 2014 年底，该集团及其下属子公司的金融负债约 140 亿元，其中，16 家主要银行的债务达到 121 亿元，占比 87%，拖欠利息约 7 亿元。这样一家大型央企，且是上市公司，就这样在 A 股的生存期仅 5 年，并且是 A 股历史上最短命的公司之一。“微软离破产永远只有 18 个月”，比尔·盖茨的这句警言就这样发生在了中国企业的身上了。上百亿的银行贷款负担，且出现逾期欠息情况，成为信贷史上的一只“黑天鹅”事件。

还有各地煤炭、钢铁、机械制造等大型国企信贷违约事件频频爆发，被戏称满天都是“黑天鹅”。

## 第五节　发生“黑天鹅”事件的原因

千里之堤，毁于蚁穴。

虽然传统理论中“黑天鹅”是突发性、不可预测，但后续来看，信贷审批的“黑天鹅”事件似乎又与“黑天鹅”的性质有些背离，毕竟有很多细节和苗头早就存在。比如：河北某著名乳业企业往奶粉里面添加三聚氰胺，最终导致企业破产的案例。企业非法经营等情况，与企业密切接触的信贷、营销人员，很难说他们一点也不知情。信贷审查人员更应该从宏观的角度来对项目进行审查分析，比如不要迷信“大而不倒”“抵押物崇拜”，要分析行业发展是否是常态，是否存在畸形发展的情况，分析区域政策的变动情况，最终分析出企业的偿债能力。

我们再来看“黑天鹅”事件的特点：意外性、重大影响，但事后来看，或多或少认为它还是可解释和可预测的。其所谓的意外性，更多的时候是多数人的盲从导致的羊群效应，使得引发其产生的动因不被更多的人知道或认可。其重大影响，也就是我们说的大额授信，可以从单笔授信金额、集团授信额度分析出来。而如果我们站在 2008 年、2009 年，看着纽交所上市、国家产业扶持、经营较好、国内 500 强企业、中国科技十强企业等头衔的江西某大型光伏制造企业，确实可能予以审批通过。

江西某大型光伏制造企业破产这一“黑天鹅”事件，给信贷审查人员很多启示：1. 在市场行情好的时候，要避免盲目投资，疯狂上马项目的情况发生。2. 在企业快速壮大的过程中更要注意细节的管理。3. 对行业政策的充分了解与解读。4. 分析其可持续经营能力。5. 能否坚持主业，很多大企业偏离了主业，死在了迅速膨胀的道路上。6. 理性对待行业补贴。

## 第六节　重新认识“黑天鹅”事件

本章通过对“黑天鹅”事件的分析，我们看到，即便突发性较强的事件，都有较为明显的预警信号体现。与其说是信贷审批中面临着很多的不确定性，无法避免“黑天鹅”事件的发生，倒不如说是大家忽视了身边的危险，甚至由于业绩的压力以及眼前一派形势大好而对风险视而不见。因此，“黑天鹅”事件，更深层次分析，更应该是“灰犀牛”事件。如同一个人在非洲大草原欣赏周边美景，完全忽视了眼前看似温顺、一旦发怒便不可收拾的“灰犀牛”。信贷审查人员工作中要敬畏市场、尊重常识，勤侦查，早预防，保持自己的独立理性思考，只有这样，才能尽早发现身边的“灰犀牛”。

# 第十章　发现“灰犀牛”

风起于青萍之末，浪成于微澜之间。

——［先秦］宋玉《风赋》

## 第一节　“灰犀牛”事件的定义

“灰犀牛”是美国作家米歇尔·渥克写的《灰犀牛：如何应对大概率危机》，原版名称 *“The Gray Rhino: How to Recognize and Act on the Obvious Dangers We Ignore”*。

灰犀牛生长于非洲草原，体型笨重、反应迟缓，你能看见它在远处，却毫不在意，一旦它向你狂奔而来，不知变通的路线、爆发性的攻击力定会让你猝不及防，直接被扑倒在地。所以危险并不都来源于突如其来的灾难，或者太过微小的问题，更多只是因为我们长久地视而不见。

灰犀牛比喻大概率且影响巨大的潜在危机。相对于黑天鹅事件的难以预见性和偶发性，灰犀牛事件不是随机突发事件，而是在一系列警示信号和迹象之后出现的大概率事件。

## 第二节　“灰犀牛”事件的特点及研究的意义

“灰犀牛”是一种大概率危机，往往在爆发前已有迹象显现，却容易被忽视甚至无视他的存在；有时当事人知道问题的存在，却因为拖沓、有意无意地回避以及体制性原因，忽略了问题的存在，最终导致出现无法收拾的结果。

“黑天鹅”更多是强调外来的不可预见的因素，而“灰犀牛”更多的是站在客观的角度分析问题，提前判断将来面临的风险和应该采取的措施。特别是在金融领域发生的很多事件，如果从“黑天鹅”的角度进行分析，会发现因事件的意外性而难以预测，难以采取有效预防措施。而如果用“灰犀牛”理论来分析，在很多情况下，论断会是很清晰的。对专职信贷审查人员来说，我们要以快速的应变能力和坚决的执行力来寻找“灰犀牛”，识别出潜在的“灰犀牛”客户，尽早设防，避免带来大额损失。

## 第三节 “灰犀牛”事件案例

### 一、2008 年美国次贷危机

美国次贷危机又称次级房贷危机，也译为次债危机。它是指一场发生在美国，因次级抵押贷款机构破产、投资基金被迫关闭、股市剧烈震荡引起的金融风暴。它使全球主要金融市场出现流动性不足危机。美国“次贷危机”是从 2006 年春季开始逐步显现，2007 年 8 月开始席卷美国、欧盟和日本等世界主要金融市场。我们来深度解读一下美国次贷危机。

在美国，当地人全款买房的人很少，贷款是非常普遍的现象，且贷款时间都很长。可在美国失业和再就业是很常见的现象。这些收入不稳定甚至根本没有收入的人，买房因为信用等级达不到标准，就被定义为次级信用贷款者，简称“次级贷款者”。

次级抵押贷款是一个高风险、高收益的行业，指一些贷款机构向信用程度较差和收入不高的借款人提供的贷款。与传统意义上的标准抵押贷款的区别在于，次级抵押贷款对贷款者信用记录和还款能力要求不高，贷款利率相应地比一般抵押贷款要高很多。那些因信用记录不好或偿还能力较弱而被银行拒绝提供优质抵押贷款的人，会申请次级抵押贷款购买住房，虽然这会导致自己多付一部分利息。

美国次级抵押贷款市场通常采用固定利率和浮动利率相结合的还款方式，即：购房者在购房后头几年以固定利率偿还贷款，其后以浮动利率偿还贷款。

在 2006 年之前的五年里，由于美国住房市场持续繁荣，加上前几年美国利率水平较低（从 2001 年初到 2003 年 6 月，美联储连续 13 次下调联邦基金利率降至 1%，为过去 46 年的最低水平），因此次级抵押贷款者前期固定利率需要支付的金额较小，且房地产持续走高，后期较高的浮动利率的时候，还可以高价卖出房子，做到低买高卖，大赚一笔，并因此出现了大量房产投机客。因此，美国这段时间的次级抵押贷款市场迅速发展。这个过程中，金融机构靠着 CDS 合同、保险、复杂的金融衍生品，把风险一级一级转让出去，在击鼓传花中把风险转让给下家。

房价涨到一定的程度就涨不上去了，后面没人接盘。尤其是短期利率的提高（从 2004 年 6 月至 2006 年 8 月，美联储连续 13 次上调联邦基金利率，从 1% 上调至 5.25%。），次贷还款利率也大幅上升，购房者的还贷负担大为加重。同时，住房市场的持续降温也使购房者出售住房或者通过抵押住房再融资变得困难。这种局面直接导致大批次贷的借款人不能按期偿还贷款，此时，房产投机人迅速甩卖房子却卖不出去，但要不停支付高额利息，终于到了走投无路的一天，把房子甩给了银行。银行收回房屋，却卖不到高价，导致大面积亏损，引发了次贷危机。

最终，大量金融机构出现濒临破产或破产的情况。2007 年 7 月 19 日贝尔斯登旗下对冲基金濒临瓦解，2008 年 3 月 16 日摩根大通收购贝尔斯登。2007 年 8 月 6 日房地产投资信托公司 American Home Mortgage 申请破产保护。随后，迈阿密山谷银行、密苏里道格拉斯银行相继破产。政府如果不注资救助这些企业，那么这些大型的数量众多的金融机构将一一破产。最终，美国政府不断往金融系统里面注资，美联储一天三次向银行注资 380 亿美元以稳定股市；2007 年 8 月 11 日，世界各地央行 48 小时内注资超 3262 亿美元救市。

这次美国次贷危机中有哪些潜在的风险呢？

第一，业务模式。次级抵押贷款市场的发展，需要调联邦基金利率保持低位，以及房地产行业处于上行期，两者缺一不可，但两者又都不可控。

第二，金融衍生品掩藏风险。虽然金融衍生尤其是CDS的出现，让利益链条上的每一个企业都赚到钱了，但是这需要上面提到的利率低与房地产行业景气。一旦上面两个因素出现变动，将导致次级贷款者无力偿还贷款，而房子又卖不出高价。此时，风险末端的企业，积聚了大量风险，一旦风险爆发，整个链条上的企业都会蒙受损失。而金融机构自以为把风险转让出去了，其实最终的买家如果出现问题，风险会通过链式反应传导下去，金融机构难以独善其身。

第三，次贷危机是房地产投机客、银行、金融机构联手做出来的。房地产投机客想有房子住，后面高价卖出赚钱。银行出于盈利角度想做次级贷款业务，并自认为把风险转让出去了。金融机构通过复杂的金融衍生品把次级贷款的风险层层转让，最终这场三者共同联手各有所求的游戏轰然倒塌，并对世界经济形成了一定的冲击。

## 二、大型自然灾害的警示

### 1. 卡特里娜

飓风“卡特里娜”于2005年8月中在巴哈马群岛附近生成，在8月24日增强为飓风后，于佛罗里达州以小型飓风强度登陆。随后数小时，该风暴进入了墨西哥湾，在8月28日横过该区套流时迅速增强为5级飓风。卡特里娜于8月29日在密西西比河口登陆时为极大的3级飓风。风暴潮为路易斯安那州、密西西比州及阿拉巴马州造成灾难性的破坏。用来分隔庞恰特雷恩湖和路易斯安那州新奥尔良市的防洪堤，因风暴潮而决堤，该市八成地方遭洪水淹没。强风吹及内陆地区，阻碍了救援工作。估计“卡特里娜”造成最少750亿美元的经济损失，成为美国史上破坏最大的飓风。

新奥尔良2005年9月1日出现了无政府状态的混乱局面，部分地区抢劫之风越刮越猛。劫匪们公然当着警卫队和警察的面，大肆烧杀抢掠和强奸，又和警方枪战。新奥尔良市5名灾民感染霍乱弧菌丧生。

**2. 桑迪**

飓风“桑迪”，是形成于大西洋洋面上的一级飓风。2012 年 10 月 24 日、25 日、26 日飓风“桑迪”袭击了古巴、多米尼加、牙买加、巴哈马、海地等地，造成大量财产损失和人员伤亡。北京时间 2012 年 10 月 30 日，飓风“桑迪”在新泽西州登陆，截至 11 月 4 日上午，飓风“桑迪”已导致美国 113 人死亡，联合国总部受损。

“桑迪”袭击导致美国加油站汽油供应短缺，加油站出现顾客争吵或打斗的现象。纽约市及新泽西州的约半数加油站关闭，原因是没有汽油，或者没有电。此外，炼油厂因被风暴破坏停产。而由于断电和公交系统停摆，人们对汽油的需求尤其大。汽油供应短缺，导致顾客情绪紧张易怒。在一些加油站，人们等候的时间动辄几小时，有的人因此失去耐性出现冲突事件，有人掏枪、有人拔刀，警察要站岗维持治安。

飓风“卡特里娜”与“桑迪”袭击美国之后，引发的无政府主义状态、治安骚乱、霍乱、汽油短缺，其实都是可以提前预防的。政府应该考虑到飓风以后，当地的治安不好，提前安排维持秩序的部队；提供较为洁净的水和食物，以避免瘟疫、细菌感染；储备汽车，以防止汽油短缺等。尤其是这些飓风不是突然袭击美国的，都是在大西洋上形成以后路过南美或北美数国以后才在美国形成巨大损失的，完全有时间提前准备。

## 第四节　为什么我们对“灰犀牛”视而不见

韩非子云：千丈之堤以蝼蚁之穴溃，百尺之室以突隙之烟焚。

自古以来，我们就有着“防患于未然、治之于未有”的忧患意识。米歇尔·渥克在《灰犀牛》一书中进行了深刻的阐述。他指出，越早着手，就越容易解决问题，而且成本越小：未雨绸缪远胜于亡羊补牢。这些格言虽然在理论表达上堪称完美，但在付诸实践中，很多时候大家连最基本的都没有做到。

但是，人们为什么经常对即将到来的危机视而不见、听而不闻呢？我们简单梳理认为，有以下几个理由：

1. 人性的弱点。那就是惰性，以及得过且过的心理。

2. 乐观主义偏差。人本能地相信自己，相信未来，对未来有种盲目乐观主义。

3. 机制僵化。部分企业虽然存在问题，但是由于机制僵化，出现问题也难以改变。

4. 等、靠、要的思想。发现问题以后，基层等着上层解决问题，而上层却由于信息传导的阻塞难以发现问题，甚至上层发现问题了也想把问题和麻烦推给后来者。

## 第五节 “灰犀牛”的五个阶段

总的来说，人类对待灰犀牛性质的潜在危险，会有以下五个阶段：

第一阶段是否认。人类本性、政府体制和社会体制都在力求维护现状以及人们对未来的美好预期，以及“多一事不如少一事”的心理在作怪。

第二阶段是得过且过。通常“否认”之后是“混日子”阶段，或者叫作“得过且过”阶段，那就是想方设法把问题推给将来。

第三阶段是争吵，浪费大量的时间和绝佳的机会。如果我们认知和预防灾难的能力如此不堪的话，那么当灾难来临时，我们将束手无策。如果我们不改变自己，那么一切努力和行动将是徒劳无益的。即使我们无法改变自己，但至少要清楚自己在做什么和为什么这样做。

第四阶段是危机升级，原来可控的危机被升级放大。这是因为前期问题在逐步积累，却没有采取有效措施去解决问题。最终，问题越积累越严重，最后由量变发生质变，产生严重后果。

第五阶段是采取行动，及时止损。这时危机已经很严重了，到了“火烧眉毛”的阶段，此时当事人必须采取措施去应对，也就是采取行动，及时止损的阶段。但这些行动偶尔会是在“灰犀牛”危机真的发动攻击之前，绝大多数的行动是在其发动攻击之后，用来收拾残局。

米歇尔·渥克认为，只有意识到我们的盲区所在，时常检视我们固有的思维模式，建立起让人无法忽视的预警系统，设置反应机制，我们才能及时看到冲过来的“灰犀牛”。

## 第六节 信贷审查工作中的“灰犀牛”事件

信贷审查审批中遇到的“灰犀牛”事件可谓层出不穷，主要有以下几类：

### 一、企业内部自身原因造成的“灰犀牛”事件

**1. 企业盲目跨界**

例如：某大型民营有色金属集团。该企业负责人朱 ××，1982 年时从事电器维修工作，1986 年，通过借贷等方式筹集了几十万元，创建企业的前身——×× 有色金属铸造厂。后来，企业掌握了生产真空伏辊的技术，成为国内最大的真空伏辊生产企业。1999 年该企业向产业链下游的造纸业延伸，生产装饰原纸。2006 年 4 月，该公司成立 ×× 化工设备有限公司，与其他企业合资新建搪玻璃设备制造项目。

2007 年 10 月 2 日，该集团关联企业 ×× 纸业在香港联合交易所成功挂牌上市，从学徒工到生产造纸设备，再到生产装饰原纸和建筑板材，朱 ×× 的前几次“转身”都颇为成功，并为他带来数十亿身家。2013 年 10 月，该集团因 60 多亿贷款无法及时归还面临破产。2014 年 2 月份，当地人民法院已经正式裁定该集团进入破产重整程序，银行面临重大损失。

该集团出什么问题了？一个实际控制人是该省富豪榜上有名的人，一个在主营业务——造纸行业深耕数十年的香港上市公司，最终落得破产重组的地步？

有内部人士透露：该集团的“脓包”就在风电上，其他资产尚属优质。他说：“他们开发的阻燃材料就很好，下属其他企业的效益也不错。”他介绍说，

即便风电这一块该集团也有很多专利，在科研上投入很大。该集团的风电项目有两部分：一是位于内蒙古通辽地区 20 兆瓦的风电场；二是在其工业园内“中国风电城”的投入。这部分投入包括 6 万平方米的总装厂房和一些制造及试验设备的购置。合计投入金额接近 30 亿元。

业内外都知道的一个事实是：从一开始，风力发电项目就不是一个依赖自我循环盈利的行业。在这样一个背景下，为什么众多银行依然将大量资金投向该集团这样一个无底洞？ 2013 年 10 月 12 日，某国有行省级分行一位业务主管介绍说，像该银行贷这么多钱给该集团，显然已经不是当地分行自己能做主的事情。各银行在给予该集团授信时，存不存在一些潜在的危险信号呢？答案是肯定的。

第一，经营异常。集团下属 ×× 化工设备公司，截至 2009 年 6 月 30 日的审计报告显示，9247.08 万资产中负债为 7541.57 万元，负债率高达 81.56%，近年则常年处于停产状态。

第二，停牌记录。上市公司 ×× 纸业则在 2011 年 3 月 30 日因年报审计中会计师事务所出具有保留意见的审计报告而停牌。

第三，保留意见未引起重视。2010 年年报中会计师事务所保留意见认为，“公司有修改收益、利润及现金状况，伪造集团账目及记录，及集团资产遭侵吞等情况的嫌疑”。此后，×× 纸业多次发布公告，称经独立审核师审核，上述情况并没有得到证实。

第四，产品未得到市场验证。该集团官方网站介绍，其风电设备最突出的优势有两方面：一是开发了一种高速同步无刷励磁风力发电机；二是开发出一种海上组合式漂浮平台风力发电技术。然而企业开发的这种“能把国旗吹动的微风就能发电”的新型电机，也只在该集团自身投资的通辽风电场投入使用，而海上漂浮平台风电技术并无实际应用案例。

第五，盲目扩张。2008 年，朱 ×× 大举进入风电制造行业，声称要在全世界建造 100 家风力发电场。

第六，跨行经营，且投资巨大。该企业在外省 20 兆瓦的风电场项目、当地工业园内“中国风电城”项目，投入包括 6 万平方米的总装厂房和一些制造及试验设备的购置，合计总投资约30亿。

其实，以上都是风险预警信号，值得信贷审查人员关注，而这也是导致企业破产的重要原因。该集团的问题还涉及高管层的管理能力、企业决策机制的问题。由于实际控制人受约束较少，执行力强。企业主营由电器维修转型造纸设备、造纸业、玻璃设备制造，最后到风电项目。多年来公司不断转型，因转型成功而腾飞，最终也因转型失败而湮灭。

企业盲目跨界，成为发生“灰犀牛”事件的重要原因。信贷审查人员要对一些转型保持高度警惕，尤其是转型较为剧烈、投资巨大的企业。如部分摩托车企业，如果大力转型投巨资去搞新能源汽车行业，很可能出现盲目跨界的悲剧。对银行而言，该集团是一个明显的“灰犀牛”事件，从2008年企业大肆宣传转型风电行业，到后期财务审计会计师事务所保留意见，再到2011年××纸业停牌，而这一切距离企业真正出现危机的2013年还有数年的时间，有很多银行有机会及时撤出，但是几乎没有银行撤出，是否值得各银行深入反思？

**2. 高管内讧**

2015年11月5日，某大型水泥制造企业公告提示：由于目前财务状况不佳、筹资困难，全资子公司××水泥（境内主要运营实体）境内发行的20亿元超短期融资券“15XXSCP001”的偿付存在不确定性。2015年11月11日企业发布公告称，确认11月12日到期的该笔超短融债务会逾期违约，并已向开曼群岛大法院提交了公司清盘呈请及申请委任临时清算人。2015年11月24日，开曼群岛大法官Mangatal裁定，撤销企业现任董事会提请的清盘及委任临时清算人申请。企业的超短融违约是国内首例超短融违约案例，因××水泥是于香港上市的红筹股，融资涉及境内外市场，一时间引起各界热议，受到广泛关注。

造成这一后果的原因要从20年前说起。1997年，××水泥的前身——济南××工业集团有限公司成立；2000年，济南××工业集团有限公司更名为济南××集团有限公司；2001年，济南××集团与2518名职工（由于股权转让，至2005年最终人数为3947人）以现金集资入股方式成立济南创新投资管理有限公司；2004 年，企业更名山东 ×× 水泥集团有限公司；2005 年，该集团为香港上市注册中国 ×× 投资有限公司，公司股权全部由管理层及股东持有，注册人由原来山东 ×× 的 9 名代持股东，变成了 9 个显名股东；2008 年上市前夕，3939 名职工股东被要求以信托方式将股份交由张 ×× 作为受托人的张氏信托和李 ×× 作为受托人的李氏信托管理。至此，表面上看，张 ×× 持有企业高达 81.74% 的股权，但只有 13.18% 的股份属于他自己，其他股份均由其通过“酌情信托”的方式代 3939 名职工持有。

2013 年 11 月 13 日，张 ×× 向其他股东推出《中国 ×× 投资有限公司股份回购方案》《境外信托退出性收益分配方案》两套退股方案，3939 名企业的职工和 7 名小股东将全部撤出，股东只留下张 ×× 一人。这两份文件，对职工股的变现要求：职工股的变现要分 3 期，共 30 年；变现的股权价值与企业的股票价格挂钩，第一期价格打 8 折，第二期价格打 9 折，第三期不打折。更让职工股持有者及小股东们不满的是，所有股份变现的资金均来源于公司自企业取得的年度分红，而自从职工签字同意变现后，便不能再享受分红。这显然不是小股东们想要的结果，双方争执下，小股东选择了向香港高等法院上诉，并最终得到了香港高等法院的支持。

2016 年 12 月 1 日香港联交所网站发布了企业特别股东大会投票表决结果公告，企业的董事会成员变更为：李 ×× 等 9 人。企业原有董事会成员全部“下野”，包括公司“原实际控制人”张 ×× 之子、公司原董事长张 ×。至此，控制了企业数十年的张 ×× 目前只剩下一个身份——拥有 13.18% ×× 投资、3.3% 企业股权的自然人股东。背后，还有大股东虎视眈眈：第一大股东天瑞水泥持股 28.16%；以众多职工股东组成的 ×× 投资占 25.09%；亚洲水泥持股 20.90%；央企中国建材持股 16.67%。亚洲水泥想夺得该企业的实际控制权，其指出已授权董事长或其指定之人，和持有企业 25.09% 的“中国 ×× 投资”的股东及权益人，签订“设有先决条件的购买协议”，重启收购来取得多数股权。

这一切，都是高管层内讧导致。该企业上市公司数据显示，2011 年至 2014 年企业的税前利润为 32.54 亿元、22.05 亿元、16.14 亿元、6.9 亿，税前利润逐年大幅下降，尤其是2014年比2013年大幅下降了9.24亿元。而2015年税前利润下降到–64.96亿元，2016年中报数据显示：税前利润为–7.28亿元。也就是说，从2013年11月13日，张××突然推出两套退股方案后，企业利润出现大幅下降，并在近两年出现大幅亏损的情况。并最终导致了20亿元超短期融资券“15XXSCP001”违约。

××水泥突然爆发的“灰犀牛”事件，令投资者及各金融机构猝不及防。但从历史追溯来看，该企业从一开始的股权结构设计就存在潜在风险；并且从2013年开始，企业就面临高管层内讧的情况，持续至2015年底才出现违约情况，前后时间跨度很长。很多信贷审查人员认为，2013年之前的××水泥盈利能力很强，难以介入；自2013年介入以后，就采取鸵鸟的态度，选择忽视风险，直至风险爆发。

可以说，高管内讧、高管理团队出现问题，是发生“灰犀牛”事件的人为因素。

**3. 实际控制人涉案引发诉讼**

2014年2月20日，新华社报道：刘汉、刘维等36人涉嫌组织、领导、参加黑社会性质组织、故意杀人、包庇、纵容黑社会性质组织等案，经依法指定管辖，由湖北省咸宁市人民检察院于2月20日向咸宁市中级人民法院提起公诉。专案组侦查表明，刘汉等人掌控的全资、控股、参股公司多达70家，其中A股上市公司2家，境外公司4家。2015年2月9日，刘汉被执行死刑。

自2013年9月初开始，刘某控制的大型民营企业旗下的大部分资产相继被司法机关冻结，银行贷款余额高达125亿元。对于这类问题，我们可以看到，涉黑的企业难以善终，出问题是迟早的事情。如果信贷审查环节发现实际控制人有涉黑的情况，应审慎介入，甚至一票否决。

**4. 企业非法经营**

河北某著名乳业企业曾获得中国食品工业百强、中国企业500强、农业产业化国家重点龙头企业称号。2006年6月15日，该企业与全球最大的乳品制造商之一新西兰恒天然集团的合资公司正式运营，标志着该企业向着“瞄准国际领先水平、跻身世界先进行列”的目标迈出了关键一步。2008年初，企业开始陆续接到消费者投诉其生产的乳制品中含有对人体有害的物质。7月，企业证实问题奶粉为三聚氰胺含量过高。9月中旬，全国开始出现大量因食用该企业生产的乳制品而产生负面作用的消费者。企业这时才因社会舆论压力，以及强大的市场压力，导致资不抵债而被迫破产。2008年12月24日，当地法院正式对该企业发出破产裁定书，宣布其破产。

因非法经营导致业内领头企业破产，短短一年事件就结束了，银行的授信没有到期或者做的是长期贷款，很多人还没反应过来就已经过去了，真是“来也匆匆，去也匆匆”。像某啤酒上市公司的乙肝疫苗事件，前后历经13年，参与者有充分的时间去分析判断，并及时退出这场疯狂的游戏。从该乳业公司看，一些非法行为在某些行业成为潜规则，这些潜规则随时可能引爆，并对企业的生产经营造成重大影响，需要引起信贷审查人员的高度重视。

**5. 过于相信企业的美好故事**

某啤酒上市公司曾因乙肝疫苗项目在A股市场名噪一时，曾是包括公募基金等投资者热逐的标的。而后，其疫苗一次次的“爽约”，在股价最高的时候，成为了一头狂奔的“灰犀牛”，给资本市场带来了一场地震。

1998年，企业手握从股市募集的巨额资金，除了用于啤酒主业扩张外，收购佳辰生物，和乙肝疫苗挂上了钩，一个由上市公司、分析师以及机构共同编织的“疫苗神话”，也就此拉开了序幕。13年间，如影随形的“疫苗概念”，最终取代了啤酒，成为企业闯荡A股市场的名片。

首先，疫苗概念项目的想象力足够大，题材够劲爆：我国约有乙型肝炎病毒携带者1.3亿（全球有6亿），慢性肝炎患者3000万，乙肝疫苗一旦成功，那就是震撼人类的世界性医疗革命。其次，从2010年6月开始，企业按每月一次的频率，对乙肝疫苗的进展进行了披露，股价也是随之扶摇直上。再者，2005年12月22日，董事会决定将企业持有佳辰生物5%的股权（435万股）赠与吴玉章；将佳辰生物3%的股权（261万股）赠送给边疆，让投资者看到了股权激励。股价从2005年的最低点6.45元/股，最高涨至2011年83.12元/股，涨幅高达1286.67%，市盈率高达惊人的108倍。

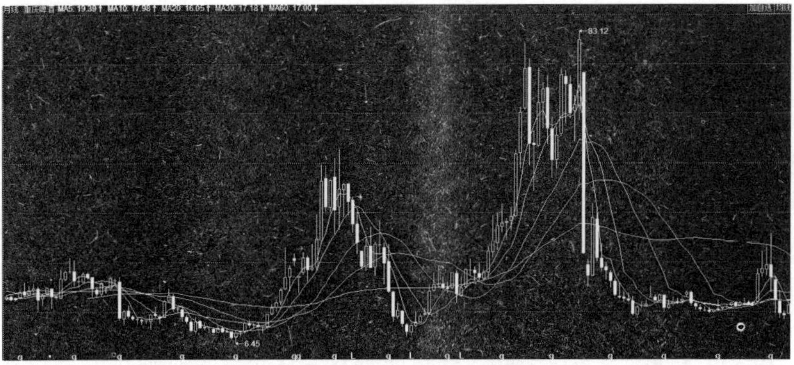

**重庆啤酒沪市 K 线图（月线）**

2011 年 12 月 7 日晚，企业公布乙肝疫苗毫无进展，分析认为数据表明乙肝疫苗无效果，乙肝疫苗的梦想至此破灭。随着乙肝疫苗梦的破灭，企业在 12 月 8 日复牌后的 11 个交易日里遭遇 10 跌停。2015 年 12 月 16 日，企业公告决定将乙肝疫苗项目转让给江苏孟德尔基因科技有限公司，转让价款仅 100 万元，获得董事会 11 名董事全票通过。乙肝疫苗事件告一段落。

这只巨大的“灰犀牛”，带给资本市场巨大的冲击，留给后来人太多的思考。这对于银行有什么影响？一是对于那些以企业股权质押贷款的项目，由于股价泡沫破灭，质押物价值迅速贬值。二是股价破灭，对于企业的正常经营周转，造成较大的影响。那些给企业授信的银行，都是因此受到牵连。三是 2010 年 6 月 18 日，嘉士伯啤酒公司以 40.22 元每股的价格，合计 23.8 亿元收购企业 12.25% 股权，使其持股比例增至 29.71%。此后 2011 年 12 月份的暴跌已跌破增持价，令其账面浮亏达 6.98 亿，如果有金融机构去做这笔并购贷款，项目的风险也会很大。金融机构应该在概念面前保持理性，尤其是股价波动较大的企业以及股权质押审慎对待，回归价值分析，不能盲目跟风，以免招致较大的授信风险。

## 二、企业外部原因

### 1. 新技术、新产品的出现，对现有信贷客户造成冲击

前面讲过柯达、诺基亚等世界级知名企业在新技术、新产品冲击下的惨

状，国内企业面临的冲击也丝毫不少。大连华录作为全国最大的录像机生产企业，在VCD和DVD的冲击下艰难了很多年；安彩集团有限公司，在2003年已经发展成为全球最大彩色玻壳生产商，最终在液晶平板电视的冲击下，破产重组。类似的事件还有很多，比如滴滴对出租车行业的冲击，线上教育对线下辅导班的冲击，互联网金融对传统金融的冲击。信贷审查人员应该关注新技术、新产品，对新的消费业态有敏锐的认知和把握。

**2. 区域政策变动**

2012年，西部某省会城市《片区总体规划》正式审批通过，总规划195平方公里，其中集中实施改造的范围约104平方公里，工程项目约360个，总投资约3300亿元，重点是：位居全国十大的批发市场群2014—2017年完成外迁。

该批发市场是历经20多年的滚动发展，在方圆20公里辐射了近40个不同所有制的专业批发市场的统称，全国十大批发市场之一。市场里面经营户30000户，年成交额200亿元以上，大部分商品定位是中低档次商品为主，主要服务对象是城乡零售商，其交易模式是“现金、现货、现场”。由于市场产权格局复杂、各个区域各自为政，导致“路网建设滞后，交通拥堵严重”，基本不具备改造提升空间，关闭外迁升级成为主流基调，北部新城现代商贸综合功能区将是主要的承接区域。

国际商贸城这只巨大的“灰犀牛”就是在这样的政府政策推动下产生的。

国际商贸城项目总占地面积2090亩，总投资145亿元，总建筑面积500万平方米，市场总面积360万平方米，商业配套面积140万平方米。项目建成后，将拥有商铺6万个，包含18个大类，1900多个种类，51个行业，43万多个商品品种，是集日用品研发、生产、加工、展示、洽谈、交易与电子商务为一体，规模最大、辐射力最强、现代化水平最高的商贸平台，并具有商务办公、金融服务、休闲娱乐、酒店公寓等完善的配套功能。

然而，由于2014年后“片改”项目推进缓慢，项目最核心的一点——原批发市场搬迁工作也未能实施。销售回款方面，“国际商贸城”拥有者过于乐观地估计了市场前景，采取只租不售的方式，最终销售回款较少。租金收入方面，原来预计 5 年经营权招租商户 2.6 万户，涉及服装批发、日用品、缝纫设备、中药材、箱包五金五个市场，大部分都是原批发市场及其周边的专业市场商户试探经营。但目前除了中药材市场外，其他市场门可罗雀，全部商户今年到期续租观望情绪浓厚。租金收入未达到预期状态，且后面租户是否续约也存在比较大的疑问。该地区项目成为与区域政策波动而产生的“灰犀牛”。国际商贸城项目，对企业影响较大，企业大量资金被本项目占用，又难以变现，进而对给予本项目融资的银行造成影响。

**3. 国家之间的贸易战**

目前，反全球化呼声甚嚣尘上，国家之间的贸易战从来没有停歇。2017 年 2 月 22 日，美国国际贸易委员会（ITC）宣布对中国卡客车轮胎的反倾销和反补贴税调查案作出否定裁定，认定：来自中国的卡客车轮胎没有对美国工业造成实质性损害或实质损害威胁。这意味着美国不会对从中国进口的卡客车轮胎实施任何关税。在这之前，美国商务部（DOC）曾认定来自中国的卡客车轮胎受到了政府补贴，并在美国以低于合理价的价格出售。

根据美国官方数据显示，2015 年美国从中国进口的卡客轮胎量估计约为 10.7 亿美元，美国商务部认定中国制造商有倾销轮胎的行为。两家被强制应诉的中国企业，最终被裁定的反倾销税率为 9%，其他未强制应诉企业也被裁定了 9% 的反倾销税率，此外其他所有中国企业被裁定 22.57% 的税率。在整个调查期间，从中国进口的卡客车轮胎的反补贴税率一直处于波动状态。双钱集团最终的反补贴税率为 20.98%，贵州省的反补贴税率为 63.34%，其余企业税率为 42.16%。

针对美国国际贸易委员会做出的这个裁决，轮胎行业的反应褒贬不一。美国钢铁工人联合会（USW）于去年对来自中国的 TBR 轮胎的发起了抗议请愿书，它对此结果表示失望，并指出这些中国进口的轮胎，损害了在美国制造卡、客车轮胎的工人的利益。

虽然轮胎双反裁定结论令中国企业暂时躲过眼前困难，但多年来欧美等国对中国以反倾销名义进行的经济战从未停歇。仅今年来，其他国家就对我国的冷轧板卷、镀锌板卷、大型洗衣机、不锈钢板带材、不锈钢无缝钢管、制冷剂、厚钢板等产品执行反倾销税、立项调查，甚至连印度都针对品种包括原产于或进口自中国的铁（铸铁除外）、合金或非合金钢（不锈钢除外）无缝管和空心型材产品的反倾销税延长五年。通过这些事例看出，当前国家之间的贸易战会长期存在，容易被列入倾销行业的企业极容易受到贸易战的伤害，同时产生不可测的后果，产生“灰犀牛”事件，作为银行信贷审查人员，一定要多加注意。

## 三、银行自身原因，是爆发“灰犀牛”事件不可忽略的因素。

### 1. 银行过度相信自身产品设计

在此，再以前面说过的“上海钢贸事件”为例。据不完全统计，自 2011 年起，钢贸行业因债务问题导致银行坏账高达数百亿元。这给银行造成重大损失的“上海钢贸事件”，绕不开当时业内流行的“联保贷”业务品种。

“联保贷”业务是某银行开发的标准化融资产品，是指银行为三户（含）以上相互熟悉、自愿组成联保体的企业提供的短期融资业务，授信担保方式为联保体中的成员为其他成员在授信时提供连带责任保证。联保小组的组成：原则上一个联保小组须由 3—5 个小企业组成；受同一自然人（含配偶）或法人实际控制的多个小企业，只能有一个小企业参加联保小组，也不得分别参加多个联保小组；一个小组内，小企业实际控制自然人之间具有亲属关系的小企业不得超过 1 个。业务特点：联保企业互助增信；抵押担保要求低，借款人相当于获得了银行信用授信。融资额度：联保体单户额度原则上最高不超过联保体整体额度的 40%，且不得超过其流动资金贷款需求测算值；联保体最高单户额度不超过最低单户额度的 100%；联保体为三户的，总授信额度不超过 2000 万元。

如此一来，联保贷产品通过多家企业互保，互相增信，并且授信金额较小，单户金额较小，联保体之间亲属关系数量有控制，可以说是一个较为完美的授信产品。从银行的角度来说，这种融资模式是银行贷款给钢贸商，由联保体内其他企业提供连带责任担保，如此一来，几个相互独立的客户就组成一个虚拟集团，整体抗风险能力也有所提高，以此来缓释银行的信贷风险。即便债务出现问题，某一客户无法还贷，联保体内其他客户会代偿。毕竟，联保体里面的企业全部出问题的概率总比一家企业出问题的概率要小得多。这方案看上去也很完美，但问题就出现在“完美”两个字上——它将导致银行过度相信自身产品设计。银行正是基于以上各种担保制度的保障，逐步放松了对实体货物的监管。

从2009年，联保贷逐渐流行起来，当时曾被誉为重要的“金融创新”。但是，这个看似完美机制有一个致命缺陷：有的钢贸商成立了很多公司，有的多达十多家，目的就是能够用不同的公司去向银行融资。这时候，一旦出现问题，就像火烧连营一样，整个行业都非常危险。

上海钢贸事件爆发以后，有人绘制了这样一幅骗贷图：钢贸商将钢材放在一个仓库里，开具仓储证明，向一家银行贷款，然后再将这批钢材运送到另一个仓库，再次开具仓储证明，就又可以向另外一家银行贷款。这样一来，价值1000万元的货物，在一家银行可以贷到700万元来计算，辗转4家仓库，就可以从银行贷到2800万元。而另外一些钢贸商，干脆联合存储仓库开具假证明，从银行贷款。重复质押发展到后来，最高峰是“一女三嫁”，其实“一女”都算不上，因为抵押的只是付了少量保证金的期货。由于时间差和放大效应，“一女五嫁”“一女十嫁”都能做到。重复抵押的骗贷行为，让“联保制”的根基越来越不稳固。当然，将资金拿到手还只是第一步，将手中资金投资获取高回报才算成功。上海钢贸商商会原会长直言不讳：“一些钢贸商甚至用银行带来的钱投资、炒楼。这些在业内已经是公开的秘密。钢贸挣钱哪里有前几年房地产、高利贷快？”

贷款容易，还款难！一旦联保小组当中一个商户出现了坏账，其他的担保人就要代偿。一旦整个行业出现问题，这种连坐模式的联保体会使得风险快速蔓延开来，所以陷入危机的钢贸商也就越来越多。

针对这些问题，银行到底知不知道？知道多少？来看看银行是如何一步步走向钢贸深渊的。

2008年9月，国际金融危机全面爆发后，中国经济增速快速回落。为了应对这种危局，中国政府于2008年11月推出了进一步扩大内需、促进经济平稳较快增长的十项措施。初步匡算，实施这十大措施，到 2010 年底约需投资 4 万亿元。在此大背景下，各地开始基础设施建设，对于钢铁行业可以说是空前的利好，钢贸商们的生意也是如日中天。同时，银行信贷相对宽松，一路看涨的钢铁企业成了银行头号座上客。为了方便做业务，有些银行甚至在钢材城周围设立网点。

据网络上报道：2013 年年底就有人爆出银行的工作人员为了争取业务，主动请缨，帮助客户开具假证明、制作假合同，从而取得银行贷款的新闻。相对于个人贷款而言，钢贸企业的贷款更迎合银行的需求。为银行带来丰厚利润的同时，也可以帮助银行完成中小企业贷款的指标。

这些贷款带来的危险，未必银行的所有人都不清楚，最终因业绩压力、追求利润而接受这些贷款。本来，银行防控风险的办法是把风险转嫁给连带担保人。多家银行的联保制合同，其中都有这样一条规定，担保人承担无限责任，有些银行甚至直接写到银行有权直接从担保人账户上扣收包括本金、利息、复利等全部费用。这一切看上去很完美，但是一旦发生担保人跑路的状况，损失的只能是银行。这一点就像美国次贷危机一样，想着把风险转让出去，而最终承担实质风险的个人或企业如果没有实力去承担，甚至失联、破产，该链条上的企业将蒙受损失。

上海钢贸事件爆发之前，到底有没有预警信号呢？答案是有：

第一，上海银监局 2011 年公布的一则数据曾被广泛引用：截至 2011 年 6 月末，上海用于质押的螺纹钢总量是螺纹钢社会库存的 2.79 倍，说明银行在贷前对抵押品检查和管理上存在很大问题。也就是重复质押问题。

第二，上海市银监局发布的数据显示，2011 年末钢贸表内外授信余额 2200 亿元。

第三，2011 年，全国钢材贸易贷款 1.89 万亿，占同期全国贷款总额的比例高达 3.5%。从数据上看出，这一行业明显存在过度授信的问题。

第四，钢贸圈中可能存在大量重复虚假交易。

第五，没有核实企业纳税信息。有部分银行到税务部门核实，发现钢贸企业所缴纳的税收较少，与目前的融资规模不相匹配。于是这些银行就逐步清理钢贸客户，最终全身而退。

第六，钢贸行业付出的融资成本为15%，远高于同期贷款基准利率6.31%。但同期钢铁行业的大势是：产能严重过剩，钢材滞销，价格疲软；与此同时，铁矿石严重依赖进口，价格波动剧烈。

钢铁行业不景气，但钢贸企业支付的融资成本高、钢材质押率很高、钢贸贷款占全国贷款总量比例异常，都没有引起太多银行的注意。最终，造成银行几百亿元的损失，这一切，有的银行还认为是运气不好，不承认产品设计有问题。其实，在上海众多金融机构中，只有部分银行受到钢贸事件的冲击，很多银行能够保持清醒、未深涉其中，不能不说这些银行的产品设计、风险控制能力强大。所以说，银行设计安全完善的产品，是防范“灰犀牛”的重要举措。但如果完全依靠产品，而忽视了信贷审查人员在风险把控上的作用，“灰犀牛”的到来是迟早的事。

**2. 很多人认为国有企业不敢、不会在债券上违约**

某大型钢铁企业由国家原三大骨干特钢企业重组而成，主要控股股东是省级国资委。作为该区域最大的特钢企业，2014 年底总资产 518 亿，净资产81.25 亿，净利润 1.28 亿，资产负债率高达 84.31%。

该企业作为大型国企，集团规模较大，且有一定的净利润，虽然资产负债高一些，部分信贷审查人员会认为，当前宏观经济下行阶段，做这样的大国企总比做一些中小型的民营房地产或者贸易企业好得多。因债券是一个公开产品，一旦违约就属于公众事件。负责承销的债券银行，觉得本行又不持有债券，风险相对较小，只是承担一个承销风险，而目前国企尤其是大型国企还没有违约记录。购买债券的银行认为，企业每次发出的债券，自己都是买一部分，这样相当于做了一笔银团贷款，一旦违约企业就得罪了多家银行，这样企业的违约成本也会增加。另外，即便企业出了问题，涉及那么多国企员工的生活问题，政府也会出面解决。然而，银行还是“误判”了。2015 年 3 月 28 日，该企业发行的“15XXXCP001”宣告违约，开启了地方国企债券违约的先河，先后已有 8 只债券未能按期足额偿付，所涉发行规模共计 55 亿元。2016 年 10 月 10 日，大连市中级人民法院裁定：该企业正式进入破产重整程序。

然而，企业违约之前，存在大量的潜在风险信号：

第一，2008 年，该企业实行技术升级改造而进行巨额投资。截至 2014 年的 6 年间，企业累计投入 300 亿元。企业升级改造，投资巨大。

第二，企业疯狂扩张的结果是公司面临较大流动性压力，资产负债率也高达 83% 左右。且企业固定资产很高，流动性枯竭。

第三，近年来因为拖欠贷款，企业已先后多次被最高人民法院列入全国失信被执行人名单。

第四，银行开始不断抽贷。2014 年年报显示，短期借款下降了 11 亿，长期借款下降了 8 亿。

第五，钢铁行业属于强周期影响。2008 年，钢铁行业市场需求较大，供给有限，因此属于卖方市场。但当项目建成以后，钢铁行业供给已经大于需求，钢铁价格也下来了，此时行业已经处于衰退期。

最终，不少人认为国有企业不会在债券上违约而选择忽视了风险，导致银行的大额损失。信贷审查人员在信贷审查中，主观上不要降低所谓低风险金融产品的风险性，也不要妄想企业会迫于压力不敢不归还欠款，企业一旦没有还款能力，一切措施都不会起作用。

**3. 依靠过往数据直线思维，对前进路上的“灰犀牛”视而不见**

2016 年上半年，中国造船市场寒意依旧。2016 年 9 月 9 日，波罗的海指数（Baltic Dry Index）报 804 点，这已经是这一指数连续三年在 1000 点上下徘徊，这个数字意味着全球航运依然处于最糟糕的时期，也意味着世界贸易依然处于不甚景气的阶段。2016 年 8 月 31 日，韩国最大、全球第七大航运企业韩进集团在韩国和美国申请破产。这起事件影响着全球超过 50% 的货主与货代企业，成为全球航运业有史以来最大的破产案。

某大型船舶制造企业曾是中国最大的民营船厂，曾是赫赫有名的国内造船业龙头，不过在船市陷入低迷后迅速衰落。2013 年及 2014 年，公司分别亏损 86.8 亿元和 77.5 亿元。后来，企业改名 ×× 能源，意图从低迷的造船行业转型到石油及天然气领域。其首笔能源业投资，是通过配发 14 亿股股票，收购中亚地区的吉尔吉斯油田项目 60% 股权。2016 年中报显示，公司继续亏损

19.63 亿元，而企业的负债总计 311.27 亿，净资产为 -76.86 亿，已经资不抵债。

**2000—2017 年波罗的海干散货指数**

面对这只“灰犀牛”，作为信贷审批人员又有哪些值得反思？

很多信贷审查人员往往存在一个误区，那就是依靠过往数据直线思维，惯性思维。当企业处于行业景气的时候，行业好、企业好，企业盈利能力也强，尤其是造船企业手里有订单，信贷审批人员直线思维认为贷款发放以后企业可能也能还钱。尤其是造船行业，造船周期长、回款慢，造船企业有长期融资的需求，银行也相应发放了长期贷款。但在贷款期间，行业在变化，很可能由行业景气变成行业不景气，尤其是造船行业 2011 年之前一度高达 10000 点以上，2012 年 2 月 2 日波罗的海指数报 651 点。同时造船行业由于竞争激烈，造船的订金较低，订单企业在大环境不好的时候，很容易出现毁约现象。

信贷审查人员，对于企业未来的经营情况不能过分乐观。一是行业是有行业周期的，不是一成不变的。在行业处于高点的时候介入企业，一旦行业大幅波动，就会把银行套牢在里面。二是不能迷信企业的未来收益。到手的钱才是自己的钱。即便现在行业需求旺盛，但是企业生产出产品以后，可能行业就到了供过于求的情况了，导致企业存货积压，占用企业资金。三是要针对企业现在的情况，匹配合理的产品和期限，以控制风险。信贷审查人员要多问几个为什么，比如行业会不会发生巨大变化？宏观经济波动对企业影响大不大？订单企业会不会毁约？用自问自答的方式，对未来不确定的变化宁可信其有、不可信其无，把自己从直线思维的误区里面解放出来。

**4. 因内部业绩冲动，对风险视而不见**

2016年初，国民信托的TJ钢铁计划的A类第二期、第三期投资者被告知，原本应于2016年1月29日及2月10日到期清算的产品，因TJ钢铁集团资金统一调度原因，申请延长清算期不超过3个月。

某大型钢铁集团BG集团（TJ钢铁集团的控股股东）直属某直辖市国资委，为国有独资企业，注册资本170亿元，是集烧结、炼铁、炼钢、连铸、轧钢、金属制品生产为一体的综合性特大型企业集团。2016年年初，BG集团爆发严重债务危机。因涉及金融债务金额为1920亿元，金额较大，地方政府成立由105家金融机构组成BG集团债权人委员会，建议各金融机构对BG集团相关贷款展期并下调利率。此外，BG集团将剥离优质资产进行重组，而当地投资服务集团则将接盘其不良资产。

如此接近2000亿规模的债务，上百家金融机构，最后都被BG集团这只“灰犀牛”撞得遍体鳞伤。而在这之前，就有大量预警信号。

第一，2011年爆发的上海钢贸事件，实际上是对整个行业不景气的预警。

第二，整个钢铁行业产能过剩，钢铁行业不景气。

第三，××钢铁集团由于订单不足，成本偏高售价偏低，已经停掉了一座3200立方米高炉。相应的炼钢、轧钢也要停掉一半，现金流的维持是当前主要问题。

第四，截至2015年6月末，公司有息债务主要集中在一年以内，未来一年内到期债务为265.72亿元，占总有息债务的72.35%，总资产负债率83.42%，债务结构不合理。

第五，在企业债务爆发之后，虽有个别外资银行收回贷款数亿元，但下属子公司又新增了十六七亿元的贷款，债务水平保持基本平衡状态。

BG集团是世界500强、××市大型国企，导致很多银行抱有侥幸心理，因内部业绩冲动，导致对风险视而不见，是一个不可忽视的因素。

**5. 信贷审查人员自身出现问题，是发生“灰犀牛”事件的无解因素**

信贷审查人员如果自身不按照规定或者流程审查业务，把自己变成了一头“灰犀牛”，那任何规章制度都抵挡不住其造成的破坏。这里简单梳理一下审查人员自身出现问题的各种情况：

第一类是个人主观因素：

（1）审查人员态度不端正；

（2）项目复审人员复核不细致；

（3）有权决策者过于相信信贷审查人员；

（4）从事信贷审查时间短，审查经验不足；

（5）存在侥幸心理。

第二类是制度因素：

（6）银行内部未形成严谨的信贷审查文化；

（7）项目过于着急，导致审查时间不足；

（8）银行内部没有严格执行追责制度。

## 第七节　信贷审查中如何发现“灰犀牛”

### 一、信贷审查中“灰犀牛”游猎攻略

根据米歇尔·渥克提出的“灰犀牛”理论，我们在信贷审查中应该：

第一，要承认信贷风险的存在。信贷审查人员尽快地发现影响我们认知的因素，特别要防范羊群效应和群体行为，勇于提问，敢于当《皇帝的新装》里面的小孩。特别是在做决策的时候，要保证持有不同观点和意见的人能够参与进来，并且以开放的态度对待不同的意见。

第二，要准确定位“灰犀牛”危机事件的性质。通过区分信贷审查中危险信号，确定危险信号的轻重缓急，有的放矢地解决问题。

第三，不要静立不动、无所作为。信贷审查要“曲突徙薪，防患未然”，

通过一些小的可行措施开始行动，逐步解决问题。

第四，不要浪费危机。“祸兮福之所倚，福兮祸之所伏”，危机或灾难必然带来想象不到的机遇。信贷审查人员要从危险信号中采取行动，认识到危机问题的独特之处，并且把他们作为机遇来面对，这样才能做到躲避灾难的袭击。

第五，要站在顺风处。信贷审查人员要眼睛盯着远方，既能够让我们观察到信贷危险靠近的过程，更能帮助我们做出正确的选择和适当的行动。

第六，要成为发现“灰犀牛”、控制“灰犀牛”危机的人。要躲避危险，首先要做到的就是要识别危险，要通过对“灰犀牛”危机的观察，从全局的角度考量各种选择方案、调整方案。

银行面临企业的情况错综复杂，面临“灰犀牛”的机会更多。如何发现“灰犀牛”、规避风险，应该是信贷审查人员的必修课。

## 二、信贷审查中“灰犀牛”的预警信号

### 1. 报表财务异常或不真实

一些企业的财务数据也能提供一些预警信号。

比如某民营造纸上市公司在 2011 年 3 月 30 日因年报审计中会计师事务所出具有保留意见的审计报告而停牌。以及 2010 年年报中会计师事务所保留意见认为“公司有修改收益、利润及现金状况，伪造集团账目及记录及集团资产遭侵吞等情况的嫌疑”。此后，企业多次发布公告，称经独立审核师审核，上述情况并没有得到证实。

再比如一家贸易企业，净资产在上一年度只有 5 亿元，而即期数据净资产就达到 11 亿元，新增净资产 6 亿元，这 6 亿元净资产主要是未分配利润或者资产增值，而恰巧该企业是为另一家企业提供 10 亿元的敞口担保。这时，信贷审查人员容易发现，净资产是企业为了满足银行关于可担保额度而做出来的，企业真实的担保能力存疑。

还要注意一种情况。在行业下滑、同行业日子难过的时候，企业报表非常好看，盈利能力大大优于同行。多年的经验表明，这看似很美好的现象，反而

是风险预警的信号，信贷审查人员一定要瞪大眼睛，盯紧这类企业，不能被数据迷惑。

**2. 企业资金紧张，用拆借资金归还贷款**

企业贷款到期以后，应该归还。但是企业资金紧张，没有足够的自有资金用于归还银行贷款，但是如果还不上的话，企业只得展期或者借新还旧等措施，这又会对企业的征信造成影响。为了再次从银行顺利融资，企业找民间资金去偿还银行贷款，待从银行获取贷款以后，将贷款资金归还民间资金。发现这种情况后，要把它当作预警信号。在社会上拆借资金归还贷款，这种情况在中小型民营企业中尤其明显。

**3. 在社会上借高利贷**

企业融资结构中大量融资为高息信托融资，或者未进入资产负债表的民间借贷（往往反映在其他应付款科目里面）。表明企业已经难以为继，或者难以从银行获得低息融资。

某证券研究报告认为，2011 年中国民间借贷市场总规模超过 4 万亿元，约为银行表内贷款规模的 10%—20%。如一家企业采取“明股实债”的模式融资，资金来源是 ×× 信托，利息远高于当时正常的贷款利息，高达 17%。

**4. 统计信息异常**

这里统计信息异常，是指相关信息与合理范围存在较大差异。

如“上海钢贸事件”，一则数据曾被广泛引用：截至 2011 年 6 月末，上海用于质押的螺纹钢总量是螺纹钢社会库存的 2.79 倍，说明银行在贷前对抵押品检查和管理上存在很大问题。也就是重组质押问题。

**5. 管理层不稳定**

比如企业的高管层出现频频离职情况，或者高管层之间出现内讧，或者出现大股东之间的实际控制权争夺。

如 ×× 水泥属于高管层之间出现的内讧。

**6. 某一行业项目突然增多**

如果某一行业项目突然申报的多起来，且表面看起来很正常，这时候特别需要保持警惕。比如钢铁贸易企业申报的项目数量大幅增加，比如担保公司作为融资人担保的项目突然增多，都需要信贷审查人员进行识别。

**7. 企业前期盲目投资或盲目转型**

盲目投资与盲目转型，都是企业短期内大量投资造成的，这两类情况容易造成“小马拉大车”的情况，或者导致企业盲目上马热门行业项目，这两个结果都将对企业的未来造成巨大的不确定性。

例 1. 某大型钢铁企业，2008 年实行技术升级改造而进行巨额投资，截至 2014 年的 6 年间，企业累计投入 300 亿元，这一情况属于盲目投资。

例 2. 某大型民营有色金属企业，大力上马由政府补贴的风电项目，总投高达 30 亿元，最终以破产告终，这一情况属于“小马拉大车”。

**8. 大量股权质押融资**

股权被质押融资，说明企业的现金流较紧，且其他可以用来融资的固定资产如土地、房产可能已经被全部抵押出去了。因此，企业将自身股权质押用于融资。

据报道：2016 年 12 月 27 日，某乳业上市公司实际控制人控制通过 Champ Harvest Limited（以下简称“冠丰”）与 ×× 银行签署协议，将 2015 年 6 月 5 日签署的总额 24 亿港元的 2 年期银行贷款中约 21.4 亿港元的贷款余额到期日延长 1 年。该贷款由 Champ Harvest Limited 持有的该公司股票作为质押。截至 12 月 27 日，上述质押给 ×× 银行的股份数量为 34.34 亿股，占公司总股本的 25.48%。后因遭浑水公司狙击，2017 年 3 月 25 日早上，公司股价突然暴跌近九成，30 分钟内，300 多亿市值灰飞烟灭，创下香港主板下跌的纪录。质押给银行的股权价值如何？银行贷款是否安全？要看后续处理情况而定了。

## 第八节　预防“灰犀牛”的意义

“灰犀牛”事件既是概率高且影响大的事件，银行越是及早处理，对银行的影响就会越小。不幸的是，这类事件虽然离我们很近，但是我们放松了警惕，不做任何防范，懒惰和权宜之计成为行动的最大障碍。信贷审查中躲避

"灰犀牛"危机的侵扰，最好的办法就是多调研、深入分析客户存在的问题及可能发生的风险、后果，制定完善的防范措施。写作《发现灰犀牛》的目的就是要信贷审查人员转变思想，早准备、早预防、早行动。天下没有后悔药，作为我们个人，要谨记"早知今日，何必当初"的名言，谨防"曲突徙薪无恩泽，焦头烂额为上宾"的后果，尽可能地躲避"灰犀牛"风险的袭击。

# 第十一章　发现“灰犀牛”密度大的区域性金融风险

君子不立危墙之下。

——［战国］孟子《孟子·尽心》

## 第一节　背景

所谓金融高风险区，就如同非洲灰犀牛栖息地，在这个区域内遇到“灰犀牛”事件的概率会提高，面临的危险也越大。“君子不立危墙之下”，如何识别危墙、识别灰犀牛密度大的区域，应该是信贷审查人员认真关注的问题。

最近，由于互保产生的风险成为区域性金融风险的重要因素。部分地区因一家企业债务问题，牵涉出互保联保、民间借贷甚至“高利贷”，风险不断蔓延和积累。从已知信息来看，某乳业上市公司似乎正在发生类似情况，如果其资金链断裂，涉及银行、P2P及民间借贷上百亿元，其所在区域的金融风险再次进入人们的视线。

2011年四季度，央行在货币政策执行报告首次提到“防范区域性金融风险”，之后连续数年的政府工作报告和中央经济工作会议均有提及，并将其与防范系统性金融风险并列。主要原因是2008年以后信贷过度投放催生泡沫，这在产能过剩、库存积压的行业与地区表现尤为明显。

2014年12月9日至11日，中央经济工作会议中也明确指出：我国经济正在向形态更高级、分工更复杂、结构更合理的阶段演化，经济发展进入新常态，正从高速增长转向中高速增长，经济发展方式、经济结构、经济发展动力也都发生了深刻的变化。在这一新常态背景下，各种各样的不确定因素、不稳定因素以及与之相应的各种风险受到关注。在金融领域，要确保不发生区域性风险，仍然是一个极大的考验和挑战。

2016 年的中央经济工作会议与 2017 年的政府工作报告，均不再提及“区域性金融风险”。

实际操作中，各家银行都在制定行业授信指引，对各个行业的定义、客户结构、行业特点、行业风险、客户与项目准入等都做了详细分析。但很少有银行针对区域进行专门的风险分析，对区域性风险的分析也不够深入，制定相关防范措施也较少。

## 第二节　定义及影响因素

区域金融风险，是指受特定区域的自然、社会、经济、文化和银行管理水平等因素影响，而使信贷资产遭受损失的可能性。这既包括外部因素引发的区域风险，也包括内部因素导致的区域风险。所以，信贷审查人员在进行区域风险分析时，要关注区域金融数据和形成风险的因素。

### 一、区域金融数据分析

1. 信贷平均损失比率，从静态上反映了目标区域信贷资产整体质量情况；

2. 信贷资产不良率，是反映区域金融风险的重要指标；

3. 不良率变幅，用于评价目标区域信贷资产质量的变化情况，反映信贷资产质量和区域风险变化的趋势；

4. 信贷余额扩张系数，用于衡量目标区域因信贷规模变动对区域风险的影响程度；

5. 收息率，反映当地金融机构经营情况和企业的实际偿债能力。

通过银行内部区域金融数据分析，对不同区域的金融数据进行对比，会形成不同区域金融风险的分类，可以对高风险区域采取不同的授信政策，避免在高风险区域过多投放，形成损失。

### 二、形成区域金融风险的因素

1. 区域内的自然条件；
2. 区域内的经济政策；
3. 区域内的产业结构；
4. 区域内的经济发展水平；
5. 区域政府行为和政府信用；
6. 区域的市场化程度和执法及司法环境；
7. 区域内的人文自然条件；
8. 当地金融机构管理水平。

“橘生淮南则为橘，生于淮北则为枳。”区域因素对金融风险的形成有着巨大的影响，有时甚至是决定性因素。在高风险金融区域内投放金额大的金融机构，说明在管理上也有一定的问题。

## 第三节　要密切关注区域金融风险

随着经济发展，金融的渗透性越来越强，特别是互联网的应用，金融风险的联动性和自我增强的传播特性日益明显，个别机构自身的金融风险可能会在某一区域突现并逐渐累积、传播、扩散，形成区域金融风险。一旦区域金融风险突破可控边界，并且形成跨越区域范围的传染途径，就可能导致整体性的金融动荡，乃至形成金融危机。

根据金融风险的影响面划分，信贷审查可将其划分为微观、区域、宏观三类：一是微观金融风险在某区域内部传播、扩散，这是自源性的区域金融风险，是自下而上的金融风险；二是区域金融风险在经济关联密切的区域之间传播、扩散，这是关联性的区域金融风险，是横向的金融风险，居于非常重要的地位；

三是宏观金融风险落实到具体区域，在区域金融产业系统中累积、扩散，这是上源性的区域金融风险，是自上而下的金融风险。目前情况下，我国的金融风险更多表现在区域金融风险，这也是各相关机构和人员应多加关注的地方。

三个层次的金融风险的存在均源于金融的本质属性，贯穿于金融过程的始终，难以消除。金融风险在某种程度上具有可测性，因此，也就具有了一定的可控性，其可控程度则主要取决于区域内的经济自然禀赋、地方政府的管理能力、金融市场范围和容量的大小、监管制度的有效性、金融竞争的激烈程度、金融机构自身的风险控制能力等。

## 第四节　区域金融风险的表现形式

面对中国经济未来较长时间内的“L”形走势，防范金融风险被提到一个非常重要的高度来对待。从目前来看，区域性金融风险主要表现在以下几个方面：

### 一、房地产市场金融风险

房地产市场一端连着商业银行信贷资金，一端连着地方政府的土地出让金（土地出让金背后是地方政府的财政收入和地方债务的质押资产），涉及面广、影响力大，其风险一旦暴露将进一步蔓延到其他领域。房地产市场（主要是三、四线及以下城市）持续低迷，或者出现深度调整，最直接的影响就是商业银行坏账率上升、抵押品贬值和房地产市场再投资增速放缓。2016年，全国银行45%的新增贷款进入房地产，投放的集中度和绝对额非常大，对房价的上涨和金融风险的积聚，起到了推波助澜的作用。因此，房地产市场风险是许多城市需要密切关注的金融风险。“房子是用来住的，不是用来炒的”，对房地产金融风险的控制，起到了非常好的抑制作用。

### 二、“影子银行”过度发展积聚的系统性风险

担保公司、典当行、小额贷款公司、投资公司等非金融机构由于在一定程

度上拥有银行机构的间接融资功能，被称为“影子银行”。由于影子银行风险具有复杂性、隐蔽性、脆弱性、突发性和传染性，往往容易诱发系统性金融风险。

如2011—2013年，很多担保公司给银行推荐客户，通过担保收入担保费用。后来担保公司破产，大量银行因此损失严重，形成隐形的区域金融风险。

## 三、产能过剩行业的债务风险

2012年以来，我国很多行业的产能过剩问题凸显。一些行业和企业在去库存和去产能化的过程中出现了经营困难，甚至出现了部分企业资金链断裂，导致商业银行不良贷款率上升。这是结构调整过程中，相关企业的信贷和融资出现的风险，这种风险在某些省份、某些区域表现得非常突出。比如钢铁、煤炭、有色金属行业属于不良贷款高发行业。而如果某地区的产业集中于这几大行业，就有可能出现区域性金融风险。

## 四、互联互保等担保方式造成的金融风险

近年来，部分行业因大环境影响出现经营困难，尤其民营企业的贷款多采用互保联保方式增信，逐步形成行业或区域担保链、担保圈，并呈现出总量大、波及面广等特点。个别企业资金链断裂后，违约风险通过担保圈不断扩散，对当地经济金融造成较大的冲击，进而形成区域金融风险。

## 五、互联网金融风险

毫无疑问，互联网金融拥有明显的技术、市场、信息、客户、效率优势。特别是作为一种金融服务技术的创新、作为一种对大数据的挖掘和应用，互联网金融在促进传统金融的改革与创新、更好地满足市场需求等方面发挥了巨大的作用。但是，第三方支付、网络借贷（P2P等）、众筹等互联网金融在其发展过程中，由于很多企业的自身运营不规范，管理不到位，导致出现了许多问题。因此，互联网金融领域的风险不可小视。

### 六、非法集资引发的金融风险

近年来，以高息为诱饵进行的民间非法集资又有所抬头，各地发案数量增加、发案领域集中，区域性比较明显。由于非法集资主体利诱性和隐蔽性强，特别是投资类企业登记注册无须前置审批，注册后缺乏监测预警机制，业务人员公开向社会不特定对象发放宣传材料，承诺高息回报，并以现场讲座、礼品赠送等方式吸引社会公众参与，城市中老年人和农民作为集资的主要参与者，对该类企业认识判断能力不足，极易上当受骗、造成损失，给当地金融业带来冲击。

## 第五节　区域性金融风险案例

### 一、省级区域金融风险

由于我国地域广阔，经济发展快但不均衡，很多地方在发展中未能及时跟得上经济形势的变化，部分区域出现了暂时性的困难，该区域企业在资本市场屡屡“触礁”。

某大型钢铁企业的债务违约，在债券市场形成剧震，更是导致整个地区债券遭冷遇。

说到底，该区域的明星公司相对较少，代表新经济的公司相对缺乏。关于这一话题，舆论还停留在当地留不住人才，人口外流的地步，而根子里还在于当地的投资环境，人才不能施展才能留下何用，资本不能创造收益才是浪费。

其实，随着供给过剩，其他地方也或多或少露出这样的苗头。但是银行信贷审查人员不应被网络舆论绑架，应该以动态的眼光看问题，根据区域经济发展的变化及时调整授信审批策略。只有这样，银行才能在规避风险的同时，不错过潜在的发展机遇。

## 二、地市级区域金融风险

据报道：过去十年间，由于煤炭价格持续上涨，商业银行都积极向煤炭行业放贷：煤炭行业的贷款余额和其所占贷款的比重在逐年增长。以某地级市为例：2011 年煤炭行业贷款余额为 202.76 亿元，而 2014 年则为 393.08 亿元，三年间余额几乎翻了一番。但是自 2012 年以来，煤炭价格持续下跌，压缩了煤炭企业的获利空间，致使煤炭企业盈利减少甚至出现亏损。在此行情下，有煤炭公司高管表示："工人工资都不能按时发放，哪能按时偿还银行贷款。" 2011 年 10 月前，该地区采矿业不良贷款一直为零；2014 年该地区采矿业不良贷款达到 11.61 亿元，不良率达 2.77%，高出同期全国银行业金融机构不良率 1.1 个百分点。2015 年 6 月末，中部某省地级市煤炭开采和选洗业及其相关行业贷款余额为 14.22 亿元，其中不良贷款余额达 3.01 亿元，不良率高达 21.17%。

煤炭产能过剩等因素传导到金融体系的突出表现，就是不良贷款的大幅反弹，由此使煤炭企业信用风险凸显。目前，监管层尚未单独披露煤炭行业的不良贷款数据，但是部分上市银行在年报中提及煤炭行业的不良贷款风险。

这类区域风险，是由于外部因素中的区域自然条件与区域产业结构导致的。由于当地煤炭资源丰富，产业结构以煤炭为主，因此煤炭行业不景气直接导致该区域爆发区域风险。

信贷审查人员要清楚，造成地级市出现这种状况的主要原因：一是资源枯竭；二是下有行政权力相对独立的县，转型难度大；三是行业产能过剩。

## 三、区县级区域金融风险

2013 年，某大型民营有色金属集团近 60 亿元银行融资引发债务危机时，就引发了广大金融机构的关注。各家银行压缩对该地企业的授信规模，上移审批权限，使得企业融资环境恶化。信贷审查人员加强对区县级区域性金融风险的研究，显得尤为必要。下面我们以某县为例，看看当地有哪些"地方特色"。

**1. 企业善讲故事**

评判人的身材，无论东西方，都是以瘦为美，这仿佛是一个约定俗成的标准。在评判企业的时候，也是以大为好。一般理解，大就意味着成功，无论这种大是怎样的内涵。无论是《财富》的榜单，还是福布斯、胡润的榜单，评选的标准只有一个，就是“大”。当然，我们翻译的时候一般都翻译成“强”。有多少企业以进入“全球500强”榜单作为企业奋斗的重要目标？又有多少机构热衷于以营业收入为指标为中国企业排名，制造中国企业的“100强”“500强”榜单？可是，从榜单上落马的人还是比比皆是，甚至令人怀疑这个榜单的含金量，是为了自己炫富还是为了糊弄银行？

2013年9月，某媒体发表了名单，某大型民营有色金属集团的朱××家族，以57.1亿元的财富位列该省富豪榜第二。不到一个月，该集团经营困难，身背60余亿元巨额贷款无法偿还，濒临破产。这相隔仅一个月的两件事，在给富豪榜打了一记重重的耳光的同时，也给相信这类信息的信贷审查人员上了生动的一课。

**2. 重形象包装**

什么行业的员工需要穿白大褂？一般是医生、药剂师、科研、精密仪器、计算机硬件（机房管理）、制药、卫生防疫等行业。而某煤化工企业穿白大褂，目的应该是表现环保工作搞得好，但是做秀的意味过于浓厚，有些“四不像”。这也一定程度上说明了有的企业过分注重形象宣传，善于做秀。

**3. 该地是高利贷的重灾区**

有的企业做大做强了，起步时依靠亲戚朋友间借钱起家，这些人成为当地的传奇。在很多人心中，高利贷成为起步的不二法门。2010年左右，很多企业及个人手中资金宽裕，高利贷在该地红火异常。当地一位金融企业负责人说：在当地众多年轻人看来，这是一发财的“门路”，投资少、收效快。原本很多经常出现在农村村头、城市街头的年轻人不见了，他们挤在县城、乡镇各地宾馆；当他们再次出现在村民面前时，座驾已是宝马、奔驰……

有段时间，民间借贷确实给他们带来了实惠，“一夜暴富”的事情广为流传。高利贷崩盘后，跑路者众多，不少企业深陷其中。虽然很多企业背负着耀眼的光环，但其内伤难愈。据传，最近出问题的某企业有40亿元社会融资，如以一年20%利息计算，也就有8亿元利息。如此高额利息，几年就会把企业吃干榨净。

### 4. 很多企业的管理团队跟不上企业发展步伐

因县城区域的先天不足，吸引人才的能力有限，很多企业的管理团队整体素质不高。例如，某大型企业财务负责人是生产队会计出身，不是说生产队会计素质不行，而是其对老板言听计从的习惯和唯唯诺诺的性格，也就是一个忠心的出纳，其对企业实际控制人的资金使用等方面，难以有较高层次的引导和建议，导致企业实际控制人盲目决策。有的企业管理层是亲戚连亲戚，剪不断、理还乱，难以谈得上对人员的约束和科学的管理。关于家族式管理，世界上最成功的企业有很多都是从家族企业发展而来的，如福特、宝洁、摩托罗拉等。在美国，75%以上的企业属于家族企业，家族企业占国民生产总值的40%，是其经济的主导力量。但是在中国，超过 300 万的民营企业当中有 90%是家族企业，这仍然是一个毁誉参半的话题，被视为是保守、低效率、内部争斗频繁的作坊式企业。为保证企业的运营，很多大企业实行了职业经理人制度，但县域企业的管理团队能力跟不上，很可能将一个个企业引向“不归路”，是造成县域金融风险的一个很重要的因素。

另外，县级区域具有熟人经济的特点，导致产业相近程度高，人员行为相似性也高。如果行为走偏而得不到纠正，特别是高利贷等易于传染的行为，一夜暴富的神话在县城熟人社会中极易滋长。最终，这种集体行为就会形成强大的势能冲破一切阻碍勇往直前，控制不好就容易造成全面溃败、无法收拾的后果。

### 5. 关联担保是造成县域金融危机的重要因素

因为县域内民营企业起步低，自身势单力薄，获得外部支持的力度有限。为获得银行贷款，本着“当地企业要抱团发展”的原则，当地政府曾力推企业间的互保与联保。互保方式融资虽能够解决中小企业融资难问题，但也可能造成担保链风险。最终，“铁索连舟”本为求稳，反成“火烧战船”的致命锁链，进而影响区域内的金融稳定。

2017 年 3 月，某集团被传现金流断裂，大量银行贷款到期无法偿还，当地正组织金融机构成立债权人委员会来统一处理债权事宜。债委会由 36 家单位组成，除了25家银行，还有证券公司、资产管理公司、投资公司、信托公司、融资租赁公司、商业保理和小额贷款公司，涉及范围十分广泛。据报道：各机构授信敞口高达71.5691亿元。其中，某异地证券公司信贷敞口最多，高达7.3亿元，某异地银行信贷敞口5亿元，占比6.99%，某异地投资公司信贷敞口2亿元。巨大的信贷敞口，不仅该集团自身已经无力偿还，为该集团贷款担保的部分单位也因此遭遇账户查封、冻结等情况，甚至有担保企业被卷入诉讼程序。至此，该事件引爆当地连环担保、交叉担保区域性问题。诚然，很多企业起步时由强人主导协调企业互相担保，有利于从银行获取资金，但有的企业管理跟不上，担保企业间发展不均衡，一旦一家出现问题，必然会引起连锁反应，导致火烧连营，引起区域金融风险。

## 四、要特别注意县级区域金融风险

### 1. 县级城市容易发生高利贷

县级城市是一个熟人社会，人与人之间联系紧密，通过高利贷获益的消息很容易被广而告之，从而吸引周边的熟人趋之若鹜。

### 2. 县级城市企业更容易发生互相担保

县级城市作为一个较为重要的行政单位，其经济、财政、奖励、税收等政策被周边的企业模仿，企业间业务往来较多，本乡本土熟人的社会，尤其是项目抱团取暖，造成了企业间互相担保的传统。担保圈使得当地企业成为拴在一根绳上的蚂蚱，一旦有一家企业出现大幅亏损或倒闭情况，就会引发多米诺骨牌效应。

### 3. 县级城市受地方干预程度深

县级城市的企业多与当地政府较熟，因此受地方政府的干预程度也会相对较深。比如当地政府为了经济发展，可能会让企业去做“小马拉大车”的事情（如“铁本事件”），也容易出现“拉郎配”——让当地优质企业去兼并僵尸企业，最后导致坏的没变好，好的被拖坏。

### 4. 县级城市的房地产风险

除“北、上、广、深”周边县城能够吸引外来人口，全国大部分县城吸引的是本县农村人口，购买力有限；县级城市城市建设容积率较低、规划容易调整，土地供应相对充足；县级城市本土开发商实力相对较弱，容易造成资金链断裂；针对大城市房价暴涨出台的调控政策，县级城市往往更容易受影响。

**5. 供给过剩**

有资源、体制优势的大型国企很少在县城内，县域内更多的是充分竞争行业的生产型企业，供给过剩是实实在在存在的严重问题。对于当地企业来说，融资成本高、实业难做是客观存在的现实。市场的波动对这些区域内的企业更容易造成冲击，这也是县域金融风险形成的重要因素。

## 第六节　从信贷审查角度对区域性金融风险的防范

如何预防区域性金融风险，需要落实到各家银行，更要落实到每一个信贷审查人员身上。从信贷审查角度防范区域性金融风险，需做好以下几方面：

### 一、加强对信贷投放区域的研究

**1. 研究区域资源禀赋以及产业集群**

信贷审查人员要结合当地的经济、资源、政策、产业结构、政府行为等因素，深入研究区域特点，充分挖掘当地的区域金融风险。信贷审查时，尤其关注一些风险因素比较明显的区域，比如资源型城市或省份，某一产业的产业集群较为突出的区域，经济发展程度较为落后或较为发达的区域（如西部地区省份经济偏落后，江浙地区经济较为发达），出现联保情况比较严重的区域。只有通过对形成区域金融风险的因素进行深入分析，才能有效识别金融风险集中的区域，才能在信贷审查的时候有理有据。如果没有对区域经济特点进行研究，不了解当地的资源禀赋和产业集群，就难以对区域性金融风险进行有效甄别，犹如走入“灰犀牛”的栖息地而不自知。

**2. 加强对数据分析**

加强对区域金融数据的分析，是对该区域金融风险判断的直接方式。信贷审查人员通过对该区域收息率、信贷平均损失比率、信贷资产不良率、不良率变幅、信贷余额扩张系数等指标的分析研究，能够直观了解到区域的金融风险情况。

各个省市的情况也有所不同，因此难以形成对一个区域的有效识别。此时，区域金融数据分析可以有效解决这一问题。尤其是一家银行内部，总行对各家分行的信贷资产质量比较清楚，可以对该区域分支行的数据进行分析，得出风险判断决策的依据。

**3. 找到预警信号**

一个融资规模达几十亿元的企业轰然倒地，不会无缘无故的，肯定有很多预警信号，只不过是大家没发现或者不相信，甚至不愿意采取行动。直到该集团风险爆发，怕是很多人才知道：其上市核心子公司股权早就被转让，只是名字还没改，让很多人产生“又是套路”的感觉。在产能过剩情况下的快速扩张，区域民间融资旺盛等情况，都属于预警信号。及时找到相关预警信号，并根据信息快速下定决心，才有可能做到“不受伤”或者“少受伤”。信贷审查人员应关注担保圈、行业过于集中、大型企业的股权被大量质押、资源禀赋明显的区域等预警信号。

## 二、加强对高风险金融区域信贷投放的控制

**1. 控制投放总量**

对于银行来说，信贷的风险源于信贷投放。对于高风险金融区域，银行要加强控制信贷投放。比如，对该区域进行总量控制，对该区域内某一行业或某一集团客户进行总量控制。必要时，甚至要求主动压缩存量授信额度，以进一步降低本行在该区域的金融风险。

信贷审查人员必须明确三点：一是对风险预警明确的风险客户，如果有机会退出就尽早退出，早退出才有可能全身而退；二是高风险区域，如果授信额度较大，一旦出现问题，就会尾大不掉，难以处理；三是要积极调整信贷结构，将高风险客户结构调整为低风险客户。上级行也可以针对一些热点的金融风险高发区域，以热点事件为切入点，制定指导性的文件，以明确本行对该区

域的授信态度。

**2. 加强对该高风险区域的信贷管理**

信贷投放的控制，具体要由信贷条线具体人员去落实，尤其是营销部门和信贷审查部门的人员。因此，信贷投放的控制，其实也是人员管理的问题。要建立相应人员的区域金融风险意识，建立大局意识，不要因为眼前的业绩压力而选择蹚金融高风险性区域的浑水。行内可以通过热点事件分享会，组织专业人士进行区域授信政策分析，建立区域预警机制，加大奖惩等措施来加强管理。

**3. 深入了解当地企业的融资模式**

像我们上面所说的，部分当地企业选择互联互保模式进行银行融资。如果企业的对外担保额度较大，尤其是为非本集团的企业进行担保，那就需要关注企业的代偿风险。这时，要把眼光放宽到被担保企业，详细分析被担保企业的经营情况，而不能简简单单地分析本次授信的企业。企业的互联互保具有很强的传染性，一旦出现大面积的互联互保违约事件，当地涉及担保圈的企业多数难以独善其身。

**4. 借鉴过往的历史数据**

像某区域的企业，之前很多上市企业出现造假、退市的情况，那么对于新增甚至续作的客户，虽然还没有出现问题，也需要慎重。更要防范其他银行收贷导致企业现金流枯竭，一旦出现这种情况，某一家银行要么被企业绑架，不断新增额度，要么面临企业破产的风险。

**5. 关注企业的管理团队，尤其是实际控制人**

自改革开放以来，我国经济获得快速发展，企业的管理团队往往只有数十年的积累，很多企业的管理属于“打虎亲兄弟，上阵父子兵”模式，团队的专业能力偏弱是毋庸置疑的事实。企业规模不大时，依赖实际控制人商业敏感和决断能力及亲戚朋友的天然信任企业尚能正常运转，一旦企业规模快速扩张，超过实际控制人的管理能力，特别是产能过剩的大环境，很多问题就会凸显出来。这一点，在充分竞争的民营企业身上尤其明显。关于实际控制人这一块，本书在其他部分有专门论述，本处不再赘述。

# 第十二章　识得套路，见招拆招

自古深情留不住，总是套路得人心。

——俗语

自古以来，真心真情的人往往不被重视，而做事有套路（圆滑有心计）的人却深得人心，这是人性的悲哀，也是一个单位管理失序的根源。

很多企业找银行融资以套路取胜，尤其是那些风险较高、融资较难的企业。据传，有的企业有三套报表，给税务的报表哭穷，喊着少缴税，尤其是企业所得税；给银行的报表说企业很赚钱，喊着有多能赚钱，好从银行融到资；企业自身看的报表才是企业真实的报表。企业拿着美化的报表，踩着银行痛处与痒处，打出一套组合拳，很多银行的信贷审查人员被蒙蔽。

另外，银行作为提供资金的金融单位，成为社会上各路人马紧盯的对象。不少客户不仅仅从财务等方面做手脚，就连和银行打交道，都有执行的“剧本”。而银行规范的运作体系，成为痒处，被认为是僵化的表现，银行被当成软柿子，成为被“追逐”甚至“坑害”的对象。

银行要识得企业的融资套路，见招拆招，而不能被动防守、被动挨打。

## 第一节　主观上重视

信贷审查人员不要高估了“人性”，不要低估了“欲望”的生命力。

如果说，主动从银行争取资金的客户是“攻城者”，那信贷审查人员也就变成“防守者“。按照战争的经验，“防守者”如果有一个漏洞，就会被“攻城者”抓住而导致溃败。

银行主动营销客户的时候，想通过设计新的产品而开创新的纪元，作为信贷审查人员，应注意“防守”和“进攻”人员的比例，因为信贷审查人员面临的可能是数以万计，甚至是百万计的客户。银行会陷入“人民群众的汪洋大海”中去，最终被客户攻克防线。

前面我们已经分析了联保贷这一业务品种。这里，我们再分析一下“医美分期”事件。“医美分期”被骗贷事件，是平台过分相信自身产品，而对信用低到尘埃里的客户没有辨别能力，造成倾覆性的损失。据报道：2016 年，消费金融变得炙手可热，而“医美分期”是最为火热的分支。繁华背后，却是千疮百孔。从 5 月份开始，行业深陷“骗贷”旋涡。多位从业者透露，行业中至少有 15 亿元被骗贷群体分食，其疯狂程度触目惊心。这场闹剧中，每个角色都如此鲜明：为融资急速做大的平台；为利益而疯狂勾结的中介、医院和内鬼；为蝇头小利就失去底线的套现用户……

出现这样问题的原因，无非以下几个方面：

**1. 平台过分相信自己的产品**

“场景越独立，风险越容易识别”，某投资人在重金投资了一家医美分期平台后称：医美行业的套现，几乎没有可能。3C 产品可以直接拿去贩卖，而打进身体的美容针，你总不能抽出来再去卖吧？

**2. 对客户几乎没有辨别**

平台对下游的合作医院、客户、中间商，几乎没有过程监督和后续督导。

**3. 失去初心**

平台为了做流量，流量大了好融资；行业规模的迅速扩大，导致大家对行业发现新大陆般信心爆棚。最终，对风险视而不见，失去了做事情的本真目的。

“我们高估了人性，低估了人的欲望”，很多医美分期从业者感慨。但是，我们从“医美骗贷”事件看出，不要试图用商业去考验人性——坏的规则，才会诱发“人性之恶”，应该用机制去遏制“恶”的溢出。同理，一旦银行的风险控制环节出现缺失，打开了“恶”溢出的源头，一切将变得无法挽回。这样的场景，和“上海钢贸”“青岛港融资铜”事件，是不是很相似？信贷审查人员一定要尊重常识、敬畏市场，千万不要低估进攻者的“智商”。

## 第二节　避免企业耍赖

在经济形势和大环境好的时候，企业盈利能力较强，财务指标向好，银行为了做大做强也有放贷的冲动。而形势不好的时候，很多企业本身经营困难，银行也收紧放款的口子。这时，如果有的银行要抽贷，就会使得本来经营不好的企业经营更加困难，甚至出现企业停产、破产的情况。不可否认，不少企业看到再从银行新增贷款无望，便采取“耍赖”的方式，偷偷转移企业资产，最后把风险留给银行。

如：2013 年温州银行业新增近千亿不良贷款，但同期储蓄存款大幅度增长，个中缘由难以用正常的理论来解释。不可否认，大量贷款企业的资金进入了个人腰包、进了储蓄账户，把包袱甩给银行，这怕是唯一一个能解释得通的理由。所以说，在很多时候，表面上大环境不好引发的不良，实际上是银行遭受重大损失，肥了个人。

在目前大环境压力大的情况下，有一些民营企业明确跟银行说：如果敢抽贷，（企业）就死给你看。不少银行只能被动地续授信，甚至同意部分新增额度，难以抽身。有的企业还借此说企业经营困难，要求银行将贷款利率降低到基准利率，银行也只有默默地承受。而实际上，部分银行的资金成本可能比基准利率还要高，银行发放贷款是亏损的，但银行已没有选择的余地。

现实情况是有的企业，如果银行继续给予支持，企业还能缓一段时间，经营可能就会好转；而如果银行抽贷，企业只有死路一条。“以时间换空间”，银企双方多少有点赌的色彩。对于企业的实际控制人，赌的是实际控制人这辈子所有的辛苦打拼下来的产业，实际控制人输不起。但银行信贷审查人员必须明白，银行不可能陪着企业一起赌。信贷审查人员要预防企业打着经济形势不好的幌子，向银行要赖，逼迫银行给予续授信或新增额度的情况。

要预防出现以上状况，需要银行在客户选择方面下功夫。2014 年之前，全国经济环境较好，有的银行为了做大利润，授信客户集中在“高风险，高收益”的民营房地产行业。2014 年以后，经济下行压力较大，这些客户大量出现问题，很多客户出现要赖的情况。甚至有的民营企业偷偷把核心资产转让，获得的资金用于归还民间借贷，甚至转移到其他人手里，却没有归还银行贷款，给银行造成巨大的困难。

## 第三节　小心高利贷在紧盯银行这个“大金主”

高利贷者虽然不能直接从银行那里获取资金，却可以通过企业间接地尝到银行这块肥肉。

一些大型民营企业，企业经营情况开始恶化，但自身还有大量的银行贷款。这时候，对于银行来说，从风险控制的角度分析就该收贷，至少也是不再新增额度了。但此时，企业对资金的需求是饥渴的，而银行融资这一常规通道已经很难融到钱，于是企业就转而选择民间借贷甚至高利贷。虽然高利贷对企业来说是“饮鸩止渴”，但是对于企业来说，这也是无奈之举。因为对于企业来说，没有钱可能活不过当下，但是有了钱，起码可以维持一段时间。这段时间如果行情好起来了，企业也就有救了。尤其是高利贷，虽然资金成本高，但也是没有办法的办法了，并且企业借高利贷往往时间较短，因此企业还可以承受。但是，一旦企业没有按预期回款，或者这段时间经营没有好起来，再遇上银行抽贷，企业就没钱归还高利贷的资金，最终企业就很可能陷入高利贷的泥沼。

高利贷有各种途径去收款，比如信息轰炸、语言暴力威胁、生活骚扰，甚至人身攻击，最终高利贷的钱多数能要回来。而银行催收途径有限，比如抵质押品处置、法律诉讼，这些措施对企业实际控制人没有形成较强的约束。因此，企业老板有钱也是先还高利贷，而不是还银行贷款。因为企业的实际控制人都知道，不还高利贷，可能面临各种形式的胁迫甚至生命危险，而银行不会这样对自己。于是，企业老板想方设法筹集资金，甚至有的企业忽悠银行新增部分贷款，再拿新增贷款的钱去还高利贷。甚至出现高利贷者查封了银行的抵押物的情况，这时作为抵押物第一顺位抵押权人的银行，更加陷入被动局面。

高利贷利滚利，没有企业能够承受得了。当然，企业有钱的时候，还款顺序应该是：第一，可能涉及自己生命安全的贷款；第二是高息贷款；第三，才是实际控制人没有生命威胁的低息贷款。而银行贷款就属于对第三类实际控制人没有生命威胁，且贷款利息较低的贷款。信贷审查时，对涉及高利贷的项目应该实行一票否决制。

## 第四节　当心企业把银行当作“软柿子”捏

2013 年某大型民营有色金属集团破产清算时发现，企业提前把社会融资都还了，甚至把客户的往来款基本都清理了，老板赢得了一个“厚道”的名声，坑了一众银行。从最近闹得沸沸扬扬的聊城高利贷杀人案中看出，其家人拖欠的大量银行贷款没有偿还，而借的高利贷基本还完了。通过多年的实际情况来看，不得不认清这样残酷的现实：欠了银行的钱，银行只能走法律程序，没有人跟他来“硬的”，往往最后由银行买单；而如果拖欠社会上其他行业的钱，以后他们全家的日子不会“安生”，这恐怕是银行被企业当作“软柿子”捏的最重要原因。这种结果，也有企业现实的无奈。

## 第五节　当心企业用各种设计好的“套路”忽悠银行

据说，不少企业都有专门的银行业务辅导员，专门就银行评级等问题进行辅导，对企业的财务报表做出指导意见。并且，针对银行的工作程序进行剖析，作出专门针对银行的工作方法，如：

**1. 知道银行的“痛处”，拿捏好了反馈问题的时间**

有的企业拿捏了银行的“痛处”，知道什么时间反馈问题容易通过。

（1）下班前给银行反馈问题

针对银行客户经理、审查人员提出的问题，企业会特意选取在银行下班前五分钟给予银行反馈材料。因为这个时间很多人准备下班，大部分银行人员也想快处理完业务跟领导汇报，很难就细节问题进行详细的追问，相对容易打消银行对其存在问题的关注。

（2）上贷审会前给银行反馈问题

比如，有的企业知道该银行每周三固定时间要开贷审会，银行接收反馈资料的截止时间是周二下班前。于是，企业就在周二下午下班前一个小时把反馈材料交给银行的市场营销人员，企业再催经营部门，说其他银行也在审批流程中了，甚至说 ×× 银行已经批了。这样，经营部门再去催审查人员，银行审查人员便忙着整理审查报告。如此一来，很多问题没有落实清楚，就被推着上会了，企业存在的很多问题就被忽视了。

**2. 不少企业踩着了银行的“痒处”**

存款是银行的根本，是客户经理的命根子，是支行行长、经营部门赖以在银行立足的本钱。有的企业知道银行的这个痒点，通过给银行做大量存款，让银行的各级人员对其难以割舍。

如某大型民营有色金属集团 60 亿元敞口，在银行的各类存款一般也在 60 亿元左右，巨额利息的支付，不把其拖垮才怪。正是有大量的存款做诱饵，导致很多银行人员在明明知道有问题的情况下，难以割舍对其依赖，最终酿成不可挽回的损失。

**3. 其他常见的套路**

（1）已出具财务报表，拖着不给银行

有的企业明明财务报表已经出来了，就是不给银行，说财务报表还在审计或没做呢。其实报表出来了，只是企业的经营情况出现明显恶化，这时候真给了银行，银行很可能看出问题，然后收回贷款。而此时企业正在发起授信申请，当然不能把报表给银行了。

（2）隐瞒重大事项

尽职调查主要是依靠客户经理，但是客户经理毕竟不是企业的人，并且有些信息是企业内部机密，企业的部分高管可能都不知道，客户经理怎么可能知道呢？如果企业没有外部评级，不是上市公司进而不需要发布重大事项公告，这时候企业故意隐瞒部分信息，是很容易的。这里的重大事项，包括重大股权变更、重大人事变动等。

（3）披着国企的外衣融资

对于国企，很多信贷审查人员都有一定的迷信色彩。

国企相对民企有太多的政策优势、资源优势。多年信贷审查发现，国企违约的比例确实很低。当然，国企也不是说一定不违约，但近年大型国企违约不断，这些企业有以下共同点：第一，行业明显的产能过剩；第二，融资额大；第三，属于非国计民生行业。没有上面特点的国企，违约的情况极少见。

鉴于国企在融资时的便利，有些民企开始披着国企的外衣进行融资。最典型的就是近期爆出来的某省伪国企事件：××市基础建设投资有限公司，这家企业提供的号称自己是××市国有资产管理局的全资子公司，其对外提供的营业执照上企业类型竟然是有限责任公司（国有独资），国家企业信用信息公示系统上面其股东也显示为××市国有资产管理局。并且住所为××市二七区淮河东路19号6—19层，而该市二七区淮河东路19号为该省高速公路发展有限责任公司的办公地点，是实打实的国企，并且企业注册地正是相同的××市二七区淮河东路19号。直到××市人民政府国有资产监督管理委员会突然发布了郑重声明，并提示风险："近期发现有个别企业假冒××市市管国有企业名义，伪造市国资委公文在市工商局办理有关手续，并从事银行贷款，与第三方开展经济合作等行为，严重损害了××市国资委作为政府机关的公信力，我们将保留追究其法律责任的权利。同时提醒广大公众留意，以免造成不必要的损失，特此声明。"至此，××市基础建设投资有限公司假国企事件才爆发出来。而国资委的声明中已经可以看到了，多家银行机构及其他金融机构给予授信。比如某金融租赁有限公司的机构，其先后对其发放了两笔贷款，累计近5.7亿元。

（4）拿银行的钱给企业员工高工资，营造出员工卖命的假象

有的民营企业虽然出现了经营困难的情况，按理说这时候应该裁员减薪，降低成本。但是这样容易造成企业内部人心惶惶，大家都急于另谋高就，企业的经营就更困难了。这时候，企业很可能对银行说目前经营困难，没钱还贷款，要求银行新增贷款还利息，利率还要降到基准的水平。但是，企业对于内部员工却大幅增加工资，以提高企业员工的凝聚力，造成大家都不想让企业倒下，都拼命工作的现象。银行去检查的时候，发现员工们这么拼命，心里也会踏实。而其实这一切的现象，都是企业拿着银行的钱，给内部员工加工资去了，最后，企业如果倒闭了，受伤的还是银行。

（5）虚增资产

一些大型民营企业，特别是房地产类企业，在城市的核心区域买一块商业综合体或写字楼，然后年底的时候用权益法进行评估增值，并且增值幅度很大。这造成了企业资产规模迅速膨胀，以及资产负债率的快速降低，干扰了审查人员正常的审查思维。此时，信贷审查人员要关注资产的取得成本，并核实资产的真实市场价值情况。

企业通过做大应收、应付、其他应收和其他应付等科目，做大资产规模。因此，需要关注该类科目的情况，科目余额占总资产的比例，要核实上下游客户质量，看应收应付款项是否合理。对于其他应收应付，看企业的往来款、借款是否合理。

（6）营造非关联交易的假象

不少民营企业通过亲朋好友、企业高管甚至表面上丝毫看不出关系的人代持股的形式，来制造出一种申请人不纳入集团授信的情况，而实际上这些企业是实际控制人关联。如果不细心核实，很可能就中招了。这些看上去非关联的企业互联互保，从银行获得融资，但是一旦出现问题，企业并没有实际的偿付能力。尤其是这种面上的非关联担保，很容易让银行不纳入集团授信，而没有当作关联企业担保进行审批。但是，银行给下属有权审批机构的授权中，对于关联担保与非关联担保的授权，往往是不一致的。这就潜藏着合规性问题，需要关注。

（7）拉虎皮扯大旗

银行在实地考察的时候，有的企业就开始拉虎皮扯大旗，甚至说认识总行的 ×× 高管，这种情况需要注意。对于那些说认识 ×× 高管的，往往是企业情况一般，心虚的表现。

（8）谎报军情

某银行在审批一笔项目的时候，如果项目整体风险尚可，或处在即将要否的边缘。有的企业在审批的时候，会透露出 ×× 银行也在审批这笔项目，过几天甚至会透露说 ×× 银行已经审批，甚至金额多大、期限多长、利率多低都说的有板有眼。经核实，×× 银行根本就没受理该业务。因此，很多情况下企业透露这个信息属于谎报军情，想给银行一个铆钉思维，并给本行审批环节一定的压力。信贷审查人员要保持审批的独立性，保持本行的风险偏好，保持独立的审查思维。

（9）先松后紧

企业在取得银行批单前后，对银行制订的授信方案态度有明显变化，先松后紧。有的企业在与银行已经约定贷款利率，而一旦拿到银行批复后，就开始提条件：×× 银行批的金额大、利率比你们低，要求银行降低利率。这时，银行大量的审批工作已经完成，如果不降利率，企业不提款，那么大量的工作就浪费了；可如果答应企业的降利率要求，又会损失部分收益。很多情况下，这是企业的一个手段，信贷审查人员要擦亮眼睛，辨明真伪。

（10）找财务中介帮忙融资

有的企业自身融资较难，就去找财务中介帮忙融资。比如企业给出的总成本为 8%，如果财务中介找到 7% 的成本的银行，那财务中介就有 1% 的无风险收益。财务中介就去各个银行找客户经理甚至信贷审批人员，了解这些银行的审批偏好，提前沟通，来帮助企业融资。而一些好的项目，根本不需要中介参与进来。有的财务中介甚至找到银行经营部门以后，说企业的基础资料、反馈都需要经中介转一手，客户经理不能直接对接企业的人，如此一来，银行的尽职调查就形同虚设了。而财务中介之所以这么做，也是怕银行与企业直接沟通，把中介这个环节去掉了。信贷审查人员要明辨经营部门上报的项目是不是

“天上飘来的”，落实营销背景。银行要做一手项目、取得一手资料，这也是信贷审查的一项重要工作。

（11）聘请银行人士来做融资顾问

部分企业通过关系找到有银行工作经历的工作人员帮其出谋划策，尤其是聘请从事评审工作的银行人员来做融资顾问。融资顾问负责信用评级信息的优化，美化财务报表，针对银行的反馈问题专门解答，更有甚者还帮客户经理写调查报告，达到“投其所好”的效果。很多信贷审查人员往往被表面信息所蒙蔽，而忽视了掩藏的风险。

（12）善讲故事

会干的不如会说的。在某些情况下倒是真实的。

无论是十多年前的“蓝田股份”还是“银广夏”，听信他们的故事是最大的风险。这还是在相对公开透明的资本市场，多少人被骗得一无所有。近些年的信贷市场上，多少人被风电、太阳能的故事所蒙蔽，巨额银行贷款变为不良。

所以，作为信贷审查人员，不管何种套路，要有定力、相信自己。银行信贷审查工作人员要多学习、多了解基层的情况，增加实战工作能力，不能待在书斋里空想，更不能用各种经济学理论来麻痹自己。信贷审查要本着一事一议的原则，按程序、按原则来审查项目。

# 第十三章　信贷审查人员的管理

我始终都认为，人的因素是一个企业成功的关键值。

——自雷·怀尔德《管理大师如是说》

## 第一节　信贷审查人员的自身要求

**1. 要严于律己，不放松对自身要求**

信贷审查人员，其岗位职责要求要对项目风险严格把关，同时要面对监管部门的项目抽查、内部审计、后督等各种监管，因此对于信贷审查工作，必须严于律己。

信贷审查人员主要从以下方面做到严于律己。一是提高审查的质量，对于审查报告不能随便应付，以免留下潜在问题；二是注意审批流程的合规，以及审批权限的合规，不能逆程序审批与超授权审批；三是防范项目风险，对所审批的项目做到心中有数；四是不能有不检点行为。如果有不检点行为，定然会成为众矢之的；五是不断学习，强化自己的专业能力，不断接受新的知识。

**2. 要有大局观念，不要局限于小圈子**

信贷审查人员要有大局观念，明确信贷审查工作的重要性，要有信贷审批职业道德，不能有偏见，更不能带着情绪工作。要站在全行的高度上看待信贷审查工作。对于本行有益的事要去做，自己苦点累点压力大点也要坚持原则，毕竟利用自己的知识做好本职工作，才是王道。

同时，大局观念也要求审查人员能够站在更宏观的角度去看待市场与经济，要从大局上把握行业的动态，尤其是判断行业的生命周期，本来就是一个定性分析的过程，只有宏观的分析才能看清楚。

另外，信贷审查人员要多和其他部门的人沟通，多和同业沟通，不要局限于自己所熟悉的小圈子，只有这样才能不断成长。

**3. 要有长期战略眼光，不要目光短浅**

信贷审查人员不要目光短浅，只顾眼前利益，而要具有长远战略眼光。信贷审查知识是一个缓慢积累的过程，从信贷小白到信贷审批专家，需要长时间的磨炼和众多项目的积累。因为与经营部门比较熟悉而放松审批标准，就属于短期行为。这种行为造成的潜在风险往往是巨大的，风险一旦爆发，个人必定会受到相应的惩罚。

长期战略眼光还需要信贷审查人员注重个人学习。有的审查人员可能对财务、法律等知识一知半解，然后在工作中不断摸索。信贷审查人员可以多参加一些外部培训、准备 CPA 或司法考试等，在这样的过程中不断积累自己的专业知识。

**4. 要独立判断，不要盲目服从**

信贷审批工作要保持自己工作的独立性。信贷审查人员必须对自己的工作负责：对于审批的项目，信贷审查人员需要本人签字和走系统，这些都会留下记录。因此，信贷审查人员要拿出独立的分析判断、不能盲目服从。尤其是经营部门的反复沟通，希望审批通过这个项目。信贷审查人员要拿出自己明确的看法，做到有理有据，该否决和退回的项目必须坚持原则。

**5. 要有底线思维，不要随波逐流**

信贷审批工作的底线思维就是合规合法，这里的合规主要是指符合行内规章制度以及管理办法，合法主要是指符合国家的法律条款。这里的底线思维，是指绝对不能突破的原则。一个项目再着急，有再大的审批压力，合规合法都是最基本的底线。单位内部的常规审计以及离职审计，还有监管单位的审计工作，时刻都是悬在信贷审查人员头顶的达摩克利斯之剑，如果突破底线，最后出问题是不可避免的。

**6. 要有主动服务意识，不要被动接受**

信贷审查人员处于银行的中台，属于管理部门，且其审查意见往往影响着一个项目是通过与否。审查人员“手握重权”，对经营部门而言处于强势状态。同时，信贷审查人员往往拿年薪，项目的通过与否对自己的收入没有影响，并且往往审批工作量大项目审批通过以后自己要承担风险却没有享受到收益。因此，在一些银行内部，信贷审查人员或多或少存在着官僚作风，主动服务意识较弱。

但信贷审查人员应该转变作风，具有主动服务意识，不能被动服务，主要由于以下原因：

第一，不发展是最大的风险。经营部门承担着大量的指标，经营部门也是为银行赚取利润的部门。银行的问题要在发展中解决。如果信贷审查人员没有主动服务的意识，经营部门的工作难以展开，银行就难以发展。

第二，经营部门是银行的利润部门。经营部门营销到项目才能给本行赚到利润，被动服务往往导致本行客户流失，最终本行赚不到利润，影响本行的发展。

第三，信贷审查人员没有主动服务的意识，容易惹来经营部门的抱怨，最终审批部门“干活不落好”。

第四，信贷审查人员主动服务，有助于自己的成长。信贷审查人员主动服务，与经营部门多沟通，多交流，也会学到很多经营方面与市场方面的东西，有助于自己的职业发展；如果没有主动服务的意识，往往会错失职业发展的良机。

## 第二节　对信贷审查人员的管理

**1. 对信贷审查人员来源要进行把关**

对信贷审查人员的选用，要从专业知识和工作实践两个方面综合考虑。整体来说，专业知识可以通过学历来衡量，因为高学历人员在政策制定、解读上更深入一些，学习能力也会强一些。但与此同时，实践经验也很重要。总体来说，对信贷审查的重视程度，决定了该机构信贷水平的发展方向。

（1）学习能力很重要

信贷审查工作是一个专业性较强的行业，需要信贷审查人员具有快速的学习能力、快速接受变化的能力。银行信贷审查人员的主要来源，一是财经法律等专业的应届毕业生；二是从事信贷工作一段时间的内部或外部工作人员。这两类来源的人群，都具有较强的学习能力。特别是985工程大学、211工程大学的本科、硕士研究生，他们相对而言具有较强的学习和政策分析的能力，以及快速吸收高密度专业知识的能力，这两大能力是信贷审查工作人员所必须具备的。

（2）实践经验更重要

在干部选拔的过程中，为突出基层实践工作的重要性，唐朝张九龄向唐玄宗提出：不历州县，不拟台省。

**第一，信贷实践是理论联系实际的需要。**

从事信贷审查工作之前，信贷审查人员其实只有部分理论知识，缺乏实际审查经验。审查人员可以在信贷实践中，一方面可以不断完善自己的理论知识；另一方面可以将这些理论在实践中加以应用，最终做到理论与实践均衡发展。因此，信贷实践是一个理论联系实践的过程。

**第二，通过实践，信贷审查人员可以不断积累有效的审查经验。**

不同行业、不同产品、不同区域，项目差别很大。实践经验丰富的审查人员，可以一语中的说出相应的审查要点。这些经验，只有从信贷实践中不断用心积累才能获得。尤其是审查人员可以通过具体项目，有机会去深入了解不同行业的发展现状及趋势，最终可能会对全国的经济走势形成自己的预判能力。审查经验的丰富性，是区别审查能力的一个重要指标。

**第三，通过实践，信贷审查人员更能把握风险与收益的平衡。**

实践工作中，信贷审查人员可以更直观地面对客户和营销部门，有时候还要到企业进行实地考察，因此可以深入了解到企业给本行带来收益的方式，如资金沉淀、保证金、代发工资等。因此，通过实践，信贷审查人员有机会去了解综合收益的具体构成，进而更好地把握风险与收益的平衡。

信贷审查人员基层实践的重要性，再怎么强调都不为过。如果实践经验不够而承担责任重大的项目审查，极易出现“何不食肉糜”的窘境。综上所述，在信贷实践中，信贷审查人员对于信贷工作的认识会逐步加深，将理论与实践工作有机结合，不断建立自己信贷评审体系，不断积累自身的信贷审查经验，最终成长为一名合格的信贷审查人员。信贷实践，是信贷审查人员从一开始的按图索骥，到最终成为一名伯乐的过程。因此，我们可以看出实践经验的重要性。

（3）重视信贷审查审批队伍

银行对信贷工作的重视程度，决定了信贷审查队伍的质量以及稳定性；给信贷审查人员什么样的职业发展空间，往往决定着这一家银行的信贷资产质量和业务发展，甚至该银行的信贷发展方向。前面所说的信贷审查人员的主要来源，既要求审查人员有较高的学历背景，又要有较为资深的实践经验，能够吸引这两类人到此部门工作的，一是工资薪酬要与工作付出成正比；二是总行要重视信贷审批队伍。比如：有外部或内部培训机会，有去经营单位挂职锻炼的机会，以及可预期的晋升通道。如果一家银行的信贷审查人员工资待遇较低，且晋升通道阻塞，就会产生“劣币驱逐良币”的现象。一些高学历且工作经验丰富的人员，在信贷岗位上得不到相应的待遇，往往会选择调离岗位或跳槽，导致优质审查人员的流失，以及信贷队伍的不稳定性。这些恶果一时半会儿表现不出来，时间长了，必然会引发信贷文化断层，最终产生严重的负面后果。

**2. 对信贷审查人员的管理**

信贷审查人员作为银行信贷风险防范的工作人员，承担着非常重要的责任，要予以关注、支持、引导。对于信贷审查人员，不能因为信贷审查人员对项目严格把关而认为其刁难经营部门，也不能因为信贷工作人员的无心之失大加贬斥。要做到用人不疑、疑人不用，谨防出现“曲突徙薪无恩泽，焦头烂额为上宾”的现象。但同时，也要加大考核力度，建立追责机制，以加强对审查人员的监督工作。做好对信贷审查的管理，需要做好以下几方面：

（1）考核期限要长

“试玉要烧三日满，辨材须待七年期。”也就是说，只有经过较长时间的观察比较，事物的本来面目终会呈现出来的。信贷审查人才的真伪优劣，只有时间才能考验出来。但是，目前银行考核期很短，主要负责人按月总结、按季度考核，业绩压力很大，经营部门快速冲业绩，对信贷审查人员是一个很大的考验。

尤其是信贷审查工作，存在以下两个特点：第一，审查工作是一个长期的积累过程，短期内很难看出一个人的信贷审查能力；第二，信贷项目审批以后，由于风险的滞后性，往往在项目审批几年后才会爆发风险，短期考核时滞后性的风险还没有充分暴露出来，容易导致组织认为项目审查中大胆审批的人有魄力，而扎实防范风险的人是小脚女人，考核结果的失真和不准确，容易引发信贷审查人员的短期行为和心理不平衡，影响整体信贷审查水平。

近些年来，国有银行的信贷审查人员相对晋升较快且晋升路径明晰；而股份制银行资产规模膨胀较快，主要经营负责人轮岗快，上任后需要冲业绩、调思路，且经营部门业绩容易量化，明星经营部门负责人容易出现快速晋升现象，而随着主要负责人的更替，信贷审查部门成为少有人理会，难以晋升的偏僻冷门，对信贷审查人员心理冲击较大。

（2）要建立追责机制，并严格落实

行内常规审计以及离职审计，还有监管单位的督查工作，都是时刻悬在信贷审查人员头顶的“达摩克利斯之剑”。但信贷审查人员头上的达摩克利斯之剑，还需要更加具体化。对于信贷审查人员的管理上，要强化审查人员的审查责任，建立起相应的追责机制，并严格落实。目前很多银行里面，项目出现风险以后往往是对经营单位进行处罚，而忽视了对于信贷审查人员的追责。这虽然是出于对审查人员的爱护，但会引起经营部门的不平。按理说审查人员是风险的把关者，没有一个明确的紧箍咒，很难避免道德风险，也就是审查人员有故意放水或心存侥幸的情况。尤其是银行的纸质材料以及信贷系统里面都有明确的记录，追责其实难度不大。只有建立起明确的追责机制，信贷审查人员才会兢兢业业，才会把项目当作自己营销的项目去看待。

对于出现风险的项目，要制定管理办法层层负责、层层追责，信贷审查人员也不能例外。应当建立机制，出现不良的项目要逐笔由相关部门进行抽查，落实责任人，分清信贷审查人员是否尽职免责，并把相应的信息记录在案，纳入后期的考核。

（3）对信贷审查人员的考核要公平透明

信贷审查工作是银行风险控制环节的核心，是一家银行核心竞争力不可或缺的一部分。而一个健全而又强大的信用风险评审体系，需要一个个具体的员工去落实。可以说，信贷审查队伍的质量，决定着银行的底层资产质量。如果对信贷人员的考核出现严重偏颇、考核结构不透明的情况，就会导致晋升通道扭曲，不利于信贷队伍的建设。最终，这也将在本行的信贷资产上反映出来。对于审批经验、不良笔数及金额等情况，在考核阶段公开透明化，利于队伍内部建立竞争机制。经过长期的、公开透明的考核，便可以给信贷审查人员一个合理信服的考核结果，中间再有追责机制不断鞭策，能够培养出一批优秀的信贷人员。

（4）对信贷审查人员的考核要有深度

银行对信贷审查人员评价考核是否足够深？很多情况下，做得还不够。如2012年，某央企下属造纸企业出现经营问题，50多亿元银行贷款出现不良，给很多银行经营造成被动。但试想，银行在开协调会、诉讼等措施保全银行信贷资产安全的时候，有没有进行过深入分析？同一家银行，有的经营部门已经主动退出该客户，为什么还有的经营部门又一头扎进去？对出现贷款不良的客户经理进行处罚，是否对原来主动退出的客户经理进行了奖励？哪怕是口头上的。有的审查人员否决了该客户，而不同的客户经理通过其他的审批条线审查通过，是否进行过深入分析？

同理，审查人员没有通过该客户的授信审批，给银行避免了损失，所在银行是否进行过深入分析？审查人员的工作是否得到过奖励？哪怕是口头上的。据笔者了解，深入到这个层面的反思几乎没有，大家只谈“过五关斩六将”，不谈“走麦城”。缺乏长期的追溯机制，对规避大额风险的信贷审查人员漠视的情况，并最终导致“灰犀牛”成群结队出现。

# 第三节 时代对信贷审查人员的要求

法律法规制度是死的，人是活的。再好的规章制度和办法也要人来执行，面对新的时代，信贷审查人员要做好以下几点：

## 一、信贷审查专业的人员要有紧迫感

早在十几年前，比尔盖茨就曾断言："在互联网的冲击下，传统商业银行将是21世纪灭绝的一群恐龙。"现在，银行正不断感受到移动支付、社交网络、搜索引擎和云计算的影响和冲击。特别是2017年3月28日，阿里巴巴集团、蚂蚁金服集团与中国建设银行签署三方战略合作协议。按照协议，蚂蚁金服将协助建设银行推进信用卡线上开卡业务，为此前无法覆盖的人群提供信用卡服务。双方还将推进线下线上渠道业务合作、电子支付业务合作、打通信用体系，共同探索商业银行与互联网金融企业合作创新模式。而此前蚂蚁金服向外界传达，作为一家Techfin公司，未来将只做技术（Tech），支持金融机构做好金融（Fin）。

互联网对传统银行的冲击是现实存在的，银行也在根据技术的发展而不断改进。在信贷审查方面，互联网的大数据分析应用也越来越高，信用等级评级就是大数据分析得来的，在各银行普遍应用，至于大数据分析提供人工信贷审查，还要有一段较长的路要走。

**1. 世界上没有两片完全相同的树叶**

企业也一样，可以说，没有两家相同的企业。企业作为一个组织，各种数据千差万别，如用数据量化数据采集量太多。还有，好多数据不具备普遍性。尤其是大中型法人客户，千差万别。法人授信业务，往往一户一策。而一旦涉及项目贷款，就会涉及大量的非量化指标，情况会更加复杂。

**2. 信贷审查是多目标决策**

信贷审查工作，不仅仅是对风险的审查，更是风险与收益等各方面的组合，这加大了进行大数据分析审查的难度。还有，在企业困难的时候，银行应该及时收回贷款，但是银行已经授信过大，难以抽身。这时，需要考虑本行内部不良率的考核，考虑到企业的未来能否好转，考虑到抵押物的处置难度等，这些情况计算机难以评判。这是一个动态的博弈过程，影响因子较多，这样的决策，计算机是难以实现的。

**3. 信贷审查具有蝴蝶效应**

信贷审查无小事。亚马孙雨林一只蝴蝶翅膀偶尔振动，也许两周后就会引起美国得克萨斯州的一场龙卷风，蝴蝶效应说的是初始条件十分微小的变化经过不断放大，对其未来状态会造成极其巨大的差别。

对于银行信贷审查项目来说，蝴蝶效应非常明显。银行的对公授信项目金额大、期限较长，一旦出现一笔不良贷款，对银行的影响很大。如果不仔细分析，疏忽调查报告中的一个小细节，就可能给银行造成致命问题。信贷审查工作存在信贷导向的问题，对一个项目审批的通过与否，会对经营部门的后续营销产生非常大的影响。信贷审查人员所分析的客户基础资料、项目资料、国家政策及外部环境等各方面，都有很多细节性的因素在互相影响，每一个细节都值得深入分析，需要经验丰富的信贷审查人员进行综合判断。

**4. 信贷审查难以量化**

目前，我们处于大数据时代，很多工作可以通过量化分析进行解决。但目前来看，信贷审查工作中，量化分析工作主要应用在信用等级评定、贷款额度测算、违约概率这些方面，其他方面量化分析运用得还较少。项目是否予以审批，要考虑到基础审查、政策及外部环境、企业自身情况、项目情况、授信方案，有时候还要进行实地核查，这些方面涉及的因素较多，难以确定各要素的权重。特别是风险与收益的平衡问题，财务报表是否虚假的问题，管理团队的管理能力等问题，目前尚难以量化。

在可预期的较短时间内，互联网的大数据分析还难以完全替代人工对信贷的审查，但冲击已存在。但从大数据分析在律师行业的应用情况来看，其提供服务的准确度已经高于个人的分析判断，大数据对律师行业已经形成冲击。随着技术的进步，部分信贷审查工作可能被计算机替代。

## 二、信贷审查人员要保持持续学习的能力

吾生也有涯，而知也无涯。

在知识大爆炸和快速迭代的今天，每个人要做到“活到老，学到老”。银行业是一个新知识、新产品快速产生的行业，面对的也是快速变化的市场，如果没有高效的持续学习，就会出现对内不了解产品，对外无法把握客户风险的局面。例如类信贷业务，其实是银行与市场等各方面相互博弈才出来的东西。银行业通过类信贷业务，使得其资产负债也呈现多元化特征，从过去单一的表内存贷款向表外、表表外多元化资产负债配置转变，自营投资、资金交易、资产管理、投资银行、跨境结算等经营行为已经将信贷市场、货币市场、资本市场和外汇市场打通，银行已经实现了事实上的混业经营。而央行也在 2015 年提出了宏观审慎评估体系（MPA），博弈在持续，市场在变动，唯有不断学习才能适应时代的发展。

## 三、信贷审查人员要将自己打造成一专多能的多面手

所谓一专，就是努力成为某个领域的专家。当今是知识大爆炸的时代，分工越来越细，成为通才越来越难，工业 4.0 时代更崇尚匠人精神。多能就是跨界的能力。这是一个变化的世界，很可能一个很辉煌的行业和公司，瞬间就消失了，比如柯达、诺基亚、雅虎、雷曼兄弟。科技在进步、时代在发展，只有一专多能的人，才会更好地掌握各方面的知识，应对越来越复杂的环境，才不会被时代所淘汰。

## 四、信贷审查人员要成为最早发现“灰犀牛”和控制危机的人

信贷审查要有效识别与防范风险，需要依靠人与机制。机制主要是指贷审会、信贷分离、后督等机制。但是，最终信贷审查工作的落脚点还是一个个具体的信贷审查人员，因此信贷审查人员至关重要。

首先，信贷审查人员要对未来具有深刻的洞察力。这种洞察力是建立在对国家政策、宏观经济走势、行业发展趋势、企业经营管理等方面准确判断的基

础之上。信贷审查人员只有具备深刻的洞察力，才能准确识别风险，并成为最早发现“灰犀牛”的人。

其次，信贷审查人员要善于发现“灰犀牛”。对于现存的大多数信贷客户而言，从概率上来说，发生信贷风险是一个小概率事件。但是落实到具体某一笔业务，就很可能遇到“灰犀牛”。信贷审查人员要比同行业早发现风险，才能及时预防风险，实现从风险客户中顺利退出。

最后，信贷审查人员要成为控制“灰犀牛”危机的人。信贷审查人员要尽早发现“灰犀牛”式危险，并敢于挺身而出，激励他人一同行动，迅速制订解决危机的方案，及时把计划转化成行动。在处理危机中，信贷审查人员应该能够起到至关重要的作用，这也是信贷审查人员责无旁贷的责任。

# 后　记

经过近半年的整理修改，《发现灰犀牛》的书稿终于完成，通过该书的写作，发现自己有更多的不足需要弥补和改进。在此，要感谢毕国器同事，他提出了中肯的建议；感谢关心支持我们的领导、同事和朋友们。

由于时间仓促，水平有限，本书诸多不足之处，敬请各位读者批评指正。

是为后记。

董汉勇　华文龙

北京金融街

2017 年 6 月 30 日

# 参考书籍

[1] [ 美 ] 米歇尔 · 渥克 . 灰犀牛：如何应对大概率危机 [M]. 北京：中信出版集团，2017.

[2] 刘元庆 . 信贷的逻辑与常识 [M]. 北京：中信出版集团，2016.

[3] 中国银行业从业人员资格认证办公室 . 风险管理 [M]. 北京：中国金融出版社，2017.

[4] 中国银行股份有限公司风险管理总部 . 财务报表分析 [M]. 上海：上海译文出版社，2012.

[5] 银联信授信政策咨询团队 . 行业授信政策要点 .

[6] 立金银行培训中心 . 银行客户经理授信产品手册 [M]. 北京：中国金融出版社，2012.